本书由国家社科基金项目"菲律宾华文报刊与中国文化传播研究"（2014BXW056）及厦门理工学院学术出版基金项目资助出版。

菲律宾华文报刊与中国文化传播

赵振祥　郭志菊　等 著

人民出版社

责任编辑:孟令堃

策划编辑:张龙高

装帧设计:朱晓东

图书在版编目(CIP)数据

菲律宾华文报刊与中国文化传播/赵振祥 等著.—北京:

  人民出版社,2018.3

ISBN 978-7-01-019127-0

Ⅰ.①菲…　Ⅱ.①赵…　Ⅲ.①中文－报刊－研究－菲律宾

  ②文化传播－研究－中国　Ⅳ.①G219.341.5②G12

中国版本图书馆 CIP 数据核字(2018)第 058400 号

菲律宾华文报刊与中国文化传播

FEILÜBIN HUAWEN BAOKAN YU ZHONGGUO WENHUA CHUANBO

赵振祥　郭志菊　等 著

人民出版社 出版发行

(100706　北京市东城区隆福寺街 99 号)

北京中兴印刷有限公司印刷　新华书店经销

2018 年 3 月第 1 版　2018 年 3 月北京第 1 次印刷

开本:710 毫米×1000 毫米 1/16　印张:14

字数:208 千字

ISBN 978-7-01-019127-0　定价:42.00 元

邮购地址:100706　北京市东城区隆福寺街 99 号

人民东方图书销售中心　电话:(010)65250042　65289539

目 录

绪　论^①

一、"文化"的由来

什么是文化？"文"的本义，指纹络、纹理，亦有纹刻、纹饰之意。"化"为改变或促成改变之意，即指事物形态或事物性质的改变，并由此引申为教化之义。"文"与"化"并联使用，较早见于《易·贲卦·象传》："观乎天文，以察时变；观乎人文，以化成天下。""简言之，凡是超越本能的、人类有意识地作用于自然界和社会的一切活动及其结果，都属于文化。"^②古人把人文与天文相对，亦即指与天文相对而言的人类的一切活动及其遗存，都属于文化。

文化是一个复杂的概念。上面是就广义的文化而言的。广义的文化是指与自然现象不同的人类社会活动的全部成果，它包括人类所创造的一切物质与非物质的东西，即所有人类从事的活动都为文化活动。从狭义的文化概念来说，目前最流行的说法是指个人的道德修养与知识水平。我们可以看到，广义的文化概念并没有触及文化内部深层次的东西，而狭义的文化概念也不能穷尽整个文化所涉及的领域。文化研究的魅力就在于文化背后所蕴含的所有知识间的关系网络，但是广大的网络范围正是文化研究的困难之处，特别是对文化的细研深究与多样性的考察，对研究者的学识功底与眼光视野有着极高的要求。

---

① 本章部分内容参考赵振祥：《新闻传播与社会文化的建构》，《文艺报》2003 年 4 月 29 日。

② 转引自张岱年、方克力：《中国文化概论》，北京师范大学出版社 2004 年版，第 3 页。

文化的关系网络涉及哲学、宗教、艺术、科学、文学及其他多种领域，那么文化的发展及学术演变也势必是丰富多彩的。从词义学上讲，文化（culture）一词来源于拉丁文 cultura，而 cultura 则是由 colere 的词根所演变。"colere 具有一系列的意涵：居住（inhabit）、栽种（cultivate）、保护（protect）、朝拜（honour with worship）。"①而与 culture 在词根上最为接近的是 cultivate，所以 culture 的原始意义即为"栽种"，指一种能够改变自然原始发展状态但又依附于自然发展的存在。随着哲学与科学的发展，人类研究的范围越来越广阔，而"文化"也正式作为一个独立的学术研究对象进入我们的视野。1865 年，英国人类学家爱德华·泰勒（Edward Tylor）在其著作《人类早期历史与文化发展之研究》中为文化下了最初的定义：文化是一个复杂的总体，包括知识、信仰、艺术、宗教、神话、法律、风俗以及其他社会现象。1871 年，泰勒又在《原始文化》中丰富了对文化的阐释："文化或文明，就其广泛的民族学意义来说，是包括全部的知识、信仰、艺术、道德、法律、习俗以及作为社会成员的人所掌握和接受的任何其他的才能和习惯的复合体。"②

进入 20 世纪，受到文化哲学思潮的影响，用结构功能主义的理论来研究文化，是西方社会学者们普遍采用的方法，其基本观点为：一个特定的文化特征之所以存在，是由于其履行了某种特定的文化功能，它强调文化的各个组成部分对文化整体所做的贡献。受到 J. G. 弗雷泽（J. G. Frazer）《金枝》影响较大的英国人类社会学家 B. K. 马林诺夫斯基（B. K. Malinowski）发展了泰勒对于文化的定义，他在其著作《文化论》中指出："文化是指那一群传统的器物、货品、技术、思想、习惯及价值而言的，这概念包容着及调节着一切社会科学。"在此，马林诺夫斯基将文化归结为一种社会的工具，其存在的目的在于满足人类自身的生理和心理需求，他也顺势将文化结构分为物质的和精神的，物质文化和精神文化分

① ［英］雷蒙·威廉斯：《关键词》，刘建基译，生活·读书·新知三联书店 2005 年版，第 101 页。
② ［英］爱德华·泰勒：《原始文化》，连树声译，广西师范大学出版社 2005 年版，第 1 页。

别由小结构的文化要素构成，而这些要素之间是环环相扣且不断变动的，因此各文化都有一套自身按照结构组成运作的规则，这些规则与社会产生紧密的互动，文化按部就班地运行必然会带来社会的稳定。

持同样观点的还有英国人类学家阿尔弗雷德·拉德克利夫-布朗（Alfred Radcliffe-Brown），他结合埃米尔·迪尔凯姆（émile Durkheim）的社会学与伯特兰·罗素（Bertrand Russell）的科学哲学，从社会组织研究的角度，提出文化是一定的社会群体或社会阶级在与他人的接触交往中获得的思想、感觉和活动方式的观点。布朗还认为文化依附于社会结构，并且在其中充当功能者的角色，假设一段时期的社会彻底被解构，那么这段时期的文化也将变得杂乱无序并被迫隐藏起来，而使文化显现出来的方式则是不断增加社会互动。

主张"文化哲学"体系的德国哲学家恩斯特·卡西尔（Ernst Cassirer）将文化与人紧密地结合起来，他指出：文化即为哲学，"人的劳作怎么样，人的本质就怎么样；人的创造性活动如何，人性的面貌也就如何。科学、艺术、语言、神话等都是文化的一个方面、一个部分，它们内在地相互联系而构成了'一个有机的整体'——人类文化"。① 拥有"结构主义四子"② 美誉的法国人类学家克劳德·列维-施特劳斯（Claude Levi-Strauss）将费尔迪南·德·索绪尔（Ferdinand de Saussure）的语言学模式引入对原始文化的研究中，发现在文化深层结构中具有与语言相似的特点，由此发掘出文化建构的原理来源于语言所产生的意义，从行为规范和模式的角度给文化下定义，他指出文化实质上是一种行为模式，而文化系统像语言一样，具有自身的逻辑结构与运行规则，从而描绘出文化系统具有自我维系的自主性特征，这个运行规则即为"二元对立"结构，认为文化的产生是凭借相对立的概念建构结构的结果。施特劳斯将血脉关系、婚

---

① ［德］恩斯特·卡西尔：《人论》，甘阳译，上海译文出版社2013年版，第9页。
② 20世纪60年代，法国结构主义涌现了前、后"四子"作为突出代表，"前四子"为列维-施特劳斯、米歇尔·福柯（Michel Foucault）、路易斯·阿尔都塞（Louis Althusser）和雅克·拉康（Jaques Lacan），"后四子"为罗兰·巴尔特（Roland Barthes）、A. J. 格雷马斯（A. J. Greimas）、茨维坦·托多洛夫（Tzvetan Todorov）和克劳德·布雷蒙（Claude Bremond）。

姻习俗和图腾象征等与基本文化形式放进二元对立的关系中考量，以求找到系统中的内在逻辑结构。例如他发现舅甥与父子之间存在着互补关系，"父亲掌握了家庭权威，母舅，真正的男性母亲，执掌了相反的任务；而在母系社会中，母舅拥有家庭权威，所以受到外甥的敬畏和服从。因此，面对舅舅的态度与面对父亲的态度之间，存在一种关联。在父亲和儿子关系密切的社会中，舅舅和外甥的关系是严格的，而当父亲是以掌握家庭权威的严厉监护人姿态出现时，舅舅就被视为是慈爱和自由的。"① 另外，列维-施特劳斯还将盎格鲁-撒克逊（Anglo-Saxon）人类学的研究提升到语义学的层面上来，初步创立了以语言符号学为基础的结构人类学"文化主义范式"，直接引发了 20 世纪"文化转向"热潮的出现。

新西兰人类学家雷蒙德·弗思（Raymond Firth）认为：文化即为社会，如果社会是由一群具有特定生活方式的人组成的，那么文化就是生活方式，并且寓于社会组织和个人之间的相互协调中。

美国人类学家 A. L. 克罗伯（A. L. Kroeber）提出"超机体论"文化观和文化形貌理论，"超机体论"认为文化是超有机的、超心灵的，文化有其自身的发展规律，而不为人类的遗传因素和心理因素所制约，研究文化只需要研究文化本身就足够了。当然，这种将文化与人类割裂开来的观点随即遭到批判并很快被推翻。

文化形貌理论认为文化系统可分为基本形貌和次级形貌。基本形貌指与生存有关的文化事物，面对自然，侧重积累；次级形貌则是与艺术和创造力相关的文化活动，面对价值，侧重独立。1952 年，克罗伯和美国人类学者克莱德·克拉克洪（Clyde Kluckhohn）在二人合著的《文化：一个概念定义的考评》中，分析了 160 多种关于文化的定义，最后给出一个综合的结论："文化由外显的和内隐的思维和行为模式构成，这种行为模式通过象征符号而获致和传递；文化代表了人类群体的显著成就，包括它们

---

① ［法］克劳德·列维-施特劳斯：《我们都是食人族》，廖惠瑛译，上海人民出版社 2016 年版，第 188 页。

在人造器物中的体现，文化体系一方面可看作是活动的产物，另一方面则是进一步活动的决定因素。"①

　　美国学者鲁思·本尼迪克特（Ruth Benedict）提出文化模式论的观点，认为文化就是大写的个性，不同的社会具有不同的行为模式，每一种文化内部都具有多样性和主旋律性，而主旋律可以被认为是民族精神。在其著作《文化模式》中，本尼迪克特吸收弗里德里希·威廉·尼采（Friedrich Wilhelm Nietzsche）悲剧哲学中的"日神"和"酒神"精神②，比较了祖尼人和夸扣特尔人，并指出祖尼人的文化属于阿波罗（日神）型，以理性、节制、服从为文化模式；而夸扣特尔人的文化则属于狄俄尼索斯（酒神）型，以毫无拘束、无节制、暴力为文化模式。

　　解释人类学创始人克利福德·格尔茨（Clifford Geertz）认为："文化是一幅地图、一张滤网和一个矩阵。"他吸收塔尔科特·帕森斯（Talcott Parsons）"文化通过社会化成为人格系统的动机"和马克斯·韦伯（Max Weber）"人是悬挂在由他自己编织的意义之网中的动物"的观点，提出"文化乃是一些由人自己编织的意义之网"。克利福德·格尔茨更倾向于把"文化"界定为一个符号象征系统，这里的"象征"是包含了与人类发生关联并传递某种意义（包括认识、情感、道德在内）的所有事物事件、行为表现、性质及关系。而这个符号象征系统世代相传，人们凭借这些符号概念来交流、延续，并发展他们有关生活的知识和对待生活的态度。③

　　新进化论代表人物莱斯利·怀特（Leslie White）则提出文化的三系统说，将文化分为技术系统、社会系统和意识系统三个亚系统。其中技术系统为基础，对文化的进化起着决定性作用。社会系统居于中间，发挥协调

---

① 转引自谭光广等编：《文化学辞典》，中央民族学院出版社1988年版，第110页。

② 日神与酒神，是古希腊神话中的两个形象，分别代表着理性精神和情感力量。尼采高扬狄奥尼索斯精神（酒神精神），反对阿波罗精神（理性精神）。他认为，音乐是酒神精神在艺术中的表现，而酒神精神是心灵的一种本能。尼采主张颠覆颓废的精神，恢复人的自然本性，解放人的生命力，用以摆脱理性与道德的束缚。他将传统视为虚妄，反对任何形式的决定论，宣称"上帝已死"。

③ ［美］克利福德·格尔茨：《文化的解释》，韩莉译，译林出版社1999年版，第5页。

作用，意识系统处于最上层，表达技术系统并反映社会系统。总的来说，结构功能主义学者普遍认为文化是一个庞大的系统，由众多相互联系、相互制约的子系统按照一定的结构组成，而文化系统的稳定势必会带来整个社会的稳定。

20世纪末期，文化冲突的理论逐渐发展起来，主张冲突论的学者们认为文化之所以存在，是因为它保护和促进了某一社会集团的利益，其基本假设是一个社会存在着相互冲突的文化要素，不同的文化要素代表着不同的利益群体和社会阶层的利益，而不同的文化则是在激烈的冲突与利益对峙的过程中发展起来的。以德国哲学家奥斯瓦尔德·斯宾格勒（Oswald Spengler）为代表的历史主义文化冲突论者认为：文化是一种历史现象，历史的进程即为文化的演进过程，历史的不断更迭使得不同的文化形态产生历史冲突。他在其著作《西方的没落》中指出，任何文化形态都有一个发生、发展和消亡的过程，资本主义工业化塑造了高度发达的工业文明，新的文化形态虽然带来了财富和人们生活水平的提升，但是处在新旧文化角力之中的人类也面临着资源浪费、环境污染、道德沦丧等社会性问题。德国哲学家卡尔·雅斯贝尔斯（Karl Jaspers）把文化形态的转变期称为"轴心期"，"轴心期"正是新旧文化交替的阶段，也是历史发展的必然阶段，雅斯贝尔斯预言人类第二大轴心期必将到来，西方文化趋于没落不可避免。

社会文化冲突论者本着文化是一种社会现象的观点，从社会的角度对文化冲突进行考量。社会发展理论的中坚人物马克斯·韦伯在其著作《新教伦理与资本主义精神》中提出，社会实质上是由精神文化所推动的，而新教伦理是资本主义产生与发展的驱动力，新教推崇的勤俭、节约等伦理原则加速了资本主义的原始积累，但是启蒙运动的出现致使出现了以自由为原则的新文化模式，这就促使了自由文化精神与资本主义文化精神的冲突。美国学者爱德华·赛义德（Edward Said）以安东尼奥·葛兰西（Antonio Gramsci）的"文化霸权主义"理论为蓝本，提出了后殖民文化理论，认为文化自古以来便是随着不断冲突与碰撞而形成的，文化霸权则是产生文化冲突的根本原因。西方的殖民行为虽然加速了东方文化的进程，但同时有许多旧文化由于适应性问题而消失。为了保持文化的多样性，赛义德主张"去西方中心论"，为处于消失边缘的民族文化提供理论支撑。塞缪尔·亨廷顿（Samuel Huntington）的"文明冲突论"实质上是对文化冲突理论的一个总结，他指出未来世界的冲突不是政治的、经济的和军事的，而是文明的冲突，特别是以儒家文明和伊斯兰文明为代表的东方文明对占据主导地位的西方文明构成威胁。文化冲突不可避免，"而建立在多文明基础上的国际秩序是防止世界大战的最可靠保障"。①

　　从哲学的角度来讲，文化的产生与物质和意识具有很大的关系。可以说，唯物主义哲学的观点自古希腊时期就开始存在，从唯物主义发展的范畴来看，古代朴素唯物主义者们将火、水、气、土等自然元素称为万物的本原体现了自然与精神的高度统一。随着西方哲学从本体论开始向认识论阶段的转向，精神的作用被逐渐凸显出来，精神也就是人的意识，是对客观世界的主观反映，人类正是通过意识，才能够认识和改造世界，而这个过程就是意识创造文化的过程。随着 20 世纪西方哲学的语言学转向（亦被称为文化转向），意识哲学的地位逐渐被文化哲学所取代，文化哲学作为一种新的思潮以结构功能主义和解释学为力量，文化终于成为一个独立的学术对象为学者们所研究，特别是人类学的发展将文化的研究推向了高潮，直到今天仍然有着深厚的可研究性。

二、中国文化传播的"会通"与"和而不同"

　　随着近些年跨文化传播研究的升温，中国的学者也对文化尤其是中华文化及其定义多有讨论。周南京认为："所谓文化，就广义而论，并不仅仅指教育、文学艺术、科学技术和现代物质文明，而且包括全体人民的思想意识、道德、宗教信仰、婚姻关系、语言、风俗、习惯、智能、生活内

---

① ［美］塞缪尔·亨廷顿：《文明的冲突》，周琪等译，新华出版社 2013 年版，第 297 页。

容、生活方式等等方面。"① 文化是一个民族风俗习惯、伦理道德、思维方式以及人生观、价值观等多方面长期演进的整合体。② "文化是一个民族知识、经验、信仰、价值、态度、等级、宗教以及时空观念的综合，具有一贯性和持久性，渗透于社会生活的各个方面，并成为民族的集体无意识。人们都会受到长期使用的语言——尤其是母语——所承载文化的影响，体现在生活习惯、思维模式、行为准则等方方面面。"③ 他们认为中华文化是中华民族给后人留下的珍贵传承，"中华"之得名，由来已久。"中"，意谓居四方之中；"华"，本义为光辉、文采、精粹，用于族名，蕴含文化发达之意。元人王元亮说："中华者，中国也。亲被王教，自属中国，衣冠威仪，习俗孝悌，居身礼仪，故谓之中华。"④ 顾冠华在《中华传统文化论略》中认为，中华传统文化应该是在特定的自然、经济、政治、意识形态的作用下形成、积累和传承的，并且至今仍在影响着当代文化的中国古文化。⑤ 它的存在和延续方式可以是经典文献、文化物品、历史理论，也可以是思维方式、价值观念、风尚习俗、伦理道德等，而且这些形式通过时间的积淀，渐渐地渗透到中国社会的政治、经济、文化领域，不断内化成为中华民族特有的文化基因，影响着社会历史的发展。

曾长秋、罗莹在《近 20 年中华传统文化研究综述》一文中将中华传统文化研究方向总结为如下五种：第一，对中国传统哲学的研究，如从体系、内容上进行研究的周桂钿《中国传统哲学》，从发展史方面进行研究的任继愈《中国哲学史》，对儒道法墨进行研究的张继缅《中华儒学精髓》等；第二，对中国文化史的研究，文化史把人类文化的发生和发展过程作为一个总体对象加以研究⑥，相关研究主要涉及三个方面，即中华地理文化、社会结构、发展历程；第三，对中西方文化交流的研究，代表性作品

① 周南京：《菲律宾与华人》，菲律宾华裔青年联合会 1993 年版，第 118 页。
② 陈秋萍：《民族文化与广告创作》，《广西社会科学》2004 年第 6 期。
③ 聂友军：《钱钟书的文化观》，《天府新论》2009 年第 1 期。
④ 转引自张岱年、方克力：《中国文化概论》，北京师范大学出版社 2004 年版，第 6 页。
⑤ 顾冠华：《中华传统文化论略》，《扬州大学学报（人文社会科学版）》1999 年第 6 期。
⑥ 王克西：《中华传统文化的求共性精神》，《渭南师专学报（社会科学版）》1995 年第 2 期。

有季羡林主编的《东学西渐丛书》等；第四，对中华传统文化特点的研究，如王国炎、汤忠钢在《论中华传统文化的基本特征》[①]中认为中华传统文化有四大特征，即农业文化、封建社会的文化、伦理政治文化、儒家文化；第五，对中华传统文化与现代化关系的研究，研究成果主要集中在两方面，即传统文化与现代文化的关系、如何使中华传统文化在现代文化中获得新生。[②]

结合前人的研究成果，我们认为中华文化可以大致上分为以下几大方面：

第一是环境文化。地理环境是形成独特民族文化的重要因素，独特的地理环境与文化特质关系密切。关于中国传统文化与环境的关系，从《汉书·地理志》到晚近时期的刘师培、罗根泽等诸多学者的研究成果中都有论述。中华传统文化是以黄河文化为主体形成的多元文化综合体。

第二是制度文化。即传统社会政治结构中形成的一系列制度文化，包括宗法制度文化等。

第三是礼仪文化。礼仪文化依附于制度文化，但又是制度文化的延伸和体现。"礼"是中国文化人伦秩序与人伦原理的最集中的体现和概括，可以说，中国伦理的秩序就是"礼"的秩序。[③]中华民族自古以来就是举世闻名的礼仪之邦，礼仪文化至为丰富，这种礼仪文化强有力地建构着社会秩序。

第四是伦理道德文化。伦理道德是中国传统文化的核心，也是中国文化对人类文明最突出的贡献之一。[④]在漫长的历史发展中，中华民族建构了系统的伦理道德价值体系，并与社会秩序的建构紧密结合。以著名的"修齐治平"为例，"修身、齐家、治国、平天下"，这四个方面的逻辑关系很好地诠释了中国传统政治结构以宗法制度为基础，进而建构起整个社

---

①　王国炎、汤忠钢：《论中国传统文化的基本特征》，《江西社会科学》2003 年第 4 期。

②　罗莹、曾长秋：《近 20 年中华传统文化研究综述》，《船山学刊》2003 年第 2 期。

③　张岱年、方克力：《中国文化概论》，北京师范大学出版社 2004 年版，第 210 页。

④　于铭松：《论中国传统伦理道德》，《广东省社会主义学院学报》2006 年第 4 期。

会伦理范式的发展脉络。在这一伦理范式下，中华民族注重自身道德修养，注重道德的自我完善，重视从人与人之间的关系开始来建构社会关系，使得中华民族充满凝聚力，就像每个细胞之间都形成紧密的关联性，于是整个躯体都变得有机和充满活力一样。张岱年等在《中国文化概论》中认为传统道德规范有两种类型：一是由伦理学家或统治阶级提倡并上升为理论性规范；二是那在世俗生活获得广泛认同并奉行的习俗性规范，比如中华民族十大传统美德，即仁爱孝悌、谦和好礼、诚信知报、精忠爱国、克己奉公、修己慎独、见利思义、勤俭廉政、笃实宽厚、勇毅力行。[①]

　　第五是宗教文化，包括中国本土的巫教、道教以及从印度传入中国并本土化了的佛教等，它们共同形成了中国传统的宗教文化。

　　有了文化就有了传播；有了不同民族、不同国家和在此基础上形成的文化群落，就有了跨文化传播。陈永栽、黄炳辉曾经把中国历史上的"文化会通"总结为三种情形和结局。其一是强势文化和弱势文化的会通。强势文化一般依托强势经济、军事、科技而彰显出来，弱势文化也是在与强势文化的联系、依存、对比中表现出来。如在中国的汉唐时期，中国周边有成百上千个小国，因与中国毗邻，总会发生政治或经济上的联系，这些周边国家在吸纳中国文化的同时，中国也在吸纳周边国家的文化。因此汉唐时强势文化与弱势文化的会通是和平的平行、渐进式的相互吸纳。其二是强势民族强势文化和强势民族弱势文化抗衡所产生的复杂情况。刘汉王朝、李唐王朝即前者的代表，与之相抗衡的汉朝时期之匈奴、鲜卑，唐朝时期之东西突厥、吐蕃即后者的代表。其三是弱势民族强势文化和强势民族弱势文化的会通。蒙古族入主中原后建立的元朝、满族入主中原后建立的清朝，都有强势的军事实力而缺乏强势文化为根底，因此这两大王朝军事上的征服过程，就是在文化上被汉化的过程。[②]

---

① 张岱年、方克力：《中国文化概论》，北京师范大学出版社2004年版，第212页。
② 陈永栽、黄炳辉：《国学研究论稿》，上海古籍出版社2007年版，第15—25页。

"在跨越文化的人际传播中，传播双方的文化背景可能基本相似，也可能相去甚远。存在着观念、思维方式、生活方式乃至民族性格等方面不同程度的差异，因此就造成了程度不同的传播难度。"① 在很多情况下，跨文化传播都是从跨文化冲突开始的。任何异质文化间的碰撞都不免产生冲突的火花。不仅如此，由于历史上的跨文化传播往往是伴随着军事征服这一激烈的冲突完成的，甚至征服者使用高压手段消灭异族文化，因此人们对于异质文化的排斥就更加突出。当然也有诸多依靠经济和科技强势完成跨文化传播的实例，它虽然比依靠军事占领完成的文化传播显得温和许多，但仍然为清醒的智识阶级所排斥。当然，文化的跨文化传播是一个极其复杂的过程，就如罗马的军队征服了希腊，希腊的文化反过来征服了罗马一样，弱势的文化即使以强势的军事力量为后盾，也免不了文化覆亡的悲剧。中国历史上北方游牧部族屡次南犯，在军事上不断征服汉族的过程中，这些游牧部族的文化亦一次次地被汉文化同化，甚至消亡掉了。从文化人类学角度来说，无论基于什么样的原因和什么样的理由，一种文化的消亡都是一场悲剧。即使在今天，在西方主要不是靠军事而靠经济和科技进行跨文化传播的时代，西方发达文化对弱势文化的侵蚀和同化所造成的类似的悲剧仍然在不断上演。

亨廷顿在《文明的冲突》一文中明确指出：在冷战之后的世界上，民族间最重要的区别不是意识形态、政治或经济的冲突，而是文化的冲突。导致冲突的原因，文化的差异是根本的：文化的相互影响强化了人们的文化意识，加剧了文化之间的敌对情绪；西方处于权力巅峰，刺激了其他地区文化意识的发展；文化特性和差异不易改变，也难以用妥协的方式解决；等等。②

亨廷顿的观点有其合理性，但他关于文化间的冲突难以解决的论断过于悲观，而且他没有意识到，正是以美国文化为主的西方文化的强势侵

---

① 孙英春：《跨文化传播学导论》，北京大学出版社 2008 年版，第 2 页。

② Samuel P. Huntington，"The Clash of Civilizations"，*Foreign Affairs*，Summer Quarterly (1993).

人，正是他所期待的以盎格鲁-撒克逊文化作为主流文化的美国文化受到保护并可以侵蚀其他文化，而不是相反，激发了其他民族文化愈演愈烈的抵触和反抗。

而在中国传统的文化传播思想里，我们几乎看不到霸凌异族文化或鼓吹文化侵略的论调。《易传·系辞上》说："圣人有以见天下之动，而观其会通，以行其典礼。""会通"这个词很好地概况了中国文化传播的至高境界。高亨《周易大传今注》对这句话的解释是："此言圣人有以见到天下事物之运动变化，而观察其会合贯通之处，从而推行社会之典章制度。""会通"思想是中国古代对传播思想的杰出贡献。什么是"会通"？"会通"就是传播，而且"会通"与"传播"都具有双向沟通之意。所谓"观其会通"，就是依据客观的形势，因势利导，不强加于人。

"会通"包含了"和而不同"的思想，它承认并强调世界的多样性和差异性，这就是"不同"，在这一基础之上再强调"和"，即不同事物相辅相成、共生共长。此一说凝缩了中华文化传播的重要特性：从来不奢求以主体文化对域外异质文化做冲突性的改变，而是视异族文化与本族文化具同等地位，并尽可能求同存异，共同发展。正如习近平同志所说："中华民族历来是爱好和平的民族。中华文化崇尚和谐，中国'和'文化源远流长，蕴涵着天人合一的宇宙观、协和万邦的国际观、和而不同的社会观、人心和善的道德观。在5000多年的文明发展中，中华民族一直追求和传承着和平、和睦、和谐的坚定理念。"①

不仅文化之间存在着"不同"，而且从根本上说，一切传播活动都是在特定的历史文化背景下进行的，文化传播体现的是一种现实的社会关系，也是一定文化历史环境下的社会关系。这不仅是因为传受关系中的两极主体——传者和受众都诞生和成长于特定的历史文化背景下，而且是因为承载这一传播关系的传播环境也是从特定的历史文化背景下延伸而来

①　习近平：《在中国国际友好大会暨中国人民对外友好协会成立 60 周年纪念活动上的讲话》，2014 年 5 月 16 日，见 http：//politics. people. com. cn/n/2014/0516/c1024-25023611. html。

的。任何一种文化传播中传受关系的建立都受制于特定的历史文化背景，与之有着深密的联系，这也是一种"不同"。

正因为此，我们在研究现代文化传播时必须重视对承载这一传播关系的文化历史环境的研究。第六届中国长春电影节评委之一、台湾著名导演朱延平在接受新华社记者专访时，曾经指出电影必须"在文化的背景下争取最多的观众"。他举例说："看到《世界上最疼我的那个人去了》时，我非常震撼，流了泪，我很惊讶大陆有这么好的电影。近来，像这样既有教育意义、又叫好又叫座的电影真的很少见。""这是一部很有人情味的影片，浓浓的亲情很容易唤起中国人的共鸣。但是值得注意的是，这样的影片可能在大陆、台湾很行得通，到了西方则不会被人接受。原因就在于，西方人观念中父母是脱离子女独立存在的，没有中国几千年文化中孝顺的概念，这就是文化的差异。"朱延平说，重视和透彻地了解观众的文化背景，是影片成功的诀窍之一。[①]

不仅电影之于观众是如此，对所有的文化传播来说，了解受众的文化背景对于提高传播的效果都至关重要。中国相对封闭的地理环境和几千年来一直占据传播主渠道的儒道释巫的文化传播，形成了独特的历史文化环境，研究中国文化的对外传播，必须对形成中国文化的社会历史文化大环境进行考察，在这一特定的历史文化背景之下去解读、传播中国文化，去研究和建构现代文化传播中的传受关系，才会行有所本，事半功倍。

三、中国文化的特质

中国文化的核心特质就是一种"德文化"，注重德化教育，德润人心，文化天下。《诗经》作为中国最早的一部诗歌总集，首先就被诠释以崇德和教化的意义。《毛诗序》："关雎，后妃之德也。……风，风也，教也；

---

① 《台湾导演朱延平：大陆电影勿蹈台湾电影覆辙》，2002 年 8 月 23 日，见 http：//news. eastday. com/epublish/gb/paper148/20020823/class014800007/hwz750269. htm。

风以动之，教以化之。"① 老子的《道德经》，也洋溢着浓重的崇德思想，第五十一章云："道生之，而德畜之；物形之，而器成之。是以万物尊道而贵德。道之尊也，德之贵也，夫莫之爵，而恒自然也。故道生之，德畜之，长之育之，亭之毒之，养之覆之。生而弗有，为而弗恃，长而弗宰，是谓玄德。"为了进行德化教育，从周代开始，就非常强调礼乐的重要性，认为礼乐同为社会教化之工具，修身齐家治国平天下，皆有赖乎二者相辅而行。《孝经》中就称："移风易俗，莫大于乐；安上治民，莫大于礼。"荀子《乐论》亦言："夫乐者，乐也。人情之所必不免也。故人不能无乐。乐则必发于声音，形于动静。而人之道，声音动静，性术之变尽是矣。故人不能不乐，乐则不能无形，形而不为道，则不能无乱。先王恶其乱也，故制雅颂之声以道之，使其声足以乐而不流，使其文足以辨而不諰（息），使其曲直繁省廉肉节奏，足以感动人之善心，使夫邪污之气无由得接焉：是先王立乐之方也。""故乐在宗庙之中，君臣上下同听之，则莫不和敬；闺门之内，父子兄弟同听之，则莫不和亲。乡里族长之中，长少同听之，则莫不和顺。"

中国的教化思想在历代当权者的推重下，一直成为中国文化传播中的主导思想，并进而派生出文化传播中的节欲思想。《尚书·尧典》在谈到音乐的教化作用时便说："夔，命汝典乐，教胄子，直而温，宽而栗，刚而无虐，简而无傲。"孔子对《诗经》的评价是"《诗》三百，一言以蔽之，曰'思无邪'"（《论语·为政》）；《关雎》"乐而不淫，哀而不伤"（《论语·八佾》），即发乎情止乎礼义；对于不良文化的态度是"非礼勿视，非礼勿听，非礼勿言，非礼勿动"（《论语·颜渊》）。文化传播不能扰乱风俗，这种观念影响至深至远，以至到明代人作《金瓶梅》，写完之后却不敢署真名，怕的就是留下千古骂名。这些文化传播现象都诠释着中国节欲型的文化传播特质。

与中国节欲型的文化传播特质相连带，中国的文化传播还具有"月亮

---

① （唐）孔颖达：《毛诗正义》卷一，阮元校刻《十三经注疏》本。

文化"的特质。翻开中国古代的诗词曲赋，从《诗经》的"月出皎兮，姣人僚兮"开始，不知有多少优美的篇章是描写和赞美月亮的。如果说中国人是一个偏爱月亮的民族，应不为过。

如果仅从我们的诗词曲赋中有太多关于月亮的描写，就得出中国文化是一种"月亮文化"的结论，似乎有些牵强，我们不妨再深入探讨。月亮是靠了太阳的光芒，才展示出它那美丽的面庞和潋潋流光，它的吸纳性成就了它的阴柔之美。这很像中国的文化，从东汉时期的佛学东渐，到历代外族入主中原带来的异族文化熏染，直至清末民初的西学之兴，甚至是20 世纪 70 年代末开始的改革开放，我们见多了中国文化接受外来文化的冲击和对外来文化的兼容并蓄，却很少见到中国文化对域外的大规模、强势能的扩张辐射。中国文化的特点之一就是它的吸纳性、非扩张性、非侵略性。如果我们把美国文化概括为"太阳文化""麦当劳文化"，是一种躁动的、外卖型的、扩张型的文化，而中国文化则是一种阴柔型的、内敛型的文化。从曾子的"吾日三省吾身"，到王阳明的"致良知"，可以看出中国文化内省、沉静、讲究自我束持和自我完善的特征，而并不热衷于对外的扩张，就连中国的诗词曲赋中关于边塞战事的描写，也是戍多而征少。

与之相应，在文化传播上，中国文化也一如月光的阴柔沉静，持一种温和的文化传播理念。中国文化注重"德润人心，文化天下"，中国古代文化就是一部"道德经"，它教导人们注重自我完善，而不是首先去完善他人，"修身齐家治国平天下"中，修身齐家最为重要，就是先做好自己的事。中国人有自己的价值观，但并不企图把自己的价值观强加到别人身上。中国人讲究睦邻，崇尚和谐，从古代文化中的"和"与"中庸"，到毛泽东时代的和平共处五项原则，再到新时期的"和谐世界"主张，都可见出中国"月亮文化"的内涵折射。

中国的传统文化是典型的农业文化，因此在文化传播上还有另一个重要特质，就是重内向传播。主要体现在如下几个方面：

一是讲究内心世界的自我调解。从《尚书》的"诗言志"说，到汉代司马迁的"发愤著书"说，到唐代韩愈的"不平则鸣"说，再到明代李贽的"蓄势说",一条贯穿古今的文化传播主线,就是强调内心的自我调适与自我平衡。以李贽的"蓄势说"为例,其在《焚书·杂说》中谈到作文章时说:"且夫世之真能文者,比其初,皆非有意于为文也。其胸中有如许无状可怪之事,其喉间有如许欲吐而不敢吐之物,其口头又时时有许多欲语而莫可以告语之处,蓄极积久,势不能遏。一旦见景生情,触目兴叹,夺他人之酒杯,浇自己之垒块;诉心中之不平,感数奇于千载。既已喷玉唾珠,昭回云汉,为章于天矣,遂亦自负,发狂大叫,流涕恸哭,不能自止。"志有不酬而作文章,重自我调适而不是去干预社会,这是中国传统文化生产与传播中的一个重要现象。与之相应的是文化生产与传播上的自娱其趣。中国传统文化中诗词的高度发育也是一个有意思的现象,诗词讲究的是意境,而意境强调的则是自我抒发、心灵的自娱。

二是重自省内省,讲究自我束持,讲究道德的自我完善。"曾子曰:'吾日三省吾身:为人谋而不忠乎?与朋友交而不信乎?传不习乎?'"(《论语·学而》)"见贤思齐焉,见不贤而内自省也。"(《论语·里仁》)在强调自我完善的同时,更强调尊重别人,不强加于别人:"子贡问曰:有一言而可以终身行之者乎?子曰:其恕乎!己所不欲,勿施于人。"(《论语·颜渊》)就是对中国文化传播理念的一句最好的诠释。

三是崇尚中和含蓄的文化传播理念。《中庸》有言:"中也者,天下之大本也;和也者,天下之达道也。致中和,天地位焉,万物育焉。"朱熹对"中庸"的解释是,"中"者,不偏、不倚,无过、无不及;"庸"者,"不易"之为庸,不易即不改平常心、平常态。除了中和之外,含蓄也是中国文化传播的一大特点,从《春秋》的微言大义,到《论语》的纡徐含蓄,其影响深远,形成了几千年来温和含蓄的文化传受习惯。

中国文化历经几千年的持续发展,特色明显,博大精深,是世界文化宝库的重要组成部分。随着经济全球化步伐的加快,不同国家、民族间的文化冲突也越演越烈,甚至由文化冲突演变为战争冲突。在这种情况下,中国的文化思想和文化传播理念,会对世界文化的融合提供一种有益的启示。

四、报刊与文化传播

报刊作为最早出现的新闻媒体，从诞生伊始就同时承担了文化传播的任务。而且由于这一大众传媒的出现，人类文化的传播也进入了快车道。由于新闻信息是最富活力的信息，新闻纸亦成为有史以来最富活力的传播载体，以前所未有的快捷性、覆盖性传播把各类信息播散出去、储留下来，因此，报刊一出现就成了传播文化和保留文化的重要载体，在人类社会文化的建构中发挥了非常重要的作用。马丁·沃克（Martin Walker）说："一家报纸就是一个国家的文化的一部日记。"① 这一论述很好地概括了报刊在社会文化建构中的角色和作用。不仅如此，曾经以报刊为主导的大众传媒，其更重要的功能是对文化价值观的建构，报刊的新闻报道很多情况下都包含着一种"鲜明的价值判断"："新闻文化高扬真、善、美的价值观念旗帜，或显或隐地抨击假、恶、丑。"② 报刊不仅为受众提供丰富的文化食粮，而且新闻报道所阐释的价值观直接建构着受众的社会价值观体系，对社会风气和社会品格产生教化作用。"人就是在这种特定的社会与文化环境中，个体的人学习着社会或群体的规范，建立起了特定社会群体下的价值观和态度情感等，知道了什么是对、什么是错，什么可以做、什么不可以做，形成了为该社会与文化所认可的人格。"③

在世界报刊发展史上，报刊的文化传播功能一直是报刊重要的功能之一，甚至有时会成为主导性的功能，"新闻纸"退后，"文化纸"风行。例如由中国近代维新派所开辟的报刊政论时代，或者叫政党报刊时代，就重言论不重新闻。这些言论动辄是长篇大论，一本报刊就像一本政论著作。在《强学报》第 1 号上刊载的《本局告白》中说道："现当开创之始，专以发明强学会之意为主……至于时事新闻，因限于篇幅，不及多载，俟将

---

① ［英］马丁·沃克：《报纸的力量》，苏潼均、诠申译，新华出版社 1987 年版，第 33 页。
② 童兵：《理论新闻传播学导论》，中国人民大学出版社 2000 年版，第 112 页。
③ 赵振祥：《新闻传播与社会文化的建构》，《文艺报》2003 年 4 月 29 日。

来乃陆续录之，非敢略也。"于兹可见维新派对政论之重视。后来随着报刊新闻本位的回归，这些长篇政论逐渐退出，进入新闻与杂谈、"新闻纸"与"文化纸"并重的时代，并催生了一种文化媒体——报纸副刊，继续肩负起文化传播的重任。

在中国报刊发展史上，随新闻纸而创办的文化副刊是一道亮丽的风景线，如 1897 年上海《字林沪报》创办的《消闲报》，"五四"时期在新闻纸之外诞生的著名的"四大副刊"（即北京的《晨报副刊》、上海《民国日报》的《觉悟》、北京的《京报副刊》、上海《时事新报》的《学灯》），等等。这些副刊以刊发小说、诗歌、散文、杂谈等文学作品为主，充满着对时局和社会的反思与批判，其知识性、趣味性和思想性成为广大读者于新闻之外的一份"文化快餐"。这些文化副刊不仅传播文化，也引领着一波又一波的社会文化思潮，甚至是政治改革思潮。从康、梁的维新改良主张，到资产阶级革命派与改良派的论战，直至"五四"新文化运动的兴起，中国报刊尤其是文化副刊一直站在时代的潮头，学人论政，言论救国，把文化和政治改革运动推向一个又一个的高潮，成为推动社会进步的重要力量。

早期海外的华文报刊与中国国内的报刊联系紧密，一脉而动。这一点在包括菲华报刊在内的东南亚华文报刊中表现得特别明显。尤其在近一百年的时间里，中国国内政治形势历经巨变，从辛亥革命到"五四"运动，从抗日战争到解放战争，东南亚华文报刊也与中国国内形势一脉而动，同此凉热，遥相呼应，演绎出了一幅幅波澜壮阔的政治和社会文化图景。在这幅图景中，菲华报刊表现得更为浓缩，更具解剖的意义。

华人移居菲律宾，有明确记载的始于明朝。据《明史·吕宋传》所言，"先是，闽人以其地近，且饶富商，贩者至数万人，往往久居不返，至长子孙"。菲律宾这个千岛之国是所有东南亚国家中距离中国福建和中国台湾最近的一片岛屿。历史上，大批的闽南人"下南洋"，第一站是台湾地区，第二站便是菲律宾。所以闽南话在台湾地区就成了主流方言"台语"，在菲律宾亦成为通行的方言。"走在马尼拉的华人区，我们恍如置身于闽南，这里，闽南话是通用的方言。菲律宾因其独特的地理原因，成为历史上华人华侨尤其是福建人旅居最集中的国家，也是海外华人华侨与国内联系最为密切的国家之一。"① 在这些旅菲华侨华人中，有大批的文化人、报人。事实上，在东南亚国家的华文报刊发展史上，就存在着一个"闽南人办报"现象，而这一点在菲华社会、菲华报刊中表现更为明显，很多华文报刊的编辑、旅菲作家都是闽南人。时至今日，菲华五大报刊中无一例外都还是由闽南人在经营、主办。不仅如此，菲华社团、菲华教育也大都由闽南人掌控。在华社、华报、华校这"三宝"的互动与拱卫下，闽南文化亦成为菲华社会的主流文化。闽南文化既有中华民族大文化的共性，又有地域特色。除此之外，菲华社会还杂合了台湾文化、广东文化、江浙文化以及其他内陆文化。这些文化类型与菲律宾社会文化相结合，形成了独特的"菲华社会"文化。"昨日之新闻，今日之历史"，我们从菲华报刊这一独特的视角切入，从菲华报刊的发展史中管窥菲华社会文化的建构，管窥中华文化在菲华社会的传播，这对于我们研究中华文化在海外的传播无疑具有典型示范意义。另外，历史上由于国民政府时期以及国民党政府败退到台湾后对菲华社会的持续经营，台湾地区在政治、经济和文化诸多方面都与菲华社会发展起了非常密切的关系，包括台系报刊、社团和华校在菲华社会的繁荣发展，为传播中华文化做出了重要贡献。在我们致力推动祖国统一大业的今天，包括台系华社、华报和华校在内的菲华社会的"三宝"仍将担纲起重要角色，发挥独特的作用。

---

① 赵振祥等：《菲律宾华文报史稿》，世界知识出版社 2006 年版，第 2 页。

第一章 华社"三宝":中华文化
在菲华社会传播的三股力量

华校、华报、华人社团曾经被称为海外华社历史发展中的"三宝",三者不仅是华社举足轻重的三股力量,而且这三股力量互为犄角、互相支撑,推动华社的发展,也推动着中华文化在华社的传播。在菲华社会,这三股力量中的华人社团是中坚力量,因为华人社团大多依经济需要或宗族乡土势力而设立,如商会、宗亲会、同乡会等,具有相当的实力和干预力。华校是基础力量,对华报的发展提供重要支持,华校兴旺发达,则华报的作者群和读者群亦同样兴旺发达,各类文学艺术社团亦会呈现非常活跃的状态。这些菲华文学艺术社团与菲华报业之间过从密切,菲华文学艺术社团既为华报提供人才支持,亦为华报提供广泛的内容支持;菲华报刊则为文学艺术社团提供阵地。二者在历史上紧密合作,形成了从人才培养到文学艺术创作、文学艺术传播再到文化传承的高度关联的链条,为中华文化的海外传播贡献力量。

第一节 知识分子南渡菲岛与菲华社团发展

从 19 世纪末到 20 世纪初,由于中国国内的积贫积弱和政局的动荡,一大批知识分子为了避祸、谋生或探求中国的富强之路,纷纷走出国门,其中很重要的一个目标国即是菲律宾。早期赴菲的知识分子大抵从事两大行业,一是兴学,二是办报。关于这一点,有菲华学者曾经做过很精到的点评:"菲华文教是始于 19 世纪末期。早在 1888 年陈谦善的幕僚杨维洪创办菲律宾第一家华文报纸《华报》,翌年(1889 年)中西学校开办了,及其后《民意报》等两家宣传康有为和梁启超思想的华文报纸在菲律宾问世了,许多研究菲华社会学者称陈谦善是菲华社会的'文化先驱',在陈谦善和陈纲推行中华文化的主导下,许多文人骚客南渡菲岛,撒下文学种子。"[①] 华校和华报吸引了国内的知识分子,国内的知识分子南下菲岛推动了菲华教育和菲华报业,这两者应该是互为因果的,从中亦可以看出华教和华报与早期菲华文学的紧密关系。

在早期的华侨教育时期,华校属于中国国内教育体系向菲律宾的延伸,华侨教育带有很强的中国官方行为性质。1899 年 4 月,中国驻菲第一任总领事陈纲就在自己的领事馆内创办了大清中西学堂,"学生 20 余人,教授四书五经和尺牍,不收学费。次年,中西归善举公所管理,经费由公所拨允"[②],这就是延续至今的菲律宾中西学院。1911 年,中西学堂成立董事会。为了进一步解决办学经费问题,推动中文教育的发展,1914 年 12 月 13 日,在中国驻菲总领事刘毅的大力推动下,马尼拉华侨各界代表在中西学校开会,讨论成立教育会。代表推举陈迎来、施光铭、陈清源等 63 人为教育会董事,推举陈迎来为会长,施光铭为副会长,菲律宾华侨教育会(Philippine Chinese Educational Association)正式成立。华侨教育会具有半官方性质,该会设有华侨教育附捐(在税务部门征收营业税时,额外加征一定比例的费用作为教育经费),由菲税务局代为征收,保证了教育会所辖学校有固定的经费,这一举措大大推动了菲律宾华侨教育的发展,教育会不单创立了第一所中学——华侨中学(今菲律宾侨中学院),而且对菲律宾的华侨中小学担负起了统一领导、管理、协调之责。1935 年菲律宾自治政府成立后,华侨学校进一步增多,增至 46 所,华侨学校大多兼设中文部和英文部,"中文部向中国教育部备案,受中国驻菲领事馆监督,使用中国的课本,中文教师多从中国聘请"[③]。应该说,早

---

① 江桦:《菲华文学遗珠》,见江桦:《扎根》,于以同基金会 2004 年版,第 27—28 页。
② 黄端铭:《井蛙说大海——菲律宾华文教育面面谈》,菲律宾华教中心出版部 2012 年版,第 2 页。
③ 黄端铭:《菲律宾华文教育综合报告》,菲律宾华教中心出版部 2013 年版,第 6 页。

期的菲华教育质量一直保持较高的水平，与此有很重要的关系。

一如早期侨校的中文教师多聘自母语国——中国，早期菲华报刊的主笔、编辑、记者也大多如此。而且这些报人大多有很深厚的国学功底，甚至学贯中西，像1888年创办《华报》的杨维洪，就是福建海澄人，精修国学，热爱经史，17岁渡菲经商，更精通西班牙语和英语，被侨界推崇为"三枝笔都会写"的杰出人才。早期的菲律宾大报《公理报》创办人郑汉淇，亦是福建思明人，早年即在福州英华学院学习；《公理报》主笔兼总编辑颜文初，亦是福建石狮钞坑人，幼入私塾，后进入全闽高等学堂学习，辛亥革命后还曾任泉州中学校学监；包括后来在菲律宾接办《中华日报》、后将之更名为《新福建报》并任经理兼主编的白萍洲，亦是饱读诗书，还曾经考取过清代的举人。其实在东南亚许多国家，太平洋战争前后都持续有大批的中国知识分子南渡旅居，任教或办报办刊，有的就成为围绕在华报周围的华文作家，这些南下文人包括聂绀弩、傅无闷、郁达夫、艾芜、许杰、杨骚等，分散在东南亚各个国家，也包括菲律宾，有的就直接操笔任报刊的编辑、总编辑。像新加坡《叻报》编辑林檽生，《国民日报》编辑梁一余，《新国民日报》编辑张叔耐、林独步，马来西亚《益群日报》编辑刘克非，印度尼西亚《新报》编辑宋中诠，缅甸《觉民日报》编辑聂绀弩，菲律宾《平民日报》总编辑傅无闷等。这些南下文人以其深厚的国学功底，支持着早期菲华报业的发展，并利用菲华报刊传播着中国文化。

事实上，在国内大批知识分子远赴菲岛兴学办报的过程中，有一个核心的推动力量是必须要提出来的，这就是菲律宾的华人社团。华人热衷结社，华社作为海外华人社会的"三宝"之一，对于整合海外华人社会、推动海外华人事业发展，发挥着重要作用。早期的社团一般是宗教性质的佛会，在血缘基础上形成的宗亲会，在地缘基础上形成的同乡会，以及后来出现的同业商会。1904年，小吕宋中华商务局（Chinese Commercial Council）成立，商会宗旨称"以发展华侨商业为唯一的谋求，以华侨福利为当然的努力, 至于对内外感情联络, 更是不能须臾忽视"①, 这就是后来的菲律宾马尼拉中华商会的前身。该会一个很重要的职能就是推动华文教育事业、创办华文学校。此外还有其他一些地方商会创办的学校, 像1919年闽商会馆创设的闽商学校, 华侨工党(即华侨工人联合会)创设的华侨公学等。20世纪初, 中国国内资产阶级革命风起云涌, 大批革命党人亦纷纷向国外拓展, 成立各种革命团体: "越庚戌辛亥年间(即宣统二年三年), 国父孙中山先生所组织之中国革命同盟会, 正谋扩大活动, 先后派冯自由、宋震(别号亚藩)、胡汉民、李淇蕕菲宣传, 一时革命空气, 弥漫南洋菲岛, 而由中国革命同盟会菲支会首届秘书兼副主监吴宗明, 导往南岛各部, 向一部热心革命分子, 进行筹饷事宜, 并公开组织阅书报社, 而秘密从事招集华侨, 加入革命同盟会。"② 这些革命团体一个很重要的任务就是办学、办报, 像1912年广东籍国民党人创办的爱国阅书报社, 该社属下就有爱国学校; 再如1917年国民党创办的普智阅书报社, 亦在菲律宾创办了普智学校。这些菲华社会的商会和革命团体成为中国国内知识分子登陆菲岛的重要平台。

早期的华人社团中, 有一类重要的社团就是文化和教育类社团。从中国近代康、梁变法成立强学会开始, 到资产阶级革命派活动时期, 大批的文化社团在国内外遍地开花, 这些社团传播革新或革命思想, 开展学术研究, 创办报刊, 开办学校, 并有相当一部分文化社团发展成为政党团体, 像国民党兴中会即是如此。中国这种文化社团现象也直接影响到菲律宾华人社会, 许多带有文化并兼具政治色彩的文化社团不断出现, 像国民党人1912年创办的爱国阅书报社和1917年创办的普智阅书报社, 这两大社团即属这类性质, 旗下团结了一批既有政治热情又有文学情怀的热血青年, 他们通过开办报刊尤其是文化副刊来传播革命思想, 传播先进的科学知识。

---

① 黄滋生、何思兵:《菲律宾华侨史》, 广东高等教育出版社1987年版, 第341页。

② 陈笑予编著:《菲律滨与华侨事迹大观》第2集, 菲律滨华侨事迹大观出版社1951年版, 社三。

　　在中国近现代报刊发展史上，一个广泛存在的现象是，一张有影响力的报纸往往都办有一份有影响力的文学副刊。而在每一份有影响力的副刊周围，都团结着一个活跃的作家群，甚至围绕活跃着诸多文学团体。我们很难说是报刊团结了作家，还是作家们支撑了报刊的发展。由于我国新闻学与文学存在着千丝万缕的联系，很多新闻记者、编辑即从文学领域"转岗"而来，或者说一些出身新闻学的记者、编辑也兼做着文学的"行当"——在新闻采访编辑之余从事一些诗文词赋的创作，因此，文学与报刊的关系就显得异常紧密。

　　东南亚的华文报刊从早期的报刊创刊开始，无论是报人还是办报宗旨，无论是内容还是形式，都带着中国近代报刊的"余脉"性质，或者可称之为中国报刊的"海外版"，包括国内的一些文化思潮也都会一脉而动地反映到东南亚华文报刊上来。在中国"五四"运动前后、左派思潮大行其道之时，在新加坡编辑《叻报》副刊《椰林》的陈炼青，亦对意识"向左转"的新兴文学表示由衷的喜爱："20 世纪一切都向左边来，文艺的阵地，自然把握着这条战线——时髦点说，就是运用艺术的武器，猛烈地向伪的营垒进攻。我喜欢向左转的一切，尤其是革命的时代。"① 在菲律宾也是如此。像"五四"运动期间，由傅无闷任总编辑的菲律宾《平民周刊》（后更名为《平民日报》），就曾经不遗余力地鼓吹"五四"新文化和新思想。② 这种相似性当然也体现在菲华报刊的副刊上。早期的一些菲律宾华文报纸都开办了文化副刊，像《公理报》创刊伊始，就聘请了叶楚伧为驻上海特约撰述员，负责写评论，兼编副刊。菲华社会著名教育家颜文初，辛亥革命后曾任泉州中学校学监，后亦入菲受聘马尼拉《公理报》，做到《公理报》主笔兼总编辑。他对《公理报》内容和版面进行大幅度的改革，增加了"杂俎"和"短评"等副刊栏目。《商报》创刊后，于以同作为菲岛华侨文化界的前辈、著名报人，"国学渊博，富有正义感，重道

①　未兆（陈炼青）：《左》，新加坡《椰林》1930 年 1 月 18 日。
②　赵振祥等：《菲律宾华文报史稿》，世界知识出版社 2006 年版，第 78 页。

义，尚气节，外表温文，内心刚毅"，他每天为"小商报"撰写专栏言论。当时《商报》的文艺版称为"小商报"，"小商报"的版首第一篇文章称为"小评"，这"小评"的执笔人就是于先生自己，全篇文章不到六百字，每日一篇，于先生都费心推敲，非常谨慎地从事，因为在他看来，这篇短评就是他的人格和立场的表现。

除了副刊之外，早期菲华报刊中还出现了大量的周刊、月刊。据有关资料记载，"自民国元年起，至民国三十年止，总计先后创立之报馆，凡十八家，而创设周刊者，有民国七年之华铎周刊、民国八年之平民周刊、民国九年之教育周刊、人言周刊、民国十一年之心声周刊、民国十三年之礼拜日周刊、工商周刊、民国十四年之努力周刊、民国十七年之黎明周刊、民国十八年之先锋周刊、民国二十年之商业周刊、民国二十一年华侨救国联合会周刊、民国二十二年迫击报周刊、民国二十三年之民众周刊、天马周刊、民国二十四年之海风周刊、民国二十五年之求是周刊，计凡十七家"①。此外还有诸多的半月刊和月刊。这些周刊、月刊都以言论和文化传播见长，带有很强的文化副刊性质。

此外，一些文艺和文学类专刊也开始出现。如1922年由陈菊依创办、由菲华老报人林籁余任主编的《小说丛刊》在马尼拉创刊，就是一家文学月刊，可惜只出了3集即告停刊。1926年新剧研究社在马尼拉编辑出版了专门研究报道戏剧艺术的《艺术月刊》；1933年创刊于马尼拉的《唯爱旬刊》，该刊声称"只谈风月，不评时事"，可看作是中国国内的"鸳鸯蝴蝶派"文学主张向菲律宾的延伸；此外还有1935年创刊于马尼拉的华文综合性文艺报刊《海风旬刊》等。其中1934年9月由菲律宾天马文艺社在马尼拉创刊的《天马》华文文艺月刊最具影响力，发行人陈炎琛，主编黎谷帆。该刊物16开本，主要发表诗歌、散文、小说、文艺评论，也偶尔刊登时事述评。该刊物聚集了一批华侨文学作者，如抗夫、竞志、白鹤、少菽、但英、林帆、林谷、溜生、林本、萧然、白菽、丁乔、黎骥、

---

① 转引自赵振祥等：《菲律宾华文报史稿》，世界知识出版社2006年版，第78页。

漠驼、高啸等。[①]

　　这一时期出现的一些教育类报刊也值得一提。1919年颜文初升任马尼拉中西学校校长，先后主编了《教育丛刊》《教育月报》《教育周刊》《中西学校三十年纪念刊》等文化教育类专刊。此外还有由菲律宾华侨教育研究会1920年12月创办于马尼拉的、专门研究华侨教育的华文期刊《华潮周刊》，1927年7月由华侨中学编辑出版的《中学半月刊》，1940年左右由马尼拉中正中学校自治会主编、出版的《中正学生》，由小吕宋华侨教育周报社编辑、发行的《教育周报》，这些文化教育类副刊、专刊对传播中国文化发挥了重要作用。

第二节　抗战前后的菲华社团与菲华文化副刊

　　1931年日本侵占中国东三省后，菲律宾侨界就开展了轰轰烈烈的抗日救亡运动，先后成立了华侨救国会、菲律宾华侨国难后援会，为祖国筹措抗日战争经费。1937年7月7日卢沟桥事变后，菲华侨界各行业组织和各社团联合组成菲律宾华侨援助抗敌委员会（Philippine Chinese Resist the Enemy Association，简称"抗敌会"），积极开展募捐工作，抵制日货，组织华侨青年回国参加抗日救亡运动。

　　日本占领菲律宾后，大批华文报刊被封，很多报刊被迫停刊或转入地下，同时也出现了一批地下抗日报刊。建社团，办刊物，宣传抗日主张，这是菲华社会开展抗日斗争的重要方式，报刊的"新闻纸"功能退居其次，"宣传纸"功能充分突显。像菲律宾华侨总工会（左翼）成立后出版的华文刊物《菲岛华工》，致力于揭露和谴责日本帝国主义对中国的侵略行为。此外，1931年11月成立的华侨救国联合会，亦创办了机关刊物《旗帜》，宣传抗战救国。1933年9月由王雨亭主持的《前驱日报》创刊，该报辟有"唐山"（中国及侨乡）版、副刊和读者来信等版面，宣传抗日

　　① 参见王士谷主编：《华侨华人百科全书·新闻出版卷》，中国华侨出版社1999年版，第360页。

救国主张的同时也传播国内的新闻信息和文化资讯。1940 年 5 月 1 日创刊的《建国报》专设有副刊《水门汀》《小齿轮》等，高举抗日救亡的旗帜，坚定地主张团结抗战。1941 年 9 月菲律宾世界新闻社创办半月刊《为公》，号召海外华侨积极支援祖国抗战。由《华侨导报》出版的地下油印刊物《华侨之光》，则由华侨抗日游击支队（简称"华支"）在 1944 年日据时期创刊于马尼拉，该报成为华侨抗日反奸斗争的重要宣传阵地，在当时具有比较大的影响，像当时林林创作的歌颂游击队打击敌人的著名长篇诗作《阿莱耶山》，就发表在《华侨之光》上。此外菲律宾华侨青年战时特别工作总队于 1944 年初出版了地下抗日油印不定期华文刊物《中国魂》，《中国魂》以政论和时评为主，兼刊发一些抗战文艺作品，是一份极富战斗性的报刊，主编由古雄（郑鹤飞）担任。郑鹤飞在《中国魂》上常以"老汉""斯人"等笔名撰写评论。可以说，当时战时特别工作总队的宣传工作做得有声有色，"鹤飞同志居功甚大"[①]。

　　日本占领期间，在菲的国民党部分党员秘密组织了"牧羊社"，该社曾出版一份地下抗日油印报刊《大汉魂》。该刊《大汉魂发刊导言》慷慨激昂地写道："这就是大汉民族的国魂，这国魂是我们祖先五千年民族精神教育所造成的，明顺逆，别忠奸，重气节的抗敌救国的国魂。我祖先以此大汉魂特质，遗留在我们后世子孙的骨血中，散布于四肢百体。故不论于国内国外，莫不千人一意，万里同心，始有此伟大壮烈的表现。……呵！大汉魂啊，你是国家的命脉，你是民族的灵魂。有了你，国家可以不亡，民族可以再生。所以我们不但要保护你，并且要发扬光大你，因为一离开你，便是汉奸，一做汉奸，便不是中国人了。……过去如此，现在亦如此，其唯一力量，便是大汉魂。所以，我们今天要以牧羊人的精神，以求大汉魂的发扬。这是本社与本刊成立与发行的理由。"该刊高举抗日大旗，宣扬民族气节，鼓舞抗日斗志，发挥了重要的鼓与呼的作用。

---

① 台湾"中央研究院"近代史研究所编：《菲律宾华侨华人访问纪录》，台湾"中央研究院"近代史研究所 1996 年版，第 48—49 页。

　　中国共产党这时期也非常重视海外宣传，包括菲律宾被日寇占领期间，中国共产党也派出了一批文化骨干力量赴菲创办报刊，传播中国文化，宣传抗战。像原名曹传美的杜埃，早年曾经在广州参加过秘密刊物《火花》《天王星》的编辑和发行工作，西安事变期间曾为救亡刊物《突进》撰稿，后赴中共香港文化支部及八路军驻香港办事处从事宣传工作，主编《大众日报》的副刊《文化堡垒》。杜埃同时亦是中华艺术协进会文艺组的负责人。1940年抗战期间，他被廖承志派到菲律宾任海外宣传组组长，做华侨宣传工作，后任抗日反奸大同盟（"抗反"）宣传部长，并主编《建国报》。日本投降后他又担任了《华侨导报》编辑。在菲律宾的这段峥嵘岁月，让身为报人的杜埃创作了大量的有关菲律宾抗日的报告文学和小说，后来回香港和大陆结集出版的《在吕宋平原》（后易名为《丛林曲》）、长篇巨著《风雨太平洋》、诗集《红线笺》等一批作品，都是对他在菲律宾抗战期间的生活写照，有些作品就是创作或发表于他在菲律宾抗战期间。

　　黄薇（笔名南君）也是被廖承志派往菲律宾进行抗日宣传的进步文化青年，并在菲律宾被吸收加入了中国共产党，负责编辑地下抗日报纸《华侨导报》，1945年马尼拉光复后，《华侨导报》改为公开出版的铅印大型日报，黄薇任总编辑，写作了大量的随笔、社论等言论文章。

　　与黄薇等同期被廖承志派往菲律宾的还有原名林仰山的林林，他在参加菲律宾"华支"期间，创作了大量饱含激情歌颂菲律宾人民抗战的诗歌，像长篇诗作《阿莱耶山》，就发表在"华支"的地下刊物《华侨之光》上，这首描写歌颂华侨和菲岛人民并肩抗战的长诗发表后又被译成菲文，广泛传播，对菲律宾抗战起到了巨大鼓舞作用。林林不仅是一个诗作者，更是一位中国文化的积极传播者，抗战胜利后，林林为了扶植当地文艺青年，在《华侨导报》副刊《笔部队》上策划举办"文艺作品写作竞赛"，同时他还以顾问身份参加菲律宾"华侨青年文艺工作者协会"，辅导习作者写作，讲授文艺知识，介绍中国经典的文艺作品，扶植文学新人。流扬在《华侨导报》发表的《四十年代菲律宾文艺活动》一文中曾称赞他说：

"林林在文艺上起了播种、开拓作用"，"他以诗歌号角动员中菲爱国青年投身反法西斯战争，也起了很大作用"。①

菲律宾反法西斯战争胜利后，华侨报业获得了比较宽松的发展空间，大量报刊、副刊复刊或创刊，这些报刊可以分为三大类：第一类是由战时地下油印转为公开出版的报刊，以《华侨导报》《前锋日报》（其前身为《前锋报》）、《侨商公报》《大华日报》（其前身为地下油印刊物《大汉魂》）、《重庆日报》（其前身为地下油印刊物《导火线》）等为代表；第二类是战时停刊、战后复刊的报刊，以《华侨商报》《公理报》和《新闻日报》等为代表；第三类是战后新创刊的报刊，以《中正日报》《民族日报》《大汉魂月刊》等为代表。此外还有《新中国周报》《粤声周刊》《良友画报》等，以及一些多日刊报纸《照妖镜》《X光小报》《公道话》《铁扫帚》《警报》等。其中复刊的3家和新创办的6家华文报纸都开辟了文学副刊，分别是《公理报》的《晨光》（吴毓珊、何祖炘主编），《华侨导报》的《笔部队》（林林、杜埃主编），《华侨商报》文艺副刊《新潮》（蓝天民主编），《中正日报》的《文艺工场》（施颖洲、亚薇主编），《大华日报》的《长城》（杜若主编），《前锋日报》的《北望》（亚薇主编），以及《新闻日报》的《新副》，《侨商公报》的《星火》和《重庆日报》的《新生》等，其中林林和杜埃主编的《笔部队》影响广泛。《重庆日报》的副刊版先后设置《副刊》《天地间》，文艺周刊《碧血》，半月刊《扫射》，专刊《丹心夜学校刊》，探讨青年修养，传播中华传统文化思想和品德。《华侨商报》还创办了《华侨周刊》，于星期天随报派送，不加收费，这在菲律宾各大报纸中独一无二，周刊内容丰富，政治、社会、经济、文化包括文学作品无所不包，接受作者投稿的同时，还借版位给一些文艺团体，供其刊登文艺作品，培植文艺新人。

抗战前后的菲华报刊，在血与火的争斗中繁荣竞进，在巅峰与幽谷间奔突发展，在甜酸与苦辣间展示世间百态，在残酷的对敌斗争和政党斗争

---

① 赵振祥等：《菲律宾华文报史稿》，世界知识出版社2006年版，第120页。

中传播着中华文化，见证了华侨社会铁骨铮铮的民族气节和文化精神。在这里，我们清晰地看见了中华民族的精神和文化脊梁在菲华社会的延伸，看到了载荷着中华文化的抗战期间蜂拥而生的菲华报纸副刊和一大批不屈不挠的文化人，它们是怎样地展现着中华民族仁人志士们伟岸的民族气节。一部抗战的菲华报史，传承着中华文化在海外的余脉，见证着华侨不泯的民族意志和故国情结。

第三节　华教转型与菲华文艺副刊发展的拐点

战后独立的菲律宾民族情绪高涨，菲国会提出"菲人第一"的口号，不时通过菲化案，各种菲化政策接连出台，菲政府开始对华侨学校进行全面监管，菲国内的华文教育亦受到打压，甚至主张关闭华侨学校。因此菲律宾的华校虽然在战后纷纷复校，但时势已大为不同。国民党政府在战后采取了一系列遣返华侨的措施，大批国统区的华侨重新回到侨居国，这其中就包括了大量重返菲律宾的侨民，客观上充实了菲律宾的华侨教育，对菲华教育是一个提振。据史料记载："民国 30 年年底，太平洋战争爆发，南洋各地华侨纷纷避难归国，34 年 8 月战争结束，归国华侨亟需返回侨居地重整家业。为协助归侨复员，侨务委员会等相关机构在战争期间即开始筹划。当时联合国善后救济总署（简称联总）正展开大规模的协助战时流落各地之难民重返家园，于是侨务委员会、外交部与联合国善后救济总署及行政院善后救济总署（简称行署）共同合作，负责各地区的遣侨工作。民国 36 年 6 月，联总结束，遣送业务移交国际难民组织接办。是年年底行总结束，由社会部接办难民遣送的工作。当时遣送的有缅甸、菲律宾、马来西亚、新加坡、暹罗、越南、荷属东印度等地的华侨。""侨务委员会相关机构在抗战期间即开始筹划侨务复员，其中包括归侨复员问题。中国国民党亦同时着手规划战后侨务，民国 34 年召开的第六次全国代表大会，通过《战后南洋华侨复员案》等各项提案。战事结束，政府即依据各项方案展开侨务复原的工作。"[1] 国民政府军事委员会调查统计局"国字第 631 号"公函《国民政府军事委员会调查统计局函请外交部查明联合国善后救济总署派轮运送归侨返菲措置》云："据报：联合国善后救济总署，近拟派轮载运滞留祖国之华侨壹万八千人赴菲律宾。查目前菲岛华侨入境，按照菲移民律规定，每年仅限五百名，今若获联总派轮运送华侨赴菲，则对菲岛侨商复兴大有裨益等语，未审我当局对此事措置为何？是否已通知我驻菲领事馆协助进行？"[2] 从公布的档案史料可以看出，国民政府高度重视遣返华侨工作，虽然遣返人数受到菲律宾方面的限制，但仍有大批侨民返回菲律宾，其中相当一部分即入侨校任教。

1949 年 10 月 1 日中华人民共和国成立后，美国政府继续实行支持蒋介石的政策，受此影响，菲律宾政府也实行反共政策，在外交上和台湾当局保持官方关系，不承认中华人民共和国。新中国成立后，菲政府一方面禁止中国大陆人入境，另一方面国民党菲律宾支部又对左派华人进行残酷打击，导致左派华人纷纷离开菲律宾，使本就捉襟见肘的侨校师资更加短缺，菲华侨校的华文教育渐趋式微。"华侨学校的数量和学生人数虽然稳定发展，学生学习中文的兴趣和家长对子女学习中文的重视程度却在下降，战前存在的重英轻汉的倾向进一步明显。不少学生不堪双重课程的重负，放弃学习中文。"[3]

在中国大陆从菲律宾全线撤退、国民党一统菲华事务的形势下，菲华社会的华侨教育全部"向右转"。1949 年国民党败退台湾后，国民党政府对菲律宾的影响管控转而主要体现为台湾地区对菲律宾的影响管控，包括对菲律宾华校教育的影响。20 世纪 50 年代初期，全菲复校后的华侨学校共有 150 所，使用的教材全部都是来自台湾地区，菲华教育成了台湾教育在菲律宾的延伸。当然客观上说，受台湾地区重视中华传统文化教育的影

---

① 谢培屏编：《战后遣返华侨史料汇编》导言，台北"国史馆"2003 年版，第 1 页。
② 谢培屏编：《战后遣返华侨史料汇编》2，台北"国史馆"2003 年版，第 265 页。
③ 黄端铭：《井蛙说大海——菲律宾华文教育面面谈》，菲律宾华教中心出版部 2012 年版，第 8 页。

响，这一时期的侨校教育还是很有特色的，有些侨校的教育质量还是很不错的。那时很多侨校从小学办到中学，实行双重学制，上午学习中文，下午学习英文，一些中学毕业后希望继续深造的学生，就进入当地的大学继续读书或到台湾读大学。中学毕业后，一部分学生就能读写中文，一些成绩较好的还有能力进行文艺创作，成为作家，或到学校教书，或到报社担任记者，为侨社培养了不少的人才。这一时期，中国大陆与菲律宾的来往通道只留下香港一途，不少旅居菲岛的华侨前往香港和来自中国大陆的亲属会面，亦有不少亲属由香港前去菲律宾探亲和定居，成为华侨社会的一员。这一股移民潮客观上也充实了菲华侨校的师资和生源。

战后的菲华报业境况一如菲华教育，国民党在菲律宾所设总支部对全菲华侨实行笼络、控制、打击，一大批进步华侨报人如《华侨导报》和《侨商公报》的许立、黄汉杰、黄薇、龚陶怡、杜埃、林林、许志猛、杨静桐等人被迫返回中国大陆①，《华侨导报》《侨商公报》等一批左派报纸被迫关闭，而国民党"四抗"（中国国民党驻菲总支部领导的菲律宾华侨义勇军、菲律宾战地民主血干团、菲律宾华侨青年战时特别工作总队、迫击三九九团）所办的报纸则迅速壮大，其中像《前锋日报》影响广泛，发行量很大。② 1948 年 8 月 29 日，国民党驻菲支部所属的《大华日报》与《中正日报》合并为《大中华日报》，力量进一步壮大，该报设有副刊《文华》《长城》《知行》等，副刊承继了国民党 20 世纪三四十年代在大陆的文风，内容丰富，在培养文学人才、开展文化传播方面产生了较大影响。

1950 年以后，菲律宾的政治气候更趋严酷，1952 年 12 月 27 日凌晨，军方在全菲各地以"共嫌"罪逮捕了 309 人，关在墨菲军营里，严刑拷打，造成了数量庞大的冤狱，发生了震惊华侨社会的"禁侨案"。③ 在侨社全体人士的通力解救下，两年后，195 人无罪获释，152 人被控于遣配

---

① 黄薇：《华侨导报的艰苦战斗历程》，见龚陶怡等编：《菲律宾华侨抗日斗争纪实》，中国国际广播出版社 1997 年版，第 231 页。

② 台湾"中央研究院"近代史研究所编：《菲律宾华侨华人访问纪录》，台湾"中央研究院"近代史研究所 1996 年版，第 76 页。

③ 刘芝田：《中菲关系史》，台北正中书局 1962 年版，第 730 页。

委员会。整个菲华社会"谈共色变"。1956 年 9 月 27 日，菲律宾华侨反共抗俄总会成立，从事反共活动，乱抛"红帽子"，甚至对一些无党无派的报人和教师也横加迫害，像《华侨商报》编辑马飘萍、记者林华新、特约撰稿人鲍居东等人，被诬告是"共产党"，并被遣送到台湾，进行残酷的政治迫害和人身摧残。在这种政治气候下，菲华报业自然是"台风劲吹"，亲台湾的华文报刊占据主流，唯一不太"听话"的《华侨商报》生存空间也受到极大压缩，该报为了抗议国民党的压制，一度在报纸头版"开天窗"。[①]《华侨商报》的一批报人与国民党驻菲总支部和由其控制的《大中华日报》长期处于对立状态，国民党总支采取告密和诬陷手段，诬告《华侨商报》是中国共产党的喉舌，菲军方到报社逮捕新闻工作者，投入牢狱，先后发生了多起迫害事件，这其中就包括 1962 年的第一次"商报案"和 1970 年的第二次"商报案"。

进入 20 世纪 60 年代中国大陆"文革"时期，中国文化在菲律宾的传播呈现出别样的风貌。这时期，受中国"革命输出"的影响，中国"红色文化"的传播占据主流。在中国爆发的"文化大革命"，不仅席卷了中国，在国外也产生了巨大的影响，推动着亚洲一些国家的民族解放运动风起云涌。菲律宾社会"左"倾思潮日渐高涨，以菲律宾大学的教授、学生和媒体记者为先行者，形成左派力量，他们加入进步组织，阅读进步书记，收看红色电影，交流进步思想，他们和一些具有进步思想的海外华人把目光投向中国大陆，在宣传中国、传播中国"红色文化"方面充满激情。菲律宾于 1968 年 12 月 26 日宣布成立菲律宾共产党（马列），接受来自中国的影响，在青年学生中进行革命宣传。而当时的菲律宾总统费迪南德·马科斯（Ferdinand Marcos）的案头上，亦经常摆着一部英文《毛泽东选集》，希图通过学习《毛泽东选集》找到对付菲共中央委员会主席何塞·玛丽亚·施顺（Jose Maria Sison）的方药。"文革"前后，菲律宾一批又一批的新闻记者应邀到中国访问，目睹新中国的变化，回国后在报刊上撰写大量

---

① 于长庚编译：《两地冤狱》前言，于以同基金会出版 2000 年版，第 II 页。

文章介绍新中国的政治、经济和文化，在菲律宾社会影响强烈。《马尼拉时报》记者 J. V. 克鲁斯（J. V. Cruise）应邀到中国访问后，甚至带回音乐舞蹈史诗《东方红》的影片，由于不能在电影院放映，后在菲律宾大学和其他一些大学放映，万人空巷，吸引了众多的观众，在学生中特别是在菲律宾大学生中产生了巨大的影响。[①] 菲华报刊也热烈地参与其中，进行广泛报道。英籍华人学者韩素音（Elisabeth Comber）[②]，1969 年应《马尼拉时报》社长华谨·罗西斯（Joaquin Roces）的邀请到菲律宾讲学，先后在菲大、兰心书院等院校发表演讲，介绍新中国的成就，在知识分子和学生中影响巨大，在菲律宾掀起了一股"韩素音"热，也掀起了一股"中国热"。菲律宾英文媒体对中国的热烈关注，以及韩素音等知名海外华人对中国的演讲宣传，也引发菲华报纸的广泛报道。《华侨商报》把英文报纸的报道翻译过来发表，在菲华社会引发热烈反响。韩素音的每次演讲，《华侨商报》社长于长城和总编辑于长庚从不缺席，他们的记者每场都到会，第二天报纸上就有长篇详细的报道。"二次世界结束后，东西方两阵营对垒森严，新中国成立后便受到全面的围堵：禁止人员来往、封锁新闻、禁运……而商报却敢冒着风险，从美、英、法等国际新闻通讯社不全面，甚至歪曲的有关大陆的消息，加以翻译报导；为了满足本地华人对他们所思念的故国的关心，商报经常翻译报导一些国际知名人士，如韩素音有关大陆的述评；菲中建交前夕，更大量翻译转载菲国主流媒体到大陆'探险'的专题报导；这多少改变了一直以来接受美国反共宣传的一般人对新中国的错误看法，多少消除或减轻了一般人的'恐共'病。商报周刊每期的专论、特写、文艺创作，多少也为正在'迷茫'中的华侨青年指出

---

① 赵振祥等：《菲律宾华文报史稿》，世界知识出版社 2006 年版，第 155 页。

② 韩素音，1916 年出生于河南信阳周家谷，原名周月宝。原籍广东嘉应。父亲周映彤，铁路工程师；母亲玛格丽特，比利时人。韩素音是一位医生，后从事写作，出版了《伤残的树》《凋谢的花朵》《无鸟的夏天》《吾宅双门》《凤凰的收获》等书。后周游各国，进行讲学，1969 年应《马尼拉时报》社长罗西斯之邀，至菲讲学，介绍新中国的成就，获得菲律宾知识分子的欢迎，极为成功。

一条'华侨的路向'。"① 从这些记载中可以看出《华侨商报》对中国大陆不遗余力的关注报道。连立场一向倾向于台湾的《大中华日报》也派出记者陈瑞时等人到场采访。有一天，《大中华日报》出现一则报道韩素音的消息，说中国大陆的医生把断了的头也接上了。其实这是听错了，韩素音以英语演讲，她在英国学习和生活过，讲话带有英国口音，她说的是"hand"断了，但该报记者却听作"head"断了，说是医生把头接上，闹出了一个不大不小的笑话。②

在中国"文化大革命"的余波席卷东南亚包括菲律宾的同时，中国"文化大革命"对文学艺术的批判思想也开始在菲华社会广泛传播。1968年1月7日，《华侨周刊》发表了署名"朝气""洪炉""钢流"的三位作者的一篇数千言的《给爱好文艺写作青年的一封公开信》，这封公开信列出了菲华社会几个文艺社的名称，分别是飞云、辛垦、萃文、新艺、梅花、寒梅、育青、独雁、铁苗灵鹤，并以大批判风格的言辞向这些"顽固守旧"的文学社"开炮"，指出当时的菲华文艺控制在一小撮人手里，以名利来引诱年轻人，从而达到他们自己的个人目的。文章号召菲华社会文艺青年为华侨大众服务，为华侨社会服务，写出一些有血有肉的文艺作品。公开信说："尽管因循守旧的人们对于新年的来临不寄以热望。但我们大家作为朝气蓬勃的青年却应有'欲将新春除旧岁，敢把东风扫文风'的精神来检讨一番过去菲律宾文艺写作的歪风，给未来菲华文坛带来一个崭新蓬勃的面貌。""青年朋友们！人类的历史从来就告诉我们，历史是前进的。一切事物的创造以至其灭亡，是建筑在其对一定的人在生活上所起的使用价值上的。也就是说，事物的创造及其存在是因为他对一定的人在生活上有着其使用价值的，即至其灭亡，即是因为他对一定的人在生活上已失去其使用价值了。""总而言之，只能把文艺当成为人民大众服务的工具才是正确的文艺路线。只有为人民大众服务的文艺作品才是真正有价值的文艺作品。只有为人民大众服务的文艺作品，才是能最长久存在着的文艺作品。"公开信最后说："青年朋友们，我们谨以最大的诚意向大家呼吁：在为人民大众服务这一正确的文艺路线上，让我们大家为菲华文坛创造一个崭新的面貌而共同努力奋斗吧！"① 这篇明显带有中国大陆"文革"气息的文章立刻引来台系华报的围攻，《大中华日报》副刊《文华》刊登署名文章，指出洪炉等人的论调和观点受到中共的影响，是有政治目的的。但是《华侨周刊》的一批笔战斗士毫不示弱，1 月 28 日，《华侨周刊》又刊发了署名"升彭"的一篇题为"朋友，让我们并肩迈进"的文章，他虽然批评了烘炉等人的公开信有些幼稚，但他认为"经过几场的辩论和批评，会激醒沉睡的文友们，认清老奸巨猾的真面目，同是'朝气'勃勃的青年，一起融入文化大'烘炉'中，形成一股坚强的'钢流'，把那些利用文艺而得逞的奸臣埋掉，彻底吹散黑毒草的漫弥"。2 月 11 日，署名"晨阳"的作者也在《华侨周刊》发表题为"让我们一起向前进"的文章，支持烘炉等人的观点："我们都是五湖四海里的青年人，最没有守旧的思想，让我们放眼世界，跟世界进步的思想通流，多读健康进步的书，让我们推着时代巨轮前进。"2 月 18 日，《华侨周刊》又发表署名"超凤"的题为"我的愚见"的文章，对"小报文艺老爷们"进行更加激烈的批判。他谈了三点：一、为人民服务的文艺路线对不对？二、"人民"在此地代表哪些人？三、注意怀有恶毒阴谋插脚讨论"文爷们"的恶毒嘴脸！文章的重点为提醒参加讨论的年轻人注意另一条战线"文艺老爷"的恶毒用心。文章说："小报的'文爷们'这次破口大骂，很生动地暴露出其与人民为敌的反动专制立场，实在有损我国政府在侨胞中树立的威望。对于这些文爷们的叫嚷，本来大家是不屑予以理睬，任其去跳'脱衣舞'而露出狼嘴，免致引来更多路人的注意……无奈，他们脱得太无耻了，臭气冲天，迫使人们不得不抗议！"从这场论战中，可以明显感受到中国"文化大革命"空气在菲华社会的蔓延。

---

① 赵振祥等：《菲律宾华文报史稿》，世界知识出版社 2006 年版，第 157 页。

菲华报刊在近百年的发展进程中，是非常注重对文学团体和文学爱好者们的培育、支持的，这既为报刊培植作家群，也为报刊培植读者群，对华文报刊的发展本身就是巨大的支持。

在培植文学爱好者、扶植文学团体方面，败退台湾前后的国民党一直高度重视，投入了很大力量，从利用遣返华侨来强化侨校师资、加大华文教育力度，到利用华文报刊打造文艺、文学副刊，策划开展文学创作活动等，都有许多可圈可点的作为。由台湾地区方面主导成立的菲律宾华侨文艺工作者联合会，在这方面发挥了重要作用。"菲律宾华侨文艺工作者联合会（简称'文联'）每年暑假都举行文艺讲习班，从台湾聘作家、诗人、画家、戏剧家像王蓝、叶醉白、王生善来菲主持讲习班，报名的人数不少，台湾诗人谭子豪、纪弦、蓉子等人亦先后来菲主持暑期文艺讲习班，为菲律宾华侨社会培养了一批作家。"①

1948年《大华日报》和《中正日报》合并成立《大中华日报》，分设《长城》《文华》两个版面，前者主要刊登时事杂谈，后者主要刊登文学作品，深得侨社文学爱好者们的拥护。为了扶持文学青年，推动文学创作，该报社还专门开设了"文艺讲习班"，像担任《大中华日报》总主笔的邢光祖就担任过暑期"文艺讲习班"讲师，亲自为学员授课。该报还为学员提供版面，发表学员创作的作品，介绍他们加入文艺团体，深得青年作者尤其是在校青年学生的拥戴。该报总编辑施颖洲亦积极参加"文联"的活动，培植文学新人，推动文学创作，像蓝菱、庄垂明、云鹤、谢馨等人都受惠于他。施颖洲与台湾文艺界人士相当熟稔，自己也亲自参与文学创作和文学翻译工作，他的作品经常在台湾报刊发表，主要代表性作品有《世界名诗选译》《现代名诗选译》《文学之旅》《文坛散步》等。

在媒体的大力培植下，菲华社会的文艺社团也遍地开花，到20世纪60年代末，已有飞云、辛垦、萃文、新艺、梅花、寒梅、育青、独雁、

---

① 赵振祥等：《菲律宾华文报史稿》，世界知识出版社2006年版，第203页。

铁苗灵鹤等众多文学或文艺社团活跃在菲华社会。① 菲华文联每年还会举办"中正文化奖金"评选活动，分设传统诗歌、新诗歌、散文、文学理论、小品文等诸多奖项。为了提倡文艺，《大中华日报》的副刊《长城》亦多次发起征文比赛，有小说、散文等。1969 年举行"小说创作奖"比赛，来自香港的、当时在中正中学读书的施柳莺以一篇《机房往事》荣获第一名，第二名是王德明的《母亲回来的时候》，第三名是黄凤祝的《寒江边上》，第四名是庄幼琴的《小店之春》，第五名是陈一匡的《果实》。1970 年举行"散文创作奖"比赛，同样来自香港的、当时在嘉南中学读书的王文选以《父亲》一文荣获第一名，第二名是林婷婷的《蓝色的湖》，第三名是丁邦容的《尾声》，第四名是陈一匡的《故国童梦》。这几次征文比赛，对提倡创作，提倡菲华文艺运动，起了巨大的促进作用。②

言论杂谈的写作也是这些文学、文艺社团会员们的拿手戏，而且在一定程度上更活跃、更具社会影响力，尤其是历经涉及华社利益的重大政治、经济、文化和社会发展的议题时，就会有大量的言论集中涌现在菲华报刊的言论版上，像《大中华日报》的《长城》版，《华侨商报》的《华侨周刊》，都是菲华报刊中重要的言论阵地。以《华侨周刊》为例，该专刊几乎每期第一版都有一篇署名"超森"的专论，系由总编辑于长庚执笔。此外，他还开辟一个题为"新闻背后"的专栏，以"小贺"为笔名发表一些时政杂谈。《华侨周刊》周围团结了一批有影响力的评论作者，像林适然、薛约翰、杨炜华、陈华岳、李威廉等，为周刊提供了大量言论杂谈。

随着一些著名言论作者的出现，由这些言论作者专人经营写作的言论专栏也相继出现，如署名"旁观者"的"冷眼集"，"朝明"的"大事情小道理"，"高慧"的"思想小品"，"小贺"的"新闻背后"，"苏仁道"的"四角八角十六角"等，内容异常丰富，可读性很强。有的专栏作者显现

①　朝气、洪炉、钢流：《给爱好文艺写作青年的一封公开信》，菲律宾《华侨周刊》1968 年1 月7 日。

②　施颖洲编：《菲华文艺》，菲华文艺协会 1992 年版，第 14 页。

出很深刻的思想，像高慧的专栏"思想小品"对政治、时事的讨论就很有深度，文字水平也较高；有的专栏像"冷眼集"则以辛辣尖刻见长，从菲律宾政府骂到台湾当局，言辞犀利，毫不避讳，让读者大呼过瘾。当然也有一些专栏以小事杂俎见长，以小事情见出大道理，也很耐人阅读，呈现出百花齐放的特点。

第四节 华教的衰兴与华报副刊的发展

1973 年 1 月，菲律宾颁行新宪法，规定"教育机构，除非由教会、传道会或慈善机关所创办者，均应由菲律宾公民或其资本 60％为菲律宾人所有之公司、社团所拥有。学校之控制及行政亦应置于菲律宾人手中。教育机构不能专为外人而设立，外侨学生在任何学校之学生总数中，不得超过三分之一"。4 月份马科斯发布 176 号法令，强力推动侨校全面菲化。菲化后的根本变化就是侨校变成了华校，原本目的在于针对华侨子弟开展的学历教育和素质教育变成了单科的语言教育，原本放在上午的普通话必修变成了下午两节课的选修，教育的时长和内容都大打折扣。不仅如此，法令还规定华校课本只能用本国编写的，华语教师只能在本国聘请，带有"中国""中华"字眼的校名必须更改，结果导致二千余名华侨教师遭解雇，华侨先贤在菲律宾世代营建的华文教育遭受重大挫折。1975 年 4 月 21 日，马科斯又签署了第 270 号行政法令，准许符合归化资格的所有华侨集体转籍。此举把数万华侨转为了菲律宾公民。从此"华侨"变为"华人"，菲律宾华侨社会亦变成了"菲律宾华人社会"，华语亦从母语变成了外语，华文教育雪上加霜。

由于语言学习环境发生重大变化，学生学习兴趣低落，导致华语学习出现了大滑坡，有些学生在学校有名无实地学习了十年华语，却听说读写一无所能。其所引发的恶果后来连菲律宾政府高官也不得不反思其过，1999 年 12 月，在第三届东南亚华文教学研讨会的开幕式上，菲律宾前教育部长安德鲁·戈塞莱斯说：

我们曾经使用过两种语言的教学制度，即上午教（汉语）普通话，下午教英语或本地菲律宾语。但政府后来把这种制度取消了。我想这个决定并不明智。那是 20 年前，在我上任之前的事了。现在，我们只把普通话当作一种语言来教。我可以预言，我们的教学方法再好，不管我们怎么努力，我们的学生将不可能把普通话讲得很流利。我们要用普通话来教其他科目。因此，作为教育部长，我愿意接受这么一种想法，让我们重新考虑华语教学问题，看看我们是否可以修订华校的课程。最低限度，不把普通话当为一个科目来教。这是我的一个建议。①

从 20 世纪 70 年代初到 90 年代初，经过了二十年的消歇和惨淡发展，华教危机日渐深重。此后，华教终于迎来了发展的新势头，在不愿具名的热心人士推动下，菲律宾华文教学研究中心（简称"华教中心"）于 1991 年 5 月 24 日成立，随后设立教研基金会。华教中心成立后对华教发展思路的一个重大调整，就是"主张处于历史新时期的菲律宾华文教育必须转轨，华校应以培养具有中华文化素质的菲律宾人为目标，合理设置课程，华语教学应走第二语言教学的新路子，重编教材，改革课堂教学"②。根据这一主张，华教中心制定了菲律宾华校华语教学大纲，指定了配套教材，华教中心同时大力进行华语教师队伍的建设，通过举办讲习会、组织教师出国进修等多种途径，提高教师的教学方法和教学水平。1993 年 11 月 20 日，菲律宾华文学校联合会（简称"校联"）正式成立，取代已形同虚设的"菲律宾华侨学校联合总会"。校联的宗旨为："宣扬中华文化，发展华文教育，促进全菲各华文学校合作，改善华文教师福利。"一共有 113 所华文学校参加校联。

在支持华校发展方面，海外华文媒体也挺身而出。海外华文媒体与华文教育唇齿相依，俱损俱荣，为了挽救萎缩的华文教育，《世界日报》在

---

① ［菲］安德鲁·戈塞莱斯：《在第三届东南亚华文教学研讨会开幕式上的讲话》，见《第三届东南亚华文教学研讨会论文集》，菲律宾华教中心 2000 年编印。
② 黄端铭：《菲律宾华文教育综合报告》，菲律宾华教中心 2013 年版。

"世界广场"专栏专门举办"如何挽救华文大厦将倾"的征文活动。这场征文活动影响广泛,在职教师、家长和关心华教的文化人士都参加进来。有征文甚至建议《世界日报》办一份专供各华校学生阅读的华文刊物,面向各华校学生发行。《世界日报》遂决定出版《世界学生报》,该报于1999年6月8日正式出版,一出版即创出了14000份的发行量,广受华校学生喜爱,并维持了很久。菲华报业以身作则,开创了在华校开展"报纸参与教育"(NIE)①的先河。

华校的发展亦离不开华人社团的支持。在华教中心成立前后,为了挽救华教,提高教师福利,许多华校的校友会开始为其母校筹集教职员福利基金,宗亲会等社团也创办了资助教师的福利基金。1999年,菲华工商总会("商总")增设文教委员会,一大批热心华文教育的知名人士如陈永栽、施嘉骏、曾文狮、李国篯等,以及华人社团如菲华商联总会、菲华工商总会、菲华各界联合会、旅菲各校友会联合会("校友联")、新联公会、晋江同乡总会等也全力介入华文教育的振兴工作,"比如赞助本土师资培养方案和夏令营,设立优秀华校校长、模范华语教师奖,菲华杰出学生奖,承办中国国家汉办汉语教学志愿者管理工作,支持华语教学师资队伍督导方案,举办讲习班等,积极投入华教改革的工作中"②。尽管多方付出努力,但根据华教中心于2005—2006年做的一次全菲华校华语教师状况的大规模调查,华语师资的短缺仍然是华校华语教学面临的一个严重问题,并且89.4%的教师没有受过师范院校的正规培训。③

要振兴华教,必须先从强化师资入手。为了解决华校的师资短缺问题,华教中心从1991年开始就启动了"华语教学师资队伍的输血计划"和"华语教学师资队伍的造血计划"两个计划,启动了督导方案和专业化方案两个方案,以及一个行动("华校新生行动"),简称"221工程",

---

① NIE(Newspaper In Education),即报纸参与教育活动,最早起源于欧美国家,是指报纸在企业赞助下,针对学校师生的内容需要出版报纸,作为教辅材料免费供师生阅读。
② 黄端铭:《菲律宾华文教育综合报告》,菲律宾华教中心2013年版。
③ 黄端铭:《井蛙说大海——菲律宾华文教育面面谈》,菲律宾华教中心出版部2012年版,第83页。

通过从中国聘请华语教学专家、华语教师、督导以及与中国汉办合作聘请来菲的汉语志愿者等方式，补华校师资之不足。从2004年开始，华教中心开始输送学生到中国大陆的高校攻读华文教育本科专业，为华校培养师资，同时鼓励华校教师通过远程教育等途径攻读中国的华文教育本科学历。此外，华教中心还通过实施教师资格制度、教师评级制度、工资晋升制度来激励和提高师资质量。2009年华教中心还与中国暨南大学合办了密三密斯光华中学，启动了"新生行动"。随着世界汉语热的升温，中菲从政府部门、高校到中小学等各个层次围绕中菲教育的互动交流日趋频繁，一些具有创新性的合作模式陆续出现，对菲律宾的华文教育产生了实质性的推动。

2015年2月5日，由国家社科基金项目"菲律宾华文报刊与中国文化传播"课题组负责人、厦门理工学院赵振祥副校长带队，厦门大学新闻传播学院助理教授毛章清、研究生赵楠参与的课题调研小组抵达马尼拉，就菲律宾华文教育现状展开调研活动。调研小组分别调研了菲律宾华教中心、菲律宾中西学院、菲律宾侨中学院等单位，与相关领导和教师进行了深入座谈，对菲律宾华文教育发展情况以及菲律宾华校与华文媒体的互动情况、校办媒体情况、报纸参与教育情况进行了调研，并进入侨中学院的中文课堂进行观摩听课，一个突出的印象是菲律宾华校的华文教育回暖势头明显，已经走出低谷走向新生。

"菲国华文教育自教育菲化后，走入式微，或因师资问题，或因学生流失，有些华校已被迫关门，有的得收缩门面。而首当其冲的要算她的'难兄难弟'——华文报业。"① 与菲律宾的华文教育兴衰同步，20世纪70年代以来，菲华报刊亦经历了同此凉热的发展过程。马科斯宣布实施军事管制后，菲律宾四家华文报随即关闭，后经与马科斯有特殊关系的高祖儒向马科斯游说，才同意华社开办一家华文报纸，作为侨社与菲政府沟通的桥梁。经协商，《公理报》与《大中华日报》两报合一，共创《联合

---

① 于庆文：《刊前语》，见《我们携手走过95年》，于以同出版公司2014年版，第6页。

日报》，并由一个菲律宾人挂名任总编辑。这唯一的报纸办得也非常谨慎，没有社论，其他言论也不痛不痒。

1974 年 9 月 11 日，华商王芳盾与时任总统特别助理约翰尼·杜比拉（Johnny Tuvera）合办的华文报纸《东方日报》正式创刊。随后又有《观察报》和《福音周报》相继创刊。但大都报途多塞，有的甚至很快关门了事。1981 年 1 月 17 日，马科斯签署 1104 号文告，宣布结束军事管制，随后遂有《世界日报》于 1981 年 6 月 1 日创刊，《菲华周刊》于 1982 年创刊，并于次年改名为《菲华时报》。1986 年 2 月马科斯倒台后，《华侨商报》亦复刊并更名为《商报》，此外还有《环球日报》于同年 7 月 2 日创刊。

《世界日报》创刊伊始，就非常重视文化副刊的编辑，先后创立了《文艺副刊》《华人天地》《十方》等，《华人天地》后又改名为《融通》继续出版。八年的戒严军管，让菲华文艺创作冰封于地下，而《世界日报》一系列副刊的出现和对菲华文学艺术活动的大力倡导和支持，像春风化雨，催动文学艺术创作迅速破土，呈现活跃的状态。一些菲华文学艺术社团也开始恢复活动，新潮文艺社的《海潮》双周刊，学群文艺社的《学群》双周刊，菲华文艺工作者联合会主编的《南北桥》月刊和椰风文艺社的《椰风》都向《世界日报》借版，为文艺爱好者提供耕耘的园地。所谓"借版"，是指菲律宾华文报纸给华人文艺社免费提供版面，让文艺爱好者有耕耘的园地，从组稿到编排版面都由文艺社自行负责。菲律宾华人把这种形式称为"借版"。① 《世界日报》还开辟了"诗之页""学生之页"等版面，拉近华校学生与报纸的关系，让报纸走入华校。1986 年和 1987 年，《世界日报》先后出版了两部在该报发表的优秀文艺作品集《稔》《秾》，随后又出版了"商总"秘书长邓英达在《世界日报》上发表的连载《华北游记》《我在商总三十年》，可见该报副刊内容之丰富。这时期的菲华文学艺术团体也林林总总、异常活跃，有椰风文艺社、菲华文艺工作者

---

① 参见赵振祥等：《菲律宾华文报史稿》，世界知识出版社 2006 年版，第 294 页。

联合会、中华文学研究会、征航文艺社、学群文艺社、新潮文艺社联合会等。《世界日报》也热衷于为这些菲华文学艺术团体穿针引线，不但为他们免费提供版面，还为他们牵线与中国的文学艺术家们互动，像1983年中国作家白刃、1987年厦门女作家陈慧瑛先后到访菲华文学艺术社团，都是世界日报社牵线搭桥的结果。

另外一家华文报《菲华时报》1983年3月23日创刊时亦同时创办了《岷江潮》文艺副刊，许多文艺社团像菲华文艺工作者联合会、学群文艺社、征航文艺社、新潮文艺社和椰风文艺社等都向该报借过版，作为自己社团的文学艺术园地。《岷江潮》文艺副刊还相继举办了"菲华现代诗展""菲华现代散文展"等活动，推动菲华文学艺术创作。

1986年7月2日创刊的《环球日报》亦设有《文艺沙龙》副刊，每周二、四、六出版，既介绍台湾和菲律宾名家作品，亦介绍中国的山川人物，以及中国古代诗词和历史故事等。

《联合日报》也开辟了《竹苑》《风景观》和《童话城》等多个文艺副刊，每星期出版三次，并由该报副刊主导，多次举行征文比赛。该报副刊亦多次借版给文学艺术团体，像耕耘文艺社、辛垦文艺社、晨光文艺社、菲华文艺协会、千岛诗社、缉熙雅集、菲华艺文联合会、儿童文学研究会、现代诗研究会、中华诗学研究社等，都曾向之借版。最可贵的是，为了向华人移民的第二代、第三代传播中华文化，营造华文学习环境，《联合日报》特地借版给中正校友会，出版《正友》季刊，开辟"学生园地"鼓励中学生写作，并坚持每年举办"中学生作文比赛"，参加者极为踊跃，包括马尼拉区数十所华校的学生三四百人，不少当年参赛者及优胜者开始活跃在各文艺园地，逐渐成为菲华文艺的一支生力军。[①]

菲华报刊开展的这些活动，对于活跃菲华文坛、激发菲华文学创作活力具有很好的效果，因此菲华报刊社都非常注重这方面的活动策划。2001年，香港《明报月刊》、香港作家联会、澳门中华文艺协会、香港文学出

---

① 赵振祥等：《菲律宾华文报史稿》，世界知识出版社2006年版，第304页。

版社等联合举办"世界华文报告文学征文奖",《世界日报》积极参与,世界日报社社长陈华岳亲任"世界华文报告文学征文奖"筹委会副主任,组织菲律宾华社地区文学作品参赛。《世界日报》也在 2001 年春节期间在"世界广场"专栏举办了"马年征文比赛"。

在报纸副刊之外,还有一些独立于报纸之外的文学艺术类月刊、季刊在菲华社会出版发行,对传播中国文化也做出了重要贡献。《时报月刊》是《菲华时报》隶属的刊物,该刊于 1989 年 3 月 23 日《菲华时报》六周年报庆之际出版发行,宗旨是为了"帮助读者能更深一层的了解世局的变化、海峡两岸的动态","为了促进本地华人的自身权益,加强华人间的团结,进而巩固菲华两民族的融洽合作"。《时报月刊》每期 16 开纸 40 页,专设有"中国文化艺术杂谈""传奇故事""食经""神怪杂谈""医药卫生""旅游"等栏目。

另一本《菲华文坛》文艺季刊亦值得一书。该刊创刊于 1984 年,在创刊号上即明确其出版之五项宗旨:

一、文艺是反映现实的产品,亦是改善及追求理想生活的辅助物,它能增进我们生活的情趣,扩大心灵的境界,提高品质而美化人生。

二、我们提倡创作纯真、优美、至善的文艺,发扬侨社优良传统,勤俭诚信美德,维护伦理道德思想,以照耀人性的光辉,启示生命的价值与意义。

三、以侨社生活形态为题材,广泛而深入发掘,尽量表现光明、进步、乐观的意识,但也不抹煞黑暗的角落,及在困苦挣扎的另一面。

四、鼓励菲华作品互相翻译,交流与观摩,并强调真诚合作,彼此沟通,互相理解,使两民族间之文化风尚留优去劣,彼此取长补短,达成混化融合,因而增进两民族之间亲善合作,为今后创作道路之重要里程。

五、菲华是个工商业社会,应以发扬文艺来求增添生活素质，陶冶性灵，调剂身心，促成和谐进步，而提高侨社声誉与地位。

该刊在《我们的信心与展望》一文中更明确指出：

我们认为文化为文艺的根干，文艺为文化的花果，文艺如能滋长推广，更可促成中华文化之丰厚弘扬，而造成国民之优秀品质，到处受人尊崇欢迎。

但是今日我们所处的新环境影响下，华文华语已面临受淘汰之危机，也就是我中华固有文化与民族伦理道德传统，均已受到极大的挑战，我海外华人生活所凭借的根基，已受到严重摇撼，而将沦于不伦不类，甚至有忘本之趋势，可不悲哉！

因此，同仁等鉴于悉属炎黄子孙，尤因热爱文艺，及凛于匹夫有责之义，过去致力于文艺工作，今后更将继续为推动菲华文运而效劳。由于旨趣一致，见解相同，因而决定出版《菲华文坛》季刊。

这些独立出版的文学艺术类刊物一般寿命短暂，像《菲华文坛》只出版了四期即告停刊。不过从这些期刊的创办宗旨看，在菲华社会普遍存在一种对中华文化存续的焦虑，通过办报办刊来推动华文文学创作，推动中华文化在菲华社会的传播，乃是菲华社会文学艺术工作者和媒体工作者们自负的使命。"旅居菲律宾的报人孜孜不倦，全力以赴，克服困难，在异域他乡使中文报纸成为当地一道靓丽的风景线，不但为侨胞们提供新闻和娱乐，还为传播中华文化起了巨大的作用。海外中华文化能够一代一代传递下去，香火不断，除了直接负有使命的华侨学校外，中文报纸也功不可没，发挥了巨大的作用。中文报纸和华侨学校是菲律宾华侨社会的两根文化柱石，起到了顶天立地、支撑侨社文化事业大厦的神圣任务。"①

---

① 赵振祥等：《菲律宾华文报史稿》，世界知识出版社 2006 年版，第 251—252 页。

第五节　新时期菲华文艺副刊的发展

从 20 世纪 90 年代到 21 世纪的头十年，菲华报刊在近二十年的时间里获得了一个黄金发展时期。中菲经济向好以及菲华教育的全面复兴，为菲华报刊的发展提供了经济和文化基础。特别是在 20 世纪 90 年代后，大量中国大陆新移民涌入菲律宾，为菲华报刊的繁荣发展提供了人才支撑和读者支撑。这段时间菲华报刊纷纷扩版，以《世界日报》为例，这段时间该报仅广告版最多一期就达到过 300 多版。①

这一时期的菲华文艺副刊也呈现繁荣的状态。这种繁荣主要表现在以下几方面：

一是追求名人名专栏效应，开始邀请一些有名气的作家开设专栏。以《世界日报》为例，在其《世界广场·小广场》文艺副刊中就邀请了 20 多位菲华作家开设专栏，包括有锺艺的"浮生随笔"、一民的"椰窗闲笔"、小刚的"红绿灯"、林炳辉的"百姓闲话"等，这些作者是活跃在菲华社会的作家或报刊编辑，《世界日报》也成为当时菲华报刊中拥有最多专栏的报纸。这些专栏文章因应读者的快餐文化需要，多为以时政和生活杂谈为主要内容的千字短文为主，纯粹的文学作品日渐稀少。

二是因应读者市场的需要，文艺副刊在纷纷扩版的同时开始向文化副刊裂变，呈现分化、细化、分众化趋向。这一时期几大菲华报刊中只有《世界日报》保留有《文艺副刊》《小说林》，《菲华日报》保留有《小说》等纯文艺类副刊，其他主要以文化副刊为主，像《商报》开设的《大众论坛》《商报体育》《读书生活》《美食天地》《读与写》《时尚女性》《闲情逸趣》《大书坊》《网趣》，《联合日报》开设的《体育》《歌影视》《旅游》《竹苑》《掌故》《文化公园》《人物志》，以及《世界日报》开设的"世界广场"言论版、《大千世界》《纵横》《十方》《妇女》《旅游》《象艺》等。

---

① 资料来源：笔者与菲律宾《世界日报》总主笔侯培水先生访谈资料。

这其中《世界日报》的"世界广场"言论版办得最有声色，该版集中了菲华社会的一些有影响力的言论作者开设专栏，这些作者活跃于中菲两国之间，观察敏锐，言论犀利，很受读者欢迎。

三是集简成册，出现出版文集热潮。伴随着菲华文艺副刊的发达和创作的活跃，很多菲华专栏作家喜欢把在报刊上发表的文艺作品辑录成册，出版发行，像一民、书欣等都出版有多部文集。有些则是菲华报社主动辑录推出出版，像 2003 年 12 月为纪念"世界广场"言论版创刊五周年，《世界日报》将《小广场》的 20 位专栏作者加上陈华岳社长，每人自选10 篇文章，以"21 支彩笔"为名结集出版。后来又分别结集出版了《广场彩虹》《缤纷广场》。于以同基金会亦集合菲华专栏作家发表的文艺作品，出版了《专栏文选》等。这种出版文集的热潮也反过来印证了菲华文艺副刊的繁荣和文学艺术创作的活跃。

经历了 21 世纪初近十年的繁荣发展，随着新媒体的异军突起，菲华报刊的发展开始渐趋萧瑟。除了《世界日报》还保持着比较好的发展势头外，其余几家华文报已是勉强维持。菲华报刊原来就存在的"三老"现象（老作者、老编辑、老读者）更趋严重。据厦门理工学院俞霖博士抽取2015 年 1 月至 5 月《世界日报》专门报道闽南地区的文章研究得出的结论，这些文章作者大多都是中年或老年华侨，他们写作的内容也多是参访或探亲时的所见所闻与记忆中闽南的对比，或是对闽南传统风俗的回忆与叙述，字里行间流动着淡淡的感伤和怀念。在《世界日报》刊发的闽南文化相关文章里，展现的多是传统的闽南文化，形象较为老旧。这一特点与海外华文媒体读者群老化、萎缩有直接关系。①

而另一方面，代之而起的是"菲龙网""菲律宾中文网"等华文网络媒体的迅速崛起。这些网络媒体也同样开辟了一系列文学、文化板块，例如菲龙网就设置了"时事评论""文学天地""千岛万象""休闲娱乐"等文学文化板块。一批新生代的菲华作家亦开始转为菲华网站供稿。此外还

---

① 俞霖：《菲华报刊与闽南文化的传播》，未刊稿。

涌现了富有活力的菲华社交媒体，如"华语社区PH"（www. filchioc. com），该社交媒体侧重华社及本地相关的报道，"以期在菲华人不管是华侨或华裔，能通过这个平台上的文明交流加深彼此了解，接受彼此，和睦相处"，其微信公众号设有"本土文学""菲华人物""千岛美景""菲华往事""菲同寻常"等文学和文化专栏。随着菲华社会新媒体的异军突起，菲华报刊与新媒体的冲突亦在所难免，除了对读者、作者包括广告的争夺之外，菲华文艺副刊上早已存在的笔战现象也时时在两大阵营之间出现。2017年4月，《世界日报》的文艺副刊《广场》刊发了署名"北风"的一篇杂谈《传统媒体的价值》，论及新闻传播中传统媒体的权威性及新媒体的快速但不专业的问题，引发菲龙网反弹，菲龙网刊发马武海的特稿《网络媒体的价值——向北风先生讨教》，认为北风的文章是有意在为《世界日报》站台并贬损菲龙网等新媒体，并大谈新媒体的价值。这场讨论最后延伸到了华语社区网站，引发了一场不大不小的言论风波。网络媒体开始公开叫板菲华报刊，这反映出菲华网络媒体快速成长的势头。随着菲华社会网络新媒体的发展，作为一种新的强有力的社区纽带，菲华网络媒体将与菲华报刊一起，在相当长的时间里共同肩负起传播菲华文艺、传承中华文化的重任。

第二章 菲华报刊的笔战：近现代中国的 论战文化向菲华社会的延伸①

中国古代有着优秀的议论文传统和文人论政传统，从先秦诸子百家到唐宋八大家，再到清末的报刊政论，议论文的发展延绵不绝，尤其是近代政论报刊时代，报刊以言论立社，报刊上笔战频仍，议时弊，评时政，汇成一条条思想的洪流。这一言论和笔战传统延伸到菲律宾，在菲律宾华文媒体间酝酿发展，至今不辍，对推动菲华报刊发展发挥了重要作用。

第一节 菲华报刊笔战的缘起

华人移居菲律宾，以福建人最早，也以福建人最多，以福建人为主体形成的菲华社会处于西方文化形成的冲击扇上，从 1571 年西班牙殖民者占领菲律宾，到 1898 年美西战争爆发，西班牙战败，菲律宾正式成为美国的殖民地，再到后来日美的轮替占领，菲律宾一直处于西方文化的覆盖之下。西方文化对菲华社会的影响也是全方位的，尤其是美国占领菲律宾之后，"当局采取开明政策，实行民主自由制度，菲岛虽为殖民地，如果没有妨碍公共治安与社会秩序，人民是绝对享有集会结社的自由，因此自一九零零年之后，菲岛侨团的组织，真如雨后春笋，到今日，菲岛侨团之多，名目之繁杂，真是无从计算了"②。菲华社会结社自由，思想活跃，这为报刊言论的发展提供了适宜的土壤。

---

① 本章曾以"菲华社会的笔战与菲华报刊发展"为题，发表于《厦门大学学报》2014 年第 6 期。

② 刘芝田：《中菲关系史》，台湾正中书局 1962 年版，第 557 页。

从华人社会文化发展角度来说，中国的文人向有重视立言的传统，《左传》有言："'太上有立德，其次有立功，其次有立言。'虽久不废，此之谓不朽。"（《左传·襄公二十四年》）《国语·晋语八》亦言："鲁先大夫臧文仲，其身殁矣，其言立于后世，此之谓死而不朽。"古人把立言视为仅次于立德立功的大事业，身去而言在，虽死而不朽，这是许多文人倾尽一生追之不舍的理想。不仅如此，中国自古以来还有以言论针砭时弊，甚至以言论干政的传统，"因言获罪"的知识分子亦不在少数。优秀的言论传统加上开放的言论环境，为菲华报刊的言论发展提供了独特空间。

早期菲华报刊的创办者，大抵皆有慨于菲华社会言论喉舌之缺乏，为维护菲华社会权益计，一些有识之侨领遂起而办报办刊。1907年，清政府派遣"海圻"号巡洋舰赴南洋各埠宣慰华侨，11月抵菲时受到华侨热烈欢迎，结果马尼拉一家仇华的西班牙文报纸《商报》发表了一系列言论文章，嘲讽中国战舰是用马口铁（罐头铁）制造的玩具，不堪一击。华侨们受西报所侮，却无地发声回击，遂深感报刊言论阵地之重要。于是杨维洪等中华商会领袖人士决计集资办一张华报，购买了早已停刊的《岷益报》的设备，开办了《警铎新闻》。这张报纸因舆论对抗而起，起而为舆论斗争服务，是一张"以鼓励华侨关心祖国政治，激励侨胞爱国热情为宗旨"的华文报。[①] 事实上，早期的菲华报刊，"查其发刊之动机，殆半激于清时国势垂危，思藉报端宣传，以振发人心，及感于全菲华侨数万，并无一代表舆论机关之缺憾而创设"[②]。

菲华报刊的发展带动了华社言论和论战的发展。清末中国进入政论报刊时代，在以康、梁为代表的改良派与资产阶级革命派进行激烈论战的时候，菲华报刊的论战氛围亦已形成并进行得如火如荼。据记载，那时的菲华社区，"报纸有公理报，民号报，华侨商报，新闻日报，还有救国日报，平民日报，南星晚报，民族日报，杂志有努力周刊。报纸杂志常常展开笔

---

① 江桦：《札根》，于以同基金会2004年版，第144—145页。
② 陈笑予编著：《菲律滨与华侨事迹大观》第2集，菲律滨华侨事迹大观出版社1951年版，社三。

战，每日长篇大论，滔滔不绝，个人的私德、私密、尽量挖掘攻击，兴风
作浪，无中生有，简直难以入目；但读者竟津津有味，作为茶余酒后的闲
谈资料，骂得越长越久就算胜利。至于理论是否正确，有无越出范围，都
置之不问。读者也幸灾乐祸，喜欢在楼上看他们打得头破血流才心满意
足，关起店门再来一场的论战，公说公有理，婆说婆有理，辩得青筋直
暴，口沫横飞，面红耳赤，还嘈吵不休"①。这时的菲华报刊论战既有呼
应国内论战者，亦有华社的"内战"；既有论国家大势者，亦有鸡毛蒜皮
吵噪不休者，从中可以管窥菲华报刊笔战之热闹。

第二节　党争与报刊论战

　　与近代中国政论报刊的发展一脉而动，早期菲华办报有起于政党喉舌
需要者，论战亦多因党争而起。像早期的《益友新报》与《岷益报》的创
办，就是戊戌变法失败后，康有为和梁启超南来鼓吹君主立宪，在菲律宾
组织帝国宪政会，1899 年，"时马里拉粤侨潘庶蕃乘机创办益友新报为宪
政会机关，自办字粒与印刷机，潘氏自任总经理兼总编辑，从事宣传工
作，颇引各界注意"；一年后该报改为《岷益报》，又过数月，因"宪政会
会员星散，岷益报无法维持，因之亦即宣告停刊"。② 以孙中山为代表的
资产阶级革命派更重视海外华侨工作，并通过海外华文报刊传播革命思
想，与保皇派展开论战。1906 年 4 月（第 3 期）至 1907 年 10 月（第 14
期），中国同盟会在东京创办的机关报《民报》，与保皇派的《新民丛报》
展开大论战，这场论战把大批海外华文报刊都卷入战团，檀香山的《檀山
新报》、槟城的《光华日报》、新加坡的《中兴日报》等都是资产阶革命派
的舆论主力，"其规模之大，地区之多，世所罕见。连同香港地区，先后

---

　　① 予君：《四十年前如梦事，今朝都到眼前来》，转引自于长庚编著：《忠魂毅魄——于以同
烈士与华侨商报》，于以同基金会 1997 年版，第 100 页。
　　② 陈笑予编著：《菲律滨与华侨事迹大观》第 2 集，菲律滨华侨事迹大观出版社 1951 年版，
社五。

卷入这场论战的港澳和海外华文报刊有 80 家之多"①。

　　这场规模浩大的论战有无菲律宾华文报刊参与，目前尚无资料佐证，但以菲律宾华人之众多，以及距中国之近便，菲华社会是很难置身事外的，至少在事后不久创办的《公理报》上仍可以看到论战的余波。资产阶级革命派很早就在菲律宾成立了普智阅书报社为华侨提供资讯，1910 年由普智阅书报社建议创办言论机关，出版《公理报》，由粤侨印务公司承印发行，作为中国同盟会菲律宾支会的机关报；第二年成立"公理报印务有限公司"，扩大设备及规模；1912 年再改为 4 开 8 版大报，并在主笔颜文初的主持下增设"杂俎"与"短评"栏，通过扩大言论版来提升报纸的影响力。《公理报》创办之初，就"对于祖国敌对之立宪派言论机关大肆攻击，当时多侧重于宣传革命工作，及灌输民族民权思想为主旨，为当时位居独一无二之华字日报"②。在同盟会菲律宾支部改为国民党马尼拉支部后，《公理报》即名正言顺地成为国民党在菲律宾的党报。《公理报》从其创刊伊始，就抱持鲜明的反帝反封建的政治立场，大力倡导革命，要求建立民主共和国，抨击康、梁之立宪主张，与保皇派针锋相对开展论战，成为呼应国内革命派与保皇派论战的海外战场。

　　1913 年春，北京临时政府在临时参议院中特别增设华侨席位，世界各地初选出的华侨代表要到北京参加复选。当时与国民党竞争的是共和党，被共和党收入旗下的部分菲律宾商会代表返菲后，于次年 1 月在倪祖砚等人的筹办下即创办《中华日报》，作为共和党的喉舌，与国民党的《公理报》相颉颃。该报以王子敬为经理，施健庵为主编。《中华日报》创刊不久，即与《公理报》发生了一场笔战。可惜《中华日报》因经营不善，一年多之后只好吸纳新股并更名为《新福建报》，《新福建报》亦仅维持年余终告停刊。

────────────

　　① 方曙：《海外中文报业话沧桑》，转引自王士谷：《海外华文新闻史研究》，新华出版社1998 年版，第 11 页。
　　② 陈笑予编著：《菲律滨与华侨事迹大观》第 2 集，菲律滨华侨事迹大观出版社 1951 年版，社三。

　　《中华日报》停刊后的六年多时间里，菲华社会只有国民党所属两家报纸《公理报》和《民号报》存续，国内亦没有重大历史事件发生，菲华报刊界略显枯寂。这种状况至1919年发生改观。1919年中国爆发的"五四"运动，波及到菲律宾，菲华社会也积极行动起来。这期间菲华社会组建的"华侨工党"渐成气候，该团体在菲华底层社会颇有影响，并设立了多家分支机构。华侨工党1919年10月创办了其机关报《平民日报》，这是一家左派性质的报纸，由袁振英主持，陈夏莲任总经理，傅无闷任总编辑。该报重点报道十月革命，介绍世界工人运动，鼓吹新文化、新思想。华侨工党的这家机关报持论尖锐，与中国国民党在菲机关报《公理报》经常发生笔战。

　　1927年4月12日蒋介石发动反革命政变，国共两党决裂，菲华社会亦出现了左右两大派激烈纷争的局面，并一直持续多年，成为抗战前和战后菲华社会纷争的主流，也成为菲华报刊论战的主流。"九一八"事变爆发后，中日民族矛盾逐步上升为中国社会的主要矛盾，与国内相呼应，菲华报刊也把主要目光投向中国的抗日救亡运动。1933年9月，王雨亭主持的《前驱日报》创刊，该报信息时新，图文并茂地揭露日军暴行，报道东北义勇军抗日和工农红军反"围剿"北上抗日等消息。该报风格锐利，旗帜鲜明地宣传抗日救国主张，号召人们倒蒋抗日，并专设"打狗团"栏目，揭露国民党中统、军统特务迫害抗日志士的恶行，与国民党的党报展开大论战。

　　1936年"西安事变"发生，菲律宾的华文报界也相当不平静。立场偏左的《华侨商报》闻听西安兵变蒋介石被扣，立刻发了大号外报道此事。而12月25日蒋介石被放出来，国民党报纸都大幅报道，闹得很风动。《华侨商报》因为圣诞节放假，只有白刃等几个年轻人在报社值守，不敢定夺，遂未出号外，拥蒋派遂打电话到报社指责辱骂，还有人第二天跑到对手报纸上刊发声明不再订阅《华侨商报》，国民党还派流氓砸了商报报社。① 可见党派对垒的严峻形势对华报的影响。

针对抗战期间国内发生的"皖南事变"，劳联创办的左派报纸《建国报》与国民党驻菲支部的党报之间亦发生了激烈的论战。《建国报》发表了《枪口一致向外》等一系列文章，大力声援新四军，揭露国民党反动派和投降派的卑劣行径，影响巨大。笔战失利，国民党驻菲支部便采取诬陷的手段，向马尼拉法院提诉，声称《建国报》的社论破坏了一位国民党要人的声誉，意图通过诉讼路径击垮对手，但都未能得逞。

抗战胜利后，国内国共两党的争斗走到台前，中国人民与美蒋之间的矛盾成为主要矛盾，菲华社会亦起而响应。为了抢夺舆论阵地，菲华社会隶属于国民党的报纸由战前的《公理报》和《新中国报》两家增至五家，分别是《大华日报》《中正日报》《公理报》《重庆日报》和《前锋日报》，并由"四抗"组织成一个言论团队，由国民党中统海外主持人童行白做指导员，共同在属下的各家报纸撰写专论，与左派报纸展开笔战。而亲延安的左派报纸为《华侨导报》和《侨商公报》，《华侨导报》系由"抗反"下属的地下小报《华侨导报》转为公开出版的 4 开大报，《侨商公报》则为"洪门进步党"所属。"抗日战争胜利后，中国大陆国共两党的矛盾日趋尖锐，全面内战犹如上弦的箭，左右两派壁垒分明的菲华报纸围绕中国政局问题进行大论战，中国国民党驻菲总支部的报纸针对共产党指控，总是遭到《华侨导报》的严正反驳。《华侨导报》还经常以评论、社论和专论等方式发表文章抨击国民党政府反共反人民的罪状，指出共产党领导的军队必胜，国民党军队必败。《华侨导报》旗帜鲜明，代表左派同中国国民党驻菲总支部针锋相对。"②

从国共内战开始，至 20 世纪 50 年代初美国"麦卡锡主义"影响到美菲社会，国民党驻菲律宾支部在美国的支持下对左派华报进行了严酷打压和清洗，《华侨导报》《侨商公报》被迫停刊，连中立的《华侨商报》《新

---

① 作家白刃先生 14 岁赴菲律宾谋生，在马尼拉半工半读，1937 年回国参加抗日斗争。笔者于 2006 年 2 月 9 日赴北京访问白刃先生，此事系白刃先生口述。

② 江桦：《札根》，于以同基金会 2004 年版，第 163 页。

闽日报》亦受株连，《华侨商报》一位专版编辑、一位记者和一位撰稿人被投入台湾监狱，《新闻日报》总编辑高承烈则遇害于甲米地海滩，凶手不知所终。美国治下的菲律宾这块"自由土地"从此进入了黑暗的言论钳制的时代，政党报刊言论时代正式宣告结束。

第三节　文学团体与报刊论战

菲华报刊的发展离不开文学团体的支持，这些文学团体以及由此形成的作者群围绕在菲华报刊周围，以菲华报刊为阵地，发表文学作品，阐述文学主张，关注社会问题，传播中华文化，支持菲华报刊发展，发挥了非常重要的作用。《华侨商报》创刊人于以同就认为："以文艺作品，可促进社会之文化也。"[1] 菲华文学对菲华报刊乃至整个菲华社会文化的发展都做出了重要贡献。

菲华文学萌发于何时？有学者研究认为在陈谦善和其幕僚杨维洪创办《华报》时，就有许多中国的文人骚客南渡菲岛，在参与办学办报的同时开展文学创作活动，在菲华报刊上发表诗文作品，或出版诗集文集，菲华文学的种子于兹萌芽。[2] 20 世纪上半叶的中国，文人们在报刊上开展笔战是常态，南渡菲岛的文人们也把这一风气带至菲华社会。事实上回头看一下，在菲华社会近百年来发生的对一些重大问题的辩论中，像华侨的扎根、融合问题，菲律宾华人参政问题，菲律宾华人权益保护问题等，各个时期的菲华文学作者们都是主力，他们既是文学精英，又是文化精英（很多文学作者同时兼任报社的专栏作者，有的则专职从事报社的主笔、编辑工作），亦是社会精英，他们高度关注菲华社会的政治和公共事务问题，他们是菲华社会的公知，是菲华社会船头上的瞭望者。

菲华社会是一个热爱结社的社会。据统计，早在 19 世纪 80 年代西班

---

[1] 江桦：《扎根》，于以同基金会 2004 年版，第 155 页。

[2] 江桦：《菲华文学遗珠》，菲律宾《商报》2001 年 7 月 9 日。

牙统治时期，菲华社团就已经出现；到 1936 年，仅华侨商会就有 42 个；到 1954 年 3 月 "商总" 成立时，全菲共有 221 个中华商会和同业公会派代表参加。[①] 而文学社团虽不像商业社团那样高度发育，但也起步很早。早在 1911 年春，冯自由、宋震、胡汉民、李箕等人先后被派往菲律宾进行革命宣传，公开组织普智阅书报社，这个书报社就带有文学团体的性质。20 世纪 30 年代出现的 "新生和抗日图书馆"、宿务的 "宣文书店"，到 1940 年马尼拉的 "全民书店"，亦皆具文学社团的功能。而抗战中出现的菲律宾华侨抗日反奸大同盟，亦团结了一批有影响力的文学青年，"菲律宾华侨文艺工作者协会""菲律宾华侨文艺青年抗日反奸同盟"（简称 "文反"）更是有影响力的菲华文学社团。这些社团组织文学青年通过菲华报刊或自办文学刊物发表文学作品，开展对敌斗争，在抗战时期和国共内战时期表现非常活跃。

1946 年之后，随着左派报纸遭打压退出菲华社会，一些进步的文化人亦离开了菲律宾，留下来的也只能沉默以对，不再发声。这以后文学界的笔战，多回归文学或文化的本体的讨论，而少有关涉政治之辞。例如20 世纪 50 年代在《公理报》副刊《晨光》上爆发的许冬桥、白雁子等人与自由诗社庄垂明、南山鹤等人围绕白话诗问题发生的笔战，持续一个多月；60 年代初《侨报》《大中华日报》《公理报》《新闻天地》《华侨周刊》菲律宾版就《大中华日报》主笔邢光祖是不是 "文抄公" 展开的一场笔战亦属此类。

1968 年 1 月 7 日，《华侨周刊》发表署名 "朝气""洪炉""钢流" 的《给爱好文艺写作青年的一封公开信》，批判菲华文艺界的不正常现象，指出菲华文艺控制在一小撮人手里，以名利来引诱年轻人，达到个人目的。他们号召文艺青年写出一些有血有肉、为华社服务的文艺作品，"只有为人民大众服务的文艺作品才是真正有价值的文艺作品。只有为人民大众服务的文艺作品，才是能最长久存在着的文艺作品"。这封公开信引发了一

---

① 周南京：《菲律宾与华人》，菲律宾华裔青年联合会 1993 年版，第 217—219 页。

场将近三个月的大讨论，《大中华日报》《华侨周刊》两大报纸成为交锋的主战场。有意思的是，这场讨论的发起者明显受到了中国大陆"文化大革命"运动思潮的影响，而这也恰恰成为论战对手抓获的把柄，《大中华日报》副刊《文华》发表署名文章，指出他们的观点是受到中共的影响，有政治目的。这个大帽子一扣，论战就不能继续进行下去了，最后草草收场了事。

此后像1986年下半年围绕施颖洲中译本的黎萨尔《我的诀别》，在《联合日报》的《艺文》月刊与《菲华文艺》等报刊上就中译本的严谨性问题展开了论战；同年菲华作者一泓与柯又格、晓华与斯文、钟艺与黄信怡等在《世界日报》的"世界广场"专栏捉对厮杀，就对方文章中出现的笔误和错别字问题展开的论战也打得不亦乐乎。有的笔战已经陷入人身攻击的泥淖，论战的主题格调乃至文格都降得很低，实为不该。

以往菲华笔战之激烈，双方之不依不饶，皆为书面记载以及出自相关人员的口述，而2006年7月《菲律宾华文报史稿》（下文简称《史稿》）在马尼拉发行之后引发的一场激烈论战则是笔者所亲历并最为难忘的。2005年菲律宾世界日报社几位领导和菲华专栏作家吴建省等来厦门大学新闻传播系商谈合作撰写《菲律宾华文报史稿》事宜，该书于2006年由世界知识出版社出版，并于2006年7月8日在马尼拉举办了首发式。7月19日，菲华杂文作家钟艺即在《世界日报》竞争对手《菲华日报》上发表评论文章《"公报私仇"，胡编历史》，指出《菲律宾华文报史稿》第325页至336页，系由菲华专栏作家吴建省撰写，该部分内容罗列了不少菲华文坛曾经发生的笔战，而这些笔战中不少是吴建省亲自参与的，由他自己来述评很不适宜。钟艺认为在吴建省的笔下，自己完全成了反面人物，这与自己跟吴氏多年恩恩怨怨的个人关系有关，认为吴氏表面上是在叙事，实质上是在公报私仇，意图把钟艺"钉"在历史的"耻辱柱"

上。① 7 月 21 日《菲华日报》再刊发阿得《钟艺诉说不平》一文，认为钟艺跑到《菲华日报》上来诉苦，"必然是有他的依据"，《世界日报》组织撰写《史稿》是"闭门造车"，"误导读者"。② 7 月 22 日《菲华日报》又刊发了柯辛芳的文章《替钟艺先生说几句话》，认为吴氏"真是私心太重"，钟艺确实是"由于艺高胆大，竟招人之忌，把功劳给抹杀掉"。③ 面对如潮而来的质疑和攻击，吴建省以"江桦"为笔名在《世界日报》"大广场"发表了《答钟艺的几个问题》，分别就"笔战"值不值得进入《史稿》、钟艺《同化与菲华裔的情势》一文是否"严重与事实不符"等问题一一做了论证，文章引证资料详实，洋洋洒洒一个整版，直可以作为一篇考据文章来读。④ 7 月 27 日《菲华日报》再刊发王文檀《是"歪曲"还是"想当然"——从局外人的角度评〈答钟艺的几个问题〉》一文，对吴建省的回复进行批驳，指出《史稿》中吴建省关于《商报》《大众论坛》的评介不以现存资料为准则，而采用道听途说之语，确有遗漏欠准确之处。这场笔战的结果，是钟艺愤而辞去《世界日报》专栏作者，以示抗议。这场笔战不但在菲华报刊界展开，而且"战火"烧到了厦门大学。因为厦门大学几位学者参与了编写《史稿》的工作，而且厦门大学原校长朱崇实先生还为《史稿》作了序，因此笔战双方都把所发文章寄送给朱先生，显然有要朱先生秉公评理之意。好在朱先生很豁达，以一句"撰写历史难免引发争论"回应之，对笔战双方的是是非非搁置不评。

第四节 维护华社利益与报刊论战

维护菲律宾华人族群的利益，为华社利益鼓与呼，这是菲华报刊一百多年来最大的"政治"。每遇损害华社利益的事件发生，菲华报刊都会充

---

① 钟艺：《"公报私仇"，胡编历史——评〈菲律宾华文报史稿〉第四篇部分章节》，菲律宾《菲华日报》2006 年 7 月 19 日。
② 阿得：《钟艺诉说不平》，菲律宾《菲华日报》2006 年 7 月 21 日。
③ 柯辛芳：《替钟艺先生说几句话》，菲律宾《菲华日报》2014 年 7 月 22 日。
④ 江桦：《答钟艺的几个问题》，菲律宾《世界日报》2006 年 7 月 22 日。

分发挥华社喉舌的作用，成为为华社维权的舆论先锋。而"大事件成就大媒体"，华文报刊的顺势弄潮，亦推动菲华报刊在为华社维权的舆论战中不断发展壮大。

20世纪20年代以后，美菲当局对华侨商业接二连三出台诸多限制、压榨政策，从"禁米条例"到"西文簿记法"，再到"内海航运法案"和"民族经济保护协会"（NEPA），华商面临越来越严峻的挑战。在一系列的抗争中，菲华报刊发挥了强大的舆论喉舌作用。1921年2月，时任美驻菲总督弗朗西斯·哈里森（Francis Harrison）把"西文簿记法"提交菲律宾参议院讨论。该法案核心内容是"任何个人、商店、公司或社团，在菲律宾经营商业或工业或其他种事务，均须用英文、西文或任何一种菲律宾文字记账，否则认为违法"。这是一个刻意打压菲华商业的法案，一旦付诸实施，数以万计小本经营的华侨店主可能会因不懂英、西或菲律宾语，又无力外请专职记账员而停业，并形成对整个华文文化的打压。生逢其时的《华侨商报》"充当菲华族群喉舌，锋芒初露，不负众人所望，发挥其功能，完成了使命，因而奠定其地位"①。在中华商会和菲华社会各界强大的舆论抗争下，美国最高法院最终在1926年6月7日宣布簿记法违反宪法。

抗日战争期间，菲华报刊开始转为对敌伪战斗的言论阵地。许多报人和报社转入地下，秘密出版抗日报刊，先后不下10余种。其中《华侨导报》《侨商公报》等，为进步社团"抗反""华支""商抗"（华侨商人抗日反奸同盟）所创办，《前锋报》《导火线》《大汉魂》等则为中国国民党领导的地下报刊，这些地下报刊影响广泛，在动员和组织华侨投入抗日斗争中发挥了重要作用，对抗日战争起到了重要的鼓与呼作用②。以《华侨导报》为例，之所以出版这张地下油印报纸，就是因为"抗反""看到出版一种正确报道国际形势、揭穿敌奸阴谋，打击失败投降论调、鼓励侨胞起

---

① 江桦：《札根》，于以同基金会出版2004年版，第152页。
② 赵振祥等：《菲律宾华文报史稿》，世界知识出版社2006年版，第101页。

来斗争的秘密报纸非常必要。这种秘密报纸无疑将是鼓励侨众、沟通侨众、组织侨众的利器，是打击日寇汉奸的有力武器，对抗日运动具有推动机的作用"。自创刊起，《华侨导报》发表了一系列鼓励侨胞反抗日寇残暴统治、揭露伪华侨协会面目、揭露日寇保甲制度阴谋等言论文章，强有力地推动了菲华社会的抗战。①

20世纪五六十年代，菲律宾针对华侨的排外法案层出不穷。1954年菲律宾国会通过"零售商业菲化案"，1960年7月18日通过了"米黍业菲化案"。这期间，《华侨商报》代表华社利益发表了大量为民请命的言论。正如该报所刊《谁在阴谋分化侨社？》一文所言："我们记取这（指零售商业菲化案——引者注）悲惨的经验教训，因而，在米黍案被通过后，我们不得不喊出了自救的战叫，我们希望，用我们这唯一的武器——笔杆，来激发、发动全侨的力量，跟当局配合，积极加强和推动我们的抗争工作。"② 从这番言论可以看出《华侨商报》对侨社利益的担当。

由于认为"商总"在抗争"米黍业菲化案"等方面不力，《华侨商报》把舆论矛头直接对准了"商总"。1961年初，菲国会众参两院通过了"劳工菲化案"，"商总"出面抗争，希望对这项法案进行修改。但《华侨商报》认为修改无益，总编辑于长庚以"超森"为笔名连续发表《束手待毙》《争取修改不是办法》《再谈劳工菲化》《修改是自取灭亡》等文，对"商总"提出批评。"商总"秘书长邓英达撰文反驳，双方发生一场激烈的笔战。《侨报》等报纸亦加入战团，发表了《论商总秘书长与商报主笔之笔战》等文章，一时轰动侨社。③

"20世纪90年代后期，华报专栏如雨后春笋，有些言论非常尖锐，不畏权贵，引起读者注目。笔战是90年代菲华文坛常事。"④ 菲华社会的笔战既有"兄弟阋墙"的"内战"，亦有一致对外的"抗战"。2001年初，

---

① 张思明：《本报三年总结》，菲律宾《华侨导报》1945年4月19日。
② 《谁在阴谋分化侨社？》，菲律宾《侨报》1961年第4卷2期。
③ 菲律宾《侨报》1961年第4卷2期。
④ 赵振祥等：《菲律宾华文报史稿》，世界知识出版社2006年版，第101、318页。

时任菲律宾总统约瑟夫·埃斯特拉达（Joseph Estrada）的华裔密友爆出股票交易丑闻，同时爆出澳门何鸿燊计划到马尼拉开赌场的消息。《马尼拉旗帜报》《菲律宾每日问询者报》《菲律宾星报》等英文报纸连续刊文大加挞伐，指出埃斯特拉达声望之所以不断跌落，就是因为他太亲近华人。菲律宾著名作家尚尼·扶西（Sionil Jose）在《何鸿燊与某些反菲华人》中声称："我不会像越南人那样主张将华人驱逐出去，也不会像泰国人那样要他们改名换姓，更不会像印度尼西亚那样号召发动反华暴乱，但是，如果亲菲律宾就意味着反华，我就选择强烈反华。如果有朝一日受歧视的菲律宾人忍无可忍，成为排华的暴徒，那是华人咎由自取。"《菲律宾星报》专栏作家赵多洛·敏勒诺（Teodoro Benigno）在《何鸿燊症候》一文中更直言不讳："我们心里的感受已接近发泄的边缘，总统身边的华人已让我们忍无可忍。"①

　　针对菲律宾英文报刊出现的反华言论浪潮，菲华报刊奋起反击。《世界日报》和《商报》全文翻译转发了尚尼·扶西的反华文章，与之展开论战。《世界日报》于 2001 年 2 月 14 日在"看时局"栏目刊登《寄望菲华各界举行恳谈会》的评论，推动菲华商联总会举行化解排华暗潮座谈会，并于 2 月 17 日在"看时局"栏目刊发《一石激起千层浪——萧尼·扶西这家伙》和《立足菲律宾，前进一大步》等文章。《商报》和《菲华日报》也连续几天刊文批驳菲律宾英文报刊的反华文章，在华社形成了一波激愤热烈的舆论潮。菲华报刊营造的这一舆论氛围不是愤青式的，而是充满理性思考的，像《世界日报》刊发的《华社应严于自律》，就指出华社也应该自省自律，华社应该反思自身存在的问题。

　　2004 年菲律宾国营娱乐博彩公司拟在华人区王彬街开设赌场，为了抗议赌博这一邪恶现象落地华人社区，9 月 24 日，马尼拉华人小区爆发声势浩大的反赌示威游行。华文报纸敞开版面，大幅刊发各华人社团反赌博的严正声明，并广开言路，刊发大量华社人士的声讨文章，呼吁"决不

---

① 转引自赵振祥等：《菲律宾华文报史稿》，世界知识出版社 2006 年版，第 350—351 页。

让邪恶的现象在华人区生根！""我们不需要污染我们的居民及下一代来筹集政府资金！"示威活动在马尼拉产生了巨大影响，最终导致赌场开设计划流产。① 应该说，在一次次维护华社利益的笔战、舆论战中，华文报刊催醒着华社的主体意识、族群意识，凝聚华社不断走向团结，走向发展。

埃德温·埃默里（Edwin Emery）和迈克尔·埃默里（Michael Emery）在《美国新闻史》中说："报纸是靠议论纷纷才能兴旺发达起来的——只要它能够自由地参加讨论，哪怕自由的程度不大。"② 菲华报刊的论战传统百年不辍，对菲华报刊的发展贡献甚伟。即使是菲华报刊的相互攻讦，也客观上促进了菲华报业的发展。20 世纪 50 年代后期，面对战后民族主义思潮对华侨的压迫，《华侨商报》发表一系列的文章阐述"融合"而非"同化"的主张，让华人成为菲律宾国家民族的有机组成部分，但这一主张被国民党驻菲总支部视为异端邪说，并发动所属报刊围剿这一主张。笔战的结果正如有的学者所言："在言论自由的社会，报纸发动言论围剿不同立场的报纸或作者，结果往往帮衬了对方……这种现象在中国近代历史，已是屡见不鲜，三十年代国民党帮闲文人对鲁迅的围攻，锻炼出一个大文豪。中国国民党驻菲总支部党报指控《华侨商报》变化'中间偏左'和'数典忘祖'，为中国大陆作宣传，并在报章上大做文章，实际上，它们向其读者为《华侨商报》作义务宣传……《华侨商报》的读者像雪球似的，越滚越大，在全菲华文报里，《华侨商报》的发行量终于雄居魁首。"③《世界日报》言论版"世界广场"创刊后的第一场笔战就是由钟艺《错字连连难卒读》一文引爆的，《商报》一位董事就评论认为：钟艺发起的这场笔战给"世界广场"起了宣传效应。④

菲华报刊论战同时也锻炼了华社的言论队伍，把散兵游勇式的言论写作人员集中起来，这支言论队伍又反哺了菲华报刊的发展。不仅如此，菲

---

① 王风主编：《〈华社要闻〉2004 年特辑》，华社要闻出版社 2004 年版，第 119—122 页。

② ［美］埃德温·埃默里、迈克尔·埃默里：《美国新闻史》，新华出版社 1982 年版，第 54 页。

③ 江桦：《札根》，于以同基金会 2004 年版，第 171—172 页。

④ 江桦：《答钟艺的几个问题》，菲律宾《世界日报》2006 年 7 月 22 日。

华报刊论战吸引着华社侨众的视点，集中到论战的问题上来，获得了最佳的传播效果。当然不可否认，菲华报刊的笔战也是菲华社会山头众多、门户之见深重之体现，以至于在一些报刊笔战中出现相互攻讦、死缠滥打的现象，甚至在一定时期、一定程度上导致华社内部矛盾上升，但这终归属于"兄弟阅墙"，当遇到需要维护华社整体利益的时候，菲华报刊舆论会表现出一致对外，共同为维护华社的利益而战。从整个华社的发展来说，论战激发了华社的社会活力，论战使人们在共享一些东西的同时，凝聚着华社人心，也传承、播散着中华文化。

第三章 华报携手华校：搭建"海上音乐之路"[①]

菲律宾华文音乐教育的发展历经百年。特别是进入 21 世纪以来，随着中国的国际地位与国家综合实力的不断提升，中华文化的国际认同度也逐渐增长，特别是 2001 年格洛丽亚·马卡帕加尔·阿罗约（Gloria Macapagal Arroyo）就任菲律宾总统以后，中菲关系缓和，中菲两国在各个领域的合作与交流都显著增加，菲律宾华文音乐教育也受益其中。在菲律宾各类华文媒体特别是华文报刊的大力推动下，菲华音乐教育勃兴于校园，并由校园走向社会，众多华人社团纷纷参与到华文音乐活动当中，客观上推动了菲华社会华文音乐教育的发展。

第一节 百年菲律宾华文音乐教育的发展

菲律宾华文音乐教育是菲律宾华文教育的重要组成部分。对于菲律宾华文音乐教育的发展阶段的划分，目前学界尚无定论，本书大致将其发展过程划分为以下几个阶段。

第一阶段，初始阶段（1904—1949）。1899 年，清政府驻菲律宾总领事陈纲在其领事馆内开办了大清中西学堂，该校也成为菲律宾史上第一所华校。[②] 但该校当时并未专门开设华语音乐教育课程。1902 年，上海南洋公学附属小学音乐教员沈心工在该校首创唱歌课，他首次使用简谱配歌谱

---

① 本章曾以"菲华报刊与华文音乐教育的发展——基于菲律宾《世界日报》的报道内容分析"为题，发表于《西南民族大学学报》2015 年第 5 期，署名赵振祥、李啸、侯培水。

② 庄国土、陈华岳等：《菲律宾华人通史》，厦门大学出版社 2012 年版，第 332 页。

曲，开启了中国音乐启蒙教育的先河。[①] 1904 年，清政府在颁布的由张百熙、荣庆、张之洞联名奏呈的《奏定学堂章程》，即著名的"癸卯学制"中，以法令的形式对学校教育系统、课程设置、教育行政及学校管理等内容进行了详细规定。该章程专门提到因"中国古乐雅音，失传已久"，故要求各地学堂仿照国外学校模式，设立音乐课程。自此，在清政府的要求下，海内外各地华文学堂纷纷开设了音乐课，1904 年也成为近代中国及海外华文音乐教育的开端之年。

在 1904 年至 20 世纪 20 年代这段时间，在菲律宾当地华校内设立的华文音乐课程的教学方式与中国国内学堂类似，基本以使用简谱教唱歌曲为主。其教学内容主要是学堂乐歌，教材也大多是国内一些以学堂乐歌为主要内容的唱歌集册，如沈心工的《学校唱歌集》、李叔同的《国学唱歌集》等。时至今日，在菲律宾、泰国等地，仍旧有一些老人能够吟唱出一些当年所学过的学堂乐歌，如沈心工的《竹马》、李叔同的《送别》等，可见其流传之广，传世之久。

自 20 世纪 20 年代末至抗战爆发前，菲律宾的华文音乐教学内容逐渐发生了变化。在中国国内，越来越多的音乐创作者开始尝试通过原创词曲，创作更加符合国人要求的歌曲。1928 年 5 月，中国第一家商业歌舞团——中华少年歌舞团在团长黎锦晖的带领下开始在南洋各地巡演。这支歌舞团汇集了一批当时中国国内知名的音乐创作者及表演者，如"中国流行音乐之父"黎锦晖、歌曲《夜来香》的创作者黎锦光、《不了情》的创作者严折西、上海滩著名电影女星王人美、歌星黎莉莉等 30 余人。该歌舞团巡回演出八九个月，足迹遍布东南亚二十多个大中城市，沿途受到了当地华人华侨的热烈追捧，使中国的音乐潮流得以在东南亚地区充分传播。[②] 这种音乐潮流的变化也直接影响了菲律宾华人社区，改变了当地华文音乐教育的模式。在此之后，菲律宾华校内的音乐课上逐渐增加了五线

---

① 谷玉梅、李啸：《交通大学（西安）百年音乐文化史》，西安交通大学出版社 2012 年版，第 33 页。

② 孙继南：《黎锦晖与黎派音乐》，上海音乐学院出版社 2007 年版，第 29 页。

谱及国人原创歌曲等教学内容。这些歌曲通俗易懂，脍炙人口。时至今日，甚至仍旧有广告商将黎锦晖《桃花江是美人窝》中的歌词改为"桃花江上美人村"作为广告语吸引顾客。①

　　然而，随着第二次世界大战中日军对东南亚地区的侵略活动逐渐扩大，包括菲律宾在内的南洋诸岛和中国大陆失去了联系，以往所持续的音乐文化交流，特别是华文音乐教学师资、教材等往来被迫中断。日据时期，菲律宾的华文音乐教育几乎完全停滞，这种状况一直持续至二战结束。

　　第二阶段，演变阶段（1949—1990）。第二次世界大战结束后，菲律宾政府、美国政府及台湾当局合谋拉开了反共大幕。菲律宾政府在美国的实际操控下，积极支持美国与台湾当局的反共政策，断绝了同新中国的所有官方往来，侨校师资来源亦断绝。在菲律宾国内，菲政府积极开展针对华人的"菲化运动"，设法降低菲律宾华人的民族认同感，以菲律宾本土文化教育新一代华人子弟。在此期间，"去中国化"和"去共产主义化"成为菲律宾政府整饬菲律宾文教领域的最主要目的。

　　在1949年后的很长一段时间内，菲华社会实际被台湾当局所控制及影响。菲律宾各地的中国国民党支部，成为台湾当局操控菲律宾华人社会的最主要工具。② 在菲律宾许多地区，中国国民党组织和当地商会、华校密切联系，积极主导当地华人舆论和华文教育，于1956年1月与菲律宾方面签订了《中菲督察华侨学校备忘录》，规定"华侨学校学生必须修读合于菲国公私立学校基本课程之最低标准的课程，但华侨学校可依据中菲友好条约之规定，自由教授其他根据中国政府规定之课程"③，总体保持了战前双重课程、双语教学的模式。1957年，在台湾当局的扶持下，菲律宾华侨学校联合会成立。该联合会成为台湾政府影响和控制菲律宾华校

① 佚名：《桃花江上美人村》，《世界日报》2005年10月22日。
② 庄国土、陈华岳等：《菲律宾华人通史》，厦门大学出版社2012年版，第517页。
③ 黄端明：《菲律宾华文教育综合报告》，菲律宾华教中心出版社2013年版，第9页。

的重要工具。①

在这种政治环境和社会环境的影响下，菲律宾的华文音乐教育失去了与大陆音乐交流往来的渠道，台湾的音乐教育模式及内容则成为菲律宾华文音乐教育最主要的效仿及交往对象。在众多的华校内，华文音乐教育的教学方式与以前相比虽然变化不大，但其教学内容及其所用的教材却发生了很大改变。

相比于1949年以前，此时的菲律宾华文音乐教育主要内容已经不再是以强调反抗强权侵略、激发民族抗争性为主，而主要以教唱民国时期传唱的中华传统节庆歌曲、中华传统儿歌民谣和一些外国民谣为主，如严折西的《贺新年》、李厚襄的《故乡》、新疆民歌《青春舞曲》《沙里洪巴》等。值得注意的是，一些中文版本的菲律宾歌曲也开始出现在华文音乐教育的课堂上。

20世纪70年代以后，情况又有所变化。1973年，菲律宾颁布了外侨学校全面菲化的法令。菲律宾华校的所有权、管理权与课程设置权由菲律宾政府控制，从学校名称到课程设置都要求去中国化，华校不许设华文音乐课。随着菲律宾华侨学校菲化程度的不断加深，台湾当局对于菲律宾华校的控制力逐渐减弱，甚至由台湾当局控制的菲律宾华侨联合会也被迫解散。② 至1976年，由于菲律宾政府的进一步控制，规范的华文音乐教育课程在所有菲律宾华校已不见踪影。华文音乐教育完全退出中小学教育，只有在幼儿园教育和家庭教育中，华文音乐教育还艰难地存续着。

这段时期，在台湾当局和菲律宾政府的双重控制下，先是台湾当局奉行的"去共产主义化"政策选择性地打压了华文音乐教育的发展；而随后菲律宾当局奉行的"去中国化"政策，则是对华文音乐教育完成了一次整体的绞杀。华校华文音乐教育进入一个万马齐喑的时代：没有华文音乐课程，没有华文音乐教材，更没有华文音乐教师。即使是英文和菲语课程设置的音乐内容也很少，校园里很少能听见歌声，爱唱歌的菲律宾中小学生

① 庄国土、陈华岳等：《菲律宾华人通史》，厦门大学出版社2012年版，第517页。
② 庄国土、陈华岳等：《菲律宾华人通史》，厦门大学出版社2012年版，第532页。

与华校学生一样都闭上了嘴巴。

第三阶段，发展阶段（1991年至今）。随着中国政府与菲律宾政府之间关系的不断改善，随着"融合"理念成为菲华社会的共识，菲律宾华文教育发展也迎来了一个新的阶段。1991年5月，菲律宾华文教育研究中心正式成立。该中心主张处于新的历史时期的菲律宾华文教育必须得到转型，华校应以培养具有中华文化素质的菲律宾公民为主要目的，合理设置课程，使华文成为菲律宾第二语言。[①] 这实际上是在一定程度上放松了华文教育在菲律宾的发展限制，也为华文音乐教育的演变提供了新的契机。

但是，由于受菲律宾政府的相关政策制约，以及菲华音乐师资的极端缺乏，菲律宾侨校的华文音乐教育并没有迎来应有的春天。华文学校至今仍无法设置正规的华文音乐课程。在校园内，华文音乐教育大多借助第二课堂或纯粹的业余课外文体活动的方式进行。其教学语言虽然仍为中文，但其教学内容已不仅限于中文歌曲。菲语歌曲、英文歌曲也会包含在华文音乐教学中。现在一些中学尝试设立兴趣小组开展音乐活动，而像侨中学院则成立了民乐团，但这毕竟是凤毛麟角。"不过幼儿园情况不太一样，幼儿园师资大都为闽南人，教学大都用闽南话，歌谣也多为闽南歌谣，到大班开始学说普通话，教唱一些普通话歌曲。"[②]

随着菲律宾华人社会的不断繁荣和社团活动的频繁，菲律宾华文音乐教育开始另辟新径，走出华校校门，在华人社团中发扬光大。菲华社会华人社团众多，并且拥有相当的财力和组织活动能力，这些社团频繁地组织音乐演出、音乐比赛、音乐团体交流等，华人社团成为推动华文音乐教育的重要力量。

但是必须看到，时至今日，那些以往困扰着菲华音乐教育发展的因素依然没有发生根本的改变。一是师资问题。像侨中学院、中西学院等华校，从小学到中学全程皆无专职音乐教师，华文幼儿园也同样至今没有专

---

① 蔡昌卓：《东盟华文教育》，广西师范大学出版社2010年版，第239页。
② 2015年2月6日笔者访谈菲律宾华教中心副主席杨美美资料。

职的音乐教师。① 一些民乐团等校内外音乐团体也都非常渴求专业音乐教师的指导。二是缺乏适应对路的教材、教辅资料和教学方法。华校用的教材本来就很杂，有台版的，有国侨办版的，还有华校自编的等，规范的音乐教材和音像教辅资料更是缺乏。绝大多数学校都是由兼职教师靠从网上随意下载一些音像资料，连舞蹈带音乐依样画葫芦地开展教学工作。为了拓展华文教育，很多菲华社团像菲华商联总会、菲华工商总会、菲华各界联合会、校友联、新联公会、晋江同乡会等以不同方式开展华文教育赞助活动，像华商陈永栽赞助支持的菲律宾中小学生赴中国大陆交流的学习营活动就是最具规模的研习交流活动。但是知情人士坦言，陈永栽支持的这一赴中国国内交流项目至 2015 年已经进行了 15 年，培训达 1 万多人次，但最失败的就是音乐教育，因为中国国内也没有为这些孩子设计一套合适的音乐教材和对路的教学方法，孩子们不感兴趣，课堂教学很难出效果。②

第二节　菲律宾《世界日报·华社》与华文音乐的传播

　　今天的菲律宾华文报界主要由《世界日报》《商报》《菲华日报》《联合日报》《菲律宾华报》等五大报刊组成。其中《世界日报》的发行量一直领先于其余几家报纸。该报经营状况良好，立场不偏不倚，办报特色鲜明，且拥有一支较为专业的管理及采编队伍。该报的社论、专访、"世界广场"专版以及与香港《大公报》联合出版的菲律宾版《大公报》，都在菲律宾华人社会中享有盛誉。其中，《世界日报》积极报道中国大陆相关新闻，一些中国驻菲律宾外交官员以及中菲两国学者也纷纷在《世界日报》上发表言论、阐述观点，使《世界日报》逐渐成为菲律宾华人了解中

---

① 2015 年 2 月 6 日笔者访谈菲律宾华教中心副主席杨美美、中西学院校长蔡蕊眘资料。
② 2015 年 2 月 6 日笔者访谈菲律宾华教中心常务副主席黄端铭、副主席杨美美、办公室主任洪湄玲等人资料。

国大陆社会情况的重要窗口。[①] 而对于中国人和相关研究学者来说，《世界日报》也成为了解、研究菲华社会的重要途径。

《世界日报》有关华文音乐的报道内容，以记录华人社团的综艺活动、节庆活动及对外交流活动中的音乐活动情况为主，如社团歌唱比赛获奖情况、中菲两国音乐交流情况、青少年华文歌曲比赛情况等，涉及到华文音乐的相关报道数量丰富，在每期发行的报纸中，都能看到与华文音乐有关的报道。由于华人社团具有很强的经济实力和凝聚力，在菲华社会里非常活跃，活动频繁而且形式多样，因此华人社团成为华文音乐教育的重要传播者、组织者与传承者。华文报刊亦专门开辟社团专刊报道这些音乐传播活动，其中《世界日报》开设的"华社"专版最具有代表性。

菲华社团历史上也曾经音乐人才济济，像 1939 年在马尼拉成立的菲律宾泉州五中校友会，其校友王炯就曾任黄河合唱团首届团长，另一位校友李式宜亦曾任黄河合唱团团长。[②] 菲华学校里很多华人教师也非常热衷参与华文歌曲和传统音乐在菲华社会的传播。

时至今日，从《世界日报·华社》的报道看，华人社团仍然是华人歌曲和传统音乐传播与传承的主要渠道。菲华社会华人社团众多，"一说，仅在马尼拉一市，就有两千多个；还有一说，菲律宾每星期出现一个新的华人社团"[③]。华人社团开展的华人音乐传播活动非常活跃。这其中，华校的音乐教育和音乐传播活动更具有自主意识和主动性。

据《世界日报》报道，2014 年 11 月 22 日，菲律宾江夏黄氏宗亲总会暨黄氏教师联谊会联合举办本族学生 2014 华语歌曲独唱比赛，有十名大、中、小学生分获一、二、三等奖。本次活动主席黄祯潭理事长在致辞中说："我们之所以开展这项活动，其目的就是为了弘扬博大精深中华文化，搭建一个平台让同学们展示自己的才艺，并通过该项活动加深宗族亲

---

① 赵振祥等：《菲律宾华文报史稿》，世界知识出版社 2006 年版，第 348 页。
② 林炳辉、沈丽真编：《辉煌十年旅菲各校友会联合会成立十周年特刊》，旅菲各校友会联合会 2007 年版，第 99 页。
③ 周南京：《菲律宾与华人》，吴文焕编，菲律宾华裔青年联合会 1993 年版，第 217 页。

情，特别是青少年之间的感情，以固宗谊。"①诸如此类的华社音乐活动，在目前的菲律宾华人社会已经十分普遍。

华社不仅自行组织歌曲和音乐赛事，同时也积极组队参加国内外各类赛事。据《世界日报》2014年12月4日报道，在中国国务院侨务办公室、中国海外交流协会主办的第三届海外华裔青少年中华文化大赛上，菲律宾华校三宝颜中华中学杨金燕同学前去参赛，获得海外华裔青少年才艺组三等奖。三宝颜中华中学写给《世界日报》的新闻稿称："本校为弘扬中华文化，教导学生中华文化知识，发挥学生各方面的才能，培养学生德、智、体、群、礼、乐各方面的兴趣。举凡各种比赛，积极鼓励学生参加，不在乎名次，而是让学生有机会发挥其才能。"②

另外，中菲两国的音乐交流活动也是《世界日报》重点报道的内容。2006年春节，福建著名的"厦门小白鹭民间舞团"在菲律宾文化中心举行了新春晚会，受到了当地华人的热烈欢迎。小白鹭民间舞团的演出载歌载舞、精彩纷呈，台下观众掌声雷动。在晚会行将结束时，时任中国驻菲律宾大使李进军、菲华各社团负责人以及诸位嘉宾共两千余人合唱歌曲《歌唱祖国》，又一次将晚会现场气氛推向了高潮。③小白鹭民间舞团的精彩表演，不仅为菲律宾华人社会带去了祖籍国的歌舞，也带去了中国文化。

除以上诸方面外，从《世界日报》的报道看，菲华社团在华语音乐创作上也非常活跃，这主要表现在与音乐相关的歌曲创作、舞蹈创作、歌舞剧创作的活跃上。像大型歌舞剧《侨中颂》《菲华颂》等就是菲华社团排演的融音乐、歌曲、舞蹈于一体的大型剧目。以《菲华颂》为例，这台大型歌舞剧是1993年6月份在菲华社会上演的，是一部具有史诗性的作品，全剧共分序幕和八大幕，包括《黄河魂》《商旅》《悲歌》《融合》《华人三

---

① 菲律宾《世界日报》2014年12月4日。
② 菲律宾《世界日报》2014年12月4日。
③ 菲律宾体总：《厦门小白鹭民间舞团在CCP演出圆满成功》，菲律宾《世界日报》2006年2月26日。

宝》《欢庆》《抗敌》《明天》等，围绕中国历史上一千多年发生的重大历史事件和菲华社会的发展进行了充分的演绎，其中像歌舞《SAMPA-QUITA/茉莉花》中的男女二部轮唱，配乐舞蹈《黄河魂》《碧荷涟涟》《春满人间》等，音乐优美，舞蹈精湛，现场气氛热烈。①

为了扩大宣传社团的影响，增强社团的凝聚力，一些菲华社团尝试创作社团歌曲，如会歌、华校校歌等，以扩大华人社团之影响，在客观上也起着传播中华文化的作用。2014 年 12 月 1 日，《世界日报·华社》就报道了马尼拉菲华志愿消防队总会会歌诞生的过程：

> 一个晚上，夜已深沉，我坐在书桌前，正在推敲着会歌的歌词，忽然 Binondo I 的一段话从我的脑海中一闪而过：
>
> "我还没有和秀梅结婚之前，我也谈过二次恋爱，每次我们出去拍拖，我都会带着我的对讲机，每当又听到 10-70（火警讯息）时，为了能够及时跑回队部，我就叫我的女朋友自己搭车回家，等打完火后，女朋友也就吹了。我跟秀梅相识后，同样的事再次发生，还好她不但不生气，还十分支持我，自己乖乖地搭车回家，后来她成为我的妻子。"
>
> 一位为了能够及时的救助他并不相识的民众的生命财产连谈恋爱都顾不上的人士不是很"傻乎乎"！会歌的第一句"我们是傻乎乎的一群"就这样开始。"横眉冷对千夫指，俯首甘为孺子牛"，面对平民百姓，"我们是傻乎乎的一群"，但是在凶猛恶毒的火神面前，"我们是气昂昂的一群"，我们为民众作牺牲、作奉献并不求回报，大家的掌声就是给我们最大的安慰，我们已心满意足。
>
> 经过多次的修改及请教数位老前辈后，一首反映志愿消防队员心声的歌曲终于完成了，正当大家正在欢欢乐乐地欢度新年之际，陈秀梅教授为了我们这首歌却在挑灯夜战，力求在最短时间

---

① 书欣：《赶月集》，博览堂 2003 年版，第 42—45 页。

内完成配乐，并且心甘情愿地担负起教我们练唱。在蔡自强及施伟顺的大力支持下，动员了本会各分会的职队员数三十多人参加，成立歌咏队，每星期一、三、五晚上在总会练习，陈秀梅教授为了这首歌，牺牲她的课余休息时间，放学后，特地从学校搭公交车赶来…。一天晚上，约定的时间已过很久，还不见陈老师的踪影，大伙们都十分担心，因为老师向来都会准时到达，从不迟到，大约到了八点才见她十分紧张地赶来，脸色青白，泪流满面，一问才知道，老师在路上被歹徒拦住，强行抢走她的二支手机，而受到惊吓，但是，经稍稍休息后，老师拿起教鞭继续教我们练唱，…老师的敬业精神真令人钦佩。

同时我们要感谢 SONY & BMG ENTERTAINMENT 公司义务录制整场演唱过程，REG MAGTOTO 先生作混音，VERNEY PHILIP T. KIOK KAN 先生作影像编辑，我们的会歌最终大功告成。①

第三节 菲华报刊对菲华音乐教育发展的影响

在海外华人社会，华报、华校、华人社团被称为华社"三宝"，这"三宝"的发展往往互相关联，俱荣俱损。在菲华社会，当这"三宝"都处于繁荣发展的阶段时，菲律宾华文音乐教育以及华文音乐的传播也处于繁荣发展阶段。尤其是华文报刊的繁荣发展，对推动菲华音乐教育的发展和菲华社会华文音乐文化的传播发挥了重要作用。总体来说，菲华报刊对于菲华音乐教育发展的影响，主要体现在以下几个方面：

首先，菲华报刊提高了华人社会对于音乐教育的关注程度。在菲华社会，华人自办的华语电视、网络尚欠发达，菲华报刊仍然成为整合华社资讯、传播华社新闻的重要载体，华社的各种庆典中的音乐活动，尤其是华

---

① 张嘉培：《志愿消防队总会会歌诞生记》，菲律宾《世界日报》2014 年 12 月 1 日。

校开展的音乐教育活动，都会争取通过菲华报刊获得传播，菲律宾华人对于菲华音乐教育的关注度也相应提高。2005 年，菲律宾华语音乐教师欧阳婉瑜女士荣获菲律宾模范华语教师奖。菲律宾中国洪门致公党咨询顾问黄华堂等华界名流纷纷在《世界日报》上刊登贺信以资鼓励。[①] 这种现象说明菲华音乐教育已经成为华人社会文化教育的重要组成部分。

其次，菲华报刊提升了菲华音乐教育水平。媒体对于菲华音乐的不断报道，在提高华人对于菲华音乐教育重视程度的同时，也使菲律宾华文音乐教育逐渐走出校门，进入菲华社会当中。在菲律宾报刊对于菲华音乐的报道中，经常见到课外艺术培训机构、新式音乐教学方法应用效果、华文音乐课上课情况以及华文歌曲演唱比赛等新闻或广告信息。比如在一次《世界日报》对华文教学示范课的报道中，就着意提及了在华文课上加入音乐元素后所引起的积极效果。文章还特意说明在课堂上引入歌唱环节有助于提高学生注意力，更好地提升课堂效果。[②] 这种对于音乐文化的宣传，实际上对华文音乐教育的进步作用巨大。如此一来，越来越多的音乐教学新方法通过媒体得以传播，越来越多的优秀华语教师及华人学子也通过媒体接触并加入推动华文音乐教育发展的队伍当中，提高了菲华音乐教育的整体水平。

再次，菲华报刊扩大了华文音乐文化在菲律宾华社的普及范围。近些年来，随着菲律宾华人音乐素养的提高，音乐文化在菲华社会文化中的地位也逐渐上升。如今在很多的华人社团组织中，都设立了"文教主任""康乐组"等职务及部门，负责音乐艺术方面的事务。其中有些华人社团还专门组织成立了合唱团或"歌咏团"。校友聚会时，华文歌唱节目也已经成为必备环节之一。华教中心在 2006 年颁布的新版《菲律宾华校幼儿园教育大纲》中，明确规定了菲律宾华校应培养幼儿审美能力，使幼儿的

---

① 《欧阳婉瑜女士荣获施维鹏菲律宾模范华语教师奖志贺》，菲律宾《世界日报》2006 年 2 月 28 日。

② 菲律宾华教中心：《华教研究中心编制教育大纲》，菲律宾《世界日报》2006 年 7 月 6 日。

身心得到健康活泼的成长。而同时颁布的《菲律宾中、小学（十年制）华语教学大纲》中，则规定了华校在中学三年级前，必须使学生拥有用华语完成一般社交活动的能力。这里所指的社交活动，也包括参加各类歌唱活动在内。可以说在菲华报刊的不断报道下，华文音乐已经融入了华人的日常生活中，成为维系中华民族血脉关系、活跃社会风气的重要手段。

感人心者，莫先乎音乐。音乐的传播力和感染力是巨大的，它是文化传播的有效途径。菲华报刊等媒体对于菲华音乐的报道，对菲华音乐教育和音乐传播的助力，为中国传统文化的传播插上了翅膀。当然不可否认，菲华报刊参与华文音乐活动还主要停留在活动报道层面，而在进一步的报纸参与音乐教育的层面，在参与的形式和内容方面尚待更进一步的挖掘和拓展。

菲华媒体对华文音乐教育的推动，对华文音乐的传播，有助于促进华人对于民族文化的认同，提升菲律宾华人社会的凝聚力。但客观上讲，菲华音乐教育的发展在各方面还处于较低层次，这也几乎是东南亚国家华文音乐教育的整体情况。在笔者对一些东南亚地区华校校长的采访中，他们谈到目前东南亚国家的华文音乐教育，都非常期盼中国能够提供帮助，增加音乐师资方面的培训，加强音乐教育方面的交流活动。这方面确实有大量的工作要做。

第四章 菲华报刊对菲华社区的
利益守护与社区文化建构①

　　侨居海外的华人相对聚集，形成一个个相对独立的华人社区——唐人街，这在世界移民史上成为一道独特的风景线。菲律宾华人社区亦然，在东南亚国家中，菲律宾的华侨人数并不多，大约占当地总人口的 2％，但是居住在菲华社区的华人华侨 90％以上祖籍在福建。在菲华社区的长期发展历程中，菲华报刊对华社的形成和巩固做出了尤为独特的贡献，在华人社区文化成型、社区文化传播中一直发挥着不可替代的作用。

第一节 早期菲华报刊——因族群、社区意识的
觉醒而创办和发展

　　最早的菲律宾华侨报纸《华报》创刊于 1888 年。这张报纸的创刊，就是为了争取设使领馆以维护菲华社区的利益。鸦片战争之后，中国清政府与美国、西班牙等国家签订了一系列不平等条约，但这些条约也涉及到保护海外中国人的权益，这使得在菲的中国人意识到还可以依靠政府来保护自己，于是 1880 年，在菲律宾的中国人向清政府提出了设立领事馆的要求，但遭到西班牙政府的拒绝。1886 年，以陈谦善为首的菲律宾中国人继续上书清政府请愿。随着在菲中国人族群意识的觉醒以及为建设使领馆进行舆论造势的需要，1888 年，在菲的中国人杨维洪率先创办了华文

---

　　① 本章曾以"论菲华报刊与菲华社区的建构"为题，发表于《厦门大学学报》2008 年第 2 期。

报纸《华报》。杨曾在陈谦善的甲必丹公署内任职，"在专办文案外交的公务活动中，杨汇溪（维洪号汇溪——引者注）感到一个拥有数万人口的华侨社会不能没有舆论机构，又洞察到报纸是向西班牙当局争取华人合法权益的工具，当他看到王韬在香港创办《循环日报》一纸风行，杨汇溪毅然提出办报的主张。这一问题不能不引起华社领袖的关注，经过一番思考，陈谦善等人认为报纸能促进侨社的凝聚力，能改善福利和传播中华文化，创办报纸意义重大，于是以实际行动，大力支持杨汇溪的创举"①。《华报》创刊一年后改名为《岷报》，虽然由于在菲的华侨识字读报者稀少，广告不继，报纸很快停刊，但很明显可以看出，华报的产生是源于在菲中国人族群意识的觉醒，源于维护在菲中国人利益和传播中华文化的需要。在《华报》和广大菲华侨民的呼吁奔走下，中国的满清政府在经过与西班牙当局长达 18 年的交涉后，终于在美治初期的 1899 年正式在菲律宾设立总领事馆。

领事馆的设立，进一步凝聚了华侨的族群意识和社区意识，也进一步刺激了华侨利用媒体传播舆论的愿望。1907 年，来自中国的铁甲战舰"海圻"号和"海容"号到访菲律宾，菲律宾华侨倍感振奋，但马尼拉一家西班牙语报纸《商报》却嘲讽说"海圻"号类似于马蹄铁板做成的玩具，不堪一击，令华侨感受到莫大侮辱，群情激奋，纷纷退订该报，给《商报》以致命打击。"西文《商报》El Comercio 的嘲讽和侮辱，使侨众的知识分子深深感到：菲律宾华侨唯有拥有自己的报纸，才能为同侨输送精神粮食，才能表达自己的感情，才能对伤害华人的舆论进行斗争。以杨汇溪等为代表的中华商会领导人，认为经过这一风波后，华人不重视华报的现象可能改变了，于是中华商会出面集资八千披索，购买了《岷益报》的设备，开办了《警铎新闻》。"② 陈笑予在谈到菲律宾华侨报纸创刊动机时，就指出其中一个重要的动机就是"感于全菲华侨数万，并无一代表舆

---

① 江桦：《扎根》，于以同基金会 2004 年版，第 142 页。
② 江桦：《扎根》，于以同基金会 2004 年版，第 145 页。

论机关之缺憾而创设"。虽然《警铎新闻》与《华报》《岷报》等早期华报，创刊未已就都走到了终点，但已充分显示出华侨社区与华文媒体舆论传播之间的相互需求和依赖关系。

随着华侨社区的发展，以及华侨识字读书能力的提高，华侨对信息的需求日渐增长。加之20世纪初中国的改良运动以及资产阶级革命运动风起云涌，菲律宾华侨同样非常关注国内形势的发展。当时菲律宾许多社区的华侨都组织了书报社，这些书报社为华侨提供书籍、杂志、报纸等读物。辛亥革命爆发后，侨社人心激动，每天都急于了解革命的进程，华侨商店、餐馆都贴着报道中国消息的简帖。当时像香港的《中国日报》、东京的《民报周刊》、上海的《天铎日报》和《民主日报》都是邮寄到菲律宾的，新闻的时效性很差，"当它传递到菲律宾，报导的新闻已是旧闻了。马尼拉同盟会支会的普智阅书报社每天都把收到专电译出来，印发给侨胞阅读"，"一九一〇年，为了满足华侨需要，遂由普智阅书报社建议并负责每天出小型报一张，定名为《公理报》，由粤侨印务公司承印发行，颇受华侨欢迎"。[①]从《公理报》的创刊可以看出，正是侨社对信息的强烈需求，才促成了这份著名报纸的诞生。

1919年中国的"五四"运动爆发，国内思想界的异常活跃直接影响到菲华社会，而报刊则成为菲华社会进行舆论交锋、传播新思想的最重要舞台。一直到太平洋战争爆发前夕，菲律宾的华文报业可谓繁花似锦，报刊种类之多样、更迭之快速，令人眼花缭乱，报纸与期刊、日报与晚报、综合报与行业报、大报与小报等，堪称是"你方唱罢我登场"。依次数来，有1919年创刊之《平民日报》和《华侨商报》月刊，1922年创刊之《华侨公报》，1923年创刊之《救国日报》《南星晚报》，1925年创刊之《新闻日报》，1928年创刊之《中西日报》，1930年创刊之《侨声日报》，1931年创刊之《民情日报》，1932年创刊之《新中国报》，1933年创刊之《前驱日报》，1934年创刊之《华侨日报》，1938年创刊之《国民日报》，

---

①　江桦:《扎根》，于以同基金会2004年版，第147页。

1941年创刊之《中山日报》等。还有周刊如1919年创刊之《平民周刊》，1920年创刊之《教育周刊》《人言周刊》，1922年创刊之《心声周刊》，1924年创刊之《礼拜日周刊》和《工商周刊》，1925年创刊之《努力周刊》，1928年创刊之《黎明周刊》，1929年创刊之《先锋周刊》，1931年创刊之《商业周刊》，1932年创刊之《华侨救国联合会周刊》，1933年创刊之《追击报周刊》，1934年创刊之《民众周刊》和《天马周刊》，1935年创刊之《海风周刊》，1936年创刊之《求是周刊》等。此外还有许多半月刊、月刊杂志及多日刊小报等，一派蓬勃发展的景象，是菲华报刊非常活跃的黄金时期，①它们推动着菲华社会的日益团结和发展壮大。

传播学者威尔伯·施拉姆（Wilbur Schramm）曾经说过："传播是社会得以形成的工具。传播一词（communication）与社区一词（community）有共同的词根，这决非偶然。没有传播，就不会有社区；同样，没有社区，也不会有传播。"② 华侨报纸在组织、引导、传播菲华社区舆论方面，在传播信息方面发挥了重要作用，而菲华社区也在华报的信息传播中得到了进一步凝聚。

第二节　菲华报刊——华社利益的护卫者与华社路向的思考者

陈笑予在谈到早期菲律宾华侨报刊时曾经说过："查其发刊之动机，殆半激于清时国势垂危，思藉报端宣传，以振奋人心，及感于全菲华侨数万，并无一代表舆论机关之缺憾而创设。"③ 以言论机关来维护华社的利益，为华社鼓与呼，这是菲华报刊的首要任务，也是菲华报人的首要任务。组织起来的菲律宾华侨社会对于歧视华人华侨的法律一直进行着有力

---

① 赵振祥等：《菲律宾华文报史稿》，世界知识出版社2006年版，第76—77页。

② ［美］威尔伯·施拉姆、威廉·波特：《传播学概论》，陈亮、周立方、李启译，新华出版社1984年版，第2页。

③ 陈笑予：《菲律滨华侨新闻事业概述》，见陈笑予编著：《菲律滨与华侨事迹大观》第2集，菲律滨华侨事迹大观出版社1951年版。

的抗争。如 1909 年为了抗议菲律宾海关的移民苛例——219 号法令，时任中华商会董事、华报《警铎新闻》经理的陈三多主动以原告身份向法院提起诉讼，控告海关部门。这场官司打了 10 个多月，最终以华侨社会胜诉告终，法令被取消。"菲政府以先生（即陈三多——引者注）为公不计利害，准其不带居留证，自由出入菲岛。"①

1921 年 2 月，美国驻菲律宾总督哈里森向菲律宾参议院提交了"西文簿记法"，该法案出笼的目的就是要打击华商利益。在抗争西文簿记法的过程中，一些国民党人认识到媒体的鼓吹和宣传作用至关重要，遂由吕渭生和吴宗明等人发起，于 1922 年 3 月 22 日创办了《华侨公报》，通过舆论来推动反抗"西文簿记法"的工作。在经过由《华侨公报》《华侨商报》等华文媒体的推动和中华总商会领导的抗争后，美国最高法院终于在 1926 年 6 月 7 日宣布簿记法违反宪法，菲华社会最终赢得了胜利。

1954 年菲律宾国会通过了"零售商业菲化案"，1960 年 7 月 18 日菲国会又通过了"米黍业菲化案"，华侨的生计受到很大影响。当时菲华商联总会曾经出面游说国会，希望撤销这项议案，但是无功而返。《华侨商报》总编辑于长庚遂撰文抨击"商总"办事不力，并发表文章呼吁说："我们记取这（指零售商业菲化案——引者注）悲惨的经验教训，因而，在米黍案被通过后，我们不得不喊出了自救的战叫，我们希望，用我们这唯一的武器——笔杆，来激发、发动全侨的力量，跟当局配合，积极加强和推动我们的抗争工作。我们唯一的目的是：争取米黍案早日的否决，并在否决中取得最大的胜利！"② 1961 年初，菲国会众议院三读通过了"劳工菲化案"，不久，参议院也二读通过。为此，"商总"出面抗争并希望争取对这项法案进行修改，《华侨商报》总编辑于长庚以"超森"为笔名发表了《束手待毙》《争取修改不是办法》和《再谈劳工菲化》等文，对"商总"争取修改"劳工菲化案"再次提出批评。

---

① 黄晓沧编：《菲律宾岷尼拉中华商会三十周年纪念刊》，岷尼拉中华商会出版部 1936 年版，甲编第 161 页。

② 赵振祥等：《菲律宾华文报史稿》，世界知识出版社 2006 年版，第 151 页。

1995 年，菲律宾国会通过了第 7919 号法案，要求那些依 324 总统行政令合法取得居留权的外侨及其家属重新申请，户主需要补交 15 万比索。依 324 总统行政令合法获得居留权的华侨以华文报纸为言论阵地，再一次展开全面抗争。1996 年 11 月，正值时任中国国家主席江泽民应菲律宾总统邀请，拟对菲律宾进行国事访问，《世界日报》刊登了读者蔡尔文的《给江伯伯的一封信》，恳求中国政府关注华侨的抗争。该信引起中国驻菲大使馆重视，在中国驻菲大使馆及"商总"等努力下，菲律宾国会终于再次通过法案，确认依 324 总统行政令取得居留权的合法性。这一事件得以妥善解决，《世界日报》《商报》和《菲华时报》三家华报都起了很重要的宣传和鼓动作用。

除了维护华社的经济利益之外，关注华侨华人权益、关注社区健康发展也是华文报纸的重要任务。2004 年 9 月 24 日，马尼拉华人社区爆发了一场声势浩大的反赌示威运动，起因是菲律宾国营娱乐博彩公司将在华人区王彬街开设赌场，菲华社区担心赌博这一邪恶的现象会因此在华人区生根，对华人区的学生、商店乃至社会治安构成巨大威胁，因此菲华社会各界包括商业社团、联合会、学校学生等纷纷走上街头开展抗争。在这一过程中，华文报纸敞开版面，大幅刊发各华人社团反赌博的严正声明，报道反赌博运动的盛况，并广开言路，刊发大量有识之士的声讨文章，呼吁"决不让邪恶的现象在华人区生根！""我们不需要污染我们的居民及下一代来筹集政府资金！"[1] 这次示威活动在马尼拉产生了巨大影响，经过华社团体向有关政府机构的进一步交涉，赌场不得不将开张日期延后，直至最终流产。

为华社的发展指点方向，推动华社的健康发展，这是菲华报纸肩负的另一项重要任务。菲律宾的老牌华文报《华侨商报》早在 1922 发刊之初，在宣布的 10 点编辑方针中，第 8 条就是"指导华侨社会"。[2] 多年来，《华

---

① 王风主编：《〈华社要闻〉2004 年特辑》，华社要闻出版社 2004 年版，第 119—122 页。
② 台湾"中央研究院"近代史研究所编：《菲律宾华侨华人访问纪录》，台湾"中央研究院"近代史研究所 1996 年版，第 307 页。

侨商报》一直认真履行自己的这一诺言。"《华侨商报》的于氏兄弟，以其火眼金睛洞察社会动向，以维护华人大众利益，指导华人大众前进为宗旨，充当菲华社会前卫与前锋为己任。"①

华侨与所在国的关系问题一直是华侨及所在国强烈关注的问题，规模巨大的外侨社会的存在会引起居留国的不安，也很容易引发外侨与居留国之间的对立。自 1946 年菲律宾独立之后，菲律宾华侨的不安也日益增加。而另一方面，"四十年代和五十年代在菲律宾生长的华裔，既不能成为菲籍公民，又不能也不敢做中华人民共和国公民，而正处在克难时期的台湾，挣扎求存自顾不暇，无能兼顾，更免说护侨。华侨华裔名副其实是海外孤儿。这一世代的华侨生活在风雨飘摇中，有着浓厚失落感，对华侨社会未来路向，感到迷惘。"② 1952 年 6 月 15 日，吴永源在《华侨周刊》上发表了一篇题为"华侨社会的路向"的文章，他以较长的篇幅论述了当时华侨的局限性，号召华侨"以一个具有中国血统、中国文化的菲律宾居民，来充实发扬菲律宾的民族运动"。于长城、于长庚两兄弟亦在报纸上撰文，提出华侨要在菲律宾长期生存，得到和菲律宾人一样的待遇，就必须走同化的道路，取得菲律宾公民权。他们呼吁华侨争取加入菲律宾国籍，推动华侨进入菲律宾主流社会。③

从当时菲华社会华侨的境遇看，于氏兄弟等人提出的主张有一定的现实性和合理性；但是从另一个角度来说，转籍同化可能直接导致华侨这一庞大的海外力量被消弭、融化掉，因此这种主张受到主宰菲华社会的国民党驻菲总支部的强烈反对。菲华社会此时是台湾当局在海外的最主要台柱，例如菲律宾华侨捐献给台湾钱款的人数比例就远远超过其他国家华侨的人数比例。④ 但于氏兄弟不改初衷，继续推动他们的"蜕变"理论。

---

　①　江桦：《扎根》，于以同基金会 2004 年版，第 170 页。
　②　台湾"中央研究院"近代史研究所编：《于长庚先生访问纪录》第 11 篇《融合政策》，台湾"中央研究院"近代史研究所 1995 年版，第 17 页。
　③　吴永源：《华侨社会的路向》，于以同出版社 1952 年版，第 49 页。
　④　台湾"中央研究院"近代史研究所编：《于长庚先生访问纪录》第 11 篇《融合政策》，台湾"中央研究院"近代史研究所 1995 年版，第 17 页。

1960 年 11 月 27 日，于长庚发表文章《是蜕变的时候了》，文章说："我们深入地分析菲律宾民族独立运动与华侨社会的历史演进，我们精密地审度今日的国际趋势，而达致一个结论：华侨已临到一个蜕变的边缘，如果我们打算好好在菲律宾定居下来，那么，便应当考虑到客观与历史的现实，订出一个华侨社会总路向，为华侨找一个出路，为菲律宾指出一个处理华侨问题的路标。""转籍争取公民权，就长远说，是唯一解决所有'华侨问题'的治本办法，既消除中菲间目前一些摩擦的因素，而且由于增加新的血液、新的细胞，对菲律宾民族建设国家与建立民族文化，必能会起着一定的积极作用。"①

关于转籍的问题，有一点最为华侨所关注，即这是否意味着华侨华人乃至中华文化在菲律宾的消失，意味着被菲律宾人全盘"同化"。也正因如此，于氏兄弟的主张也受到相当一部分华侨的反对。1961 年 2 月 26 日，于长庚发表《转籍、抗争与华侨社会》一文，指出蜕变不是死灭，"而是它以一个新的形式延续它的生命，是它随着自然的生物法则的蜕变；这是蝎解脱了原先躯壳的束缚，蜕变为蝶，使它的生命，更为丰满，更为辉煌"②。3 月 12 日，他再发表一篇题为"混化而不是同化"的文章，指出"菲律宾如果决心要重建他的民族文化，对中华文化的选择性吸收，是应当的，而华裔的菲律宾公民应当是最好的桥梁。所以，对转籍华裔的处理，菲律宾应采取混化的路线，而不是单方面的同化"③。在这里，于氏兄弟明确指出他们所倡导的主张是融合、混化，而不是单方面的同化，不是谁吃掉谁的问题。4 月 23 日，他在《再谈混化》一文里说："我们主张争取转籍与平等公民权的同时，也要求容许华裔保留若干程度中华固有文化，以便这些人成为菲律宾公民了后，不但能与菲民族社会打成一片，更能担任文化桥梁，沟通中菲文化的交流，使现在振兴中的菲律宾民族文

---

① 于长庚：《是蜕变的时候了》，菲律宾《华侨周刊》1960 年 11 月 27 日。
② 于长庚：《转籍、抗争与华侨社会》，菲律宾《华侨周刊》1961 年 2 月 26 日。
③ 于长庚：《混化而不是同化》，菲律宾《华侨周刊》1961 年 3 月 12 日。

化，能更富有东方色彩。"① 于氏兄弟及《华侨商报》对这一问题的关注持续而又长期，他们对华社的未来路向充满忧虑和思考。而转籍问题的是与非亦不是能够在当时，而是需要十年二十年的时间才能证明的。

第三节 菲华文艺副刊——社区文化的建设者

菲华报纸多年来保有的一大特色，是文艺副刊非常发达。早期的《公理报》《前驱日报》《建国报》等都设有副刊版，刊发文学作品。从"五四"运动至太平洋战争爆发前，文化副刊和周刊异常发达。此外，一批纯文艺和文学类报刊也相继创刊。如 1922 年创刊于马尼拉的《小说丛刊》，就是一家文学月刊，由陈菊依创办，由菲华老报人林籁余任主编，但只出了 3 集即停刊。此外还有 1926 年由新剧研究社在马尼拉编辑出版的、专门研究报道戏剧艺术的《艺术月刊》；1933 年创刊于马尼拉的声称"只谈风月，不评时事"的《唯爱旬刊》；1935 年创刊于马尼拉的华文综合性文艺报刊《海风旬刊》等。比较有影响的当属 1934 年 9 月由菲律宾天马文艺社在马尼拉创刊的《天马》华文文艺月刊。② 这些文化周刊和文艺副刊为传播中国文化、建设菲华社区文化贡献甚伟。

日本侵占菲律宾后，菲华报刊多停刊或转入地下，与此同时，一些抗战的文化周刊、文学副刊开始出现。如由菲律宾华侨青年战时特别工作总队于 1944 年初出版的地下抗日油印不定期华文刊物《中国魂》，以政论和时评为主，亦兼发一些抗战文艺作品，每版仅 450 多字，每期 40 余版，刻写印制整齐。另外，由在菲的国民党部分党员秘密组织的"牧羊社"创办的地下抗日油印报刊《大汉魂》周刊（前身为手抄阅览的《通讯》），亦高举抗日救亡的大旗，通过刊发时事评论和文艺作品宣传抗战，以大汉民族的气节和灵魂统领菲华社会的文化精神，争取抗战的最终胜利。

---

① 于长庚：《再谈混化》，菲律宾《华侨周刊》1961 年 4 月 23 日。
② 王士谷主编：《华侨华人百科全书·新闻出版卷》，中国华侨出版社 1999 年版，第 360 页。

1945 年反法西斯战争胜利后，复刊的 3 家和新创办的 6 家菲华报纸无一例外都开辟了文艺副刊，再后来像《大中华日报》《华侨商报》《东方日报》《侨报》《环球日报》《联合日报》，新创刊的《世界日报》，复刊后的《商报》《菲华时报》（1999 年易名为《菲华日报》）等都开辟了文艺副刊。这些文艺副刊刊发华人文学作品、举办征文比赛、扶植华人文学新人，对丰富和发展菲华文学、传播社区文化发挥了重要作用，极大地丰富了华侨社会的精神生活，并形成了独特的社区文学氛围，突出表现为社区内文学作者集中，文学创作活跃，笔战频仍，交流频繁。

笔战之频仍是菲华社区文学发展中的独特现象。像 20 世纪 50 年代在《公理报》文艺副刊《晨光》上发生的关于白话诗问题的笔战，持续一个多月，为菲华社会所瞩目。50 年代末，《华侨商报》揭露《大中华日报》主笔、号称"江南才子"的邢光祖是个"文抄公"，称其文章《海疆吟社全斐二期征诗评序》抄袭钱钟书《谈艺录》文字，《侨报》、《华侨商报》属下的《华侨周刊》等也加入进来，同邢光祖所在的《大中华日报》，以及《公理报》《新闻天地》菲律宾版等展开了一场激烈的笔战，许多菲华社区的文艺工作者、新闻工作者以及读者都参与到这场讨伐"文抄公"的运动中来，吸引了华社的广泛注意。

菲律宾军事管制结束后，菲华文艺重新复苏，《联合日报》等菲华报纸继续大力扶持菲华文艺，该报首先开辟了《竹苑》文艺副刊，并在《竹苑》创版后的第一个春节设下春茗宴，邀请菲华文艺界老中青三代，鼓励大家勤奋笔耕。《联合日报》的"学生园地"每年举办"中学生作文比赛"，《世界日报》也广泛开展社区征文比赛，该报"世界广场"版举办的"如何挽救华文大厦将倾"征文活动，非常成功，在职教师、家长和关心华教的文化人士都参加进来。

菲华文艺副刊的高度发育以及对菲华文艺的致力推动，实际是出于菲华社会有识之士的三点忧虑：一是菲律宾华文教育一直面临严重困境，许多有识之士看到了华文在菲华社会的根正在萎缩，这让他们忧心忡忡，推动菲华文艺的实际目的在于推动华文教育在菲华社区的发展；二是他们意识到在华文华语面临受淘汰危机的同时，中华民族固有的文化与民族伦理道德传统，在菲华社会也面临极大挑战，"我们认为文化为文艺的根干，文艺为文化的花果，文艺如能滋长推广，更可促成中华文化之丰厚弘扬，而造成国民之优秀品质，到处受人尊崇欢迎"[①]；三是华文报推动菲华文艺也是意在为自身未来的发展培养读者，因为华文读写能力的下降会直接影响到华文报的市场。说到底，菲华报刊对菲华文艺的大力推动，目的就是实现和保持华文教育和中华传统文化在菲华社区的存续，并建设文明健康、和谐进步的菲华社区。正如 1984 年创刊的《菲华文坛》在创刊号上发表的第五项宗旨所言："菲华是个工商业社会，应以发扬文艺来求增添生活素质，陶冶性灵，调剂身心，促成和谐进步，而提高侨社声誉与地位。"[②]

第四节　菲华报刊是菲华社区的精神家园

肯·拜尔利（Ken Byerly）于 1960 年出版的《社区新闻》（Community Journalism）一书中首先提出了"社区新闻"概念。赵克（Joke Lauterer）则在《社区新闻：亲近个体》（*Community Journalism：The Personal Approach*）和《社区新闻：无以复加的当地化》（*Community Journalism：Relentlessly Local*）中，进一步明确了社区新闻的特点，包括在地化与接近性等，社区报以其鲜明的特色，亦成为一个独特的报业门类。社区报根植于所在社区，以报道本社区新闻为主，并以社区居民为主要发行对象。一些话题讨论也多从社区生活中生发出来，包括一些激烈的富有争议的话题。社区报忠诚于社区，社区报的发展也有助于促进本社区的内在凝聚力和同一性。

菲华报刊无论是在发行量、发行范围、内容特色和扮演的角色上都具

---

① 林骅：《我们的信心与展望》，菲律宾《菲华文坛》1984 年创刊号。
② 林骅：《我们的信心与展望》，菲律宾《菲华文坛》1984 年创刊号。

有鲜明的特区报性质。菲华报刊与华侨社团、华侨学校并称为华侨社会的"三宝",是华侨社会的三大支柱之一。菲华报刊的高度发育,为华社提供了丰富的精神食粮,成为华社凝聚社区关系、强化情感认同、体认价值共识的强大推力。总结起来,菲华报刊至少在三个方面体现出强烈的社区报刊性质。

第一,立足华人社区,做足社区新闻和祖籍国新闻,是菲华报刊的第一大特色。这些社区新闻为社区内的华人华侨提供着丰富的趣闻轶事,而对这些社区趣闻轶事的"故事讲述",非常有效地增加了居民的社区归属感。早在 20 世纪 20 年代,菲华报刊就显示出高度发育的社区传播特性,关于这方面有人做过如下描述:

> 报纸杂志常常展开笔战,每日长篇大论,滔滔不绝,个人的私德、私密、尽量挖掘攻击,兴风作浪,无中生有,简直难以入目;但读者竟津津有味,作为茶余酒后的闲谈资料,骂得越长越久就算胜利。至于理论是否正确,有无越出范围,都置之不问。读者也幸灾乐祸,喜欢在楼上看他们打得头破血流才心满意足,关起店门再来一场的论战,公说公有理,婆说婆有理,辩得青筋直暴,口沫横飞,面红耳赤,还嘈吵不休。①

可以看出,作为社区的新闻、侨众茶余饭后的谈资,这种笔战已经超出了原有的价值意义,在增进社区凝聚力方面发挥着重要的作用。

随着中国的日渐强大,对祖籍国新闻的报道也成为华文报的重要内容。来自祖籍国的任何动态,包括比较重要的人员来访,消息都会通过华文媒体立刻风靡华社。2006 年 7 月上旬,时任香港特别行政区立法会议员、太平绅士蔡素玉率香港特别行政区政府代表团到访;2007 年,时任厦门大学校长朱崇实率团访问华社,都成为这段时间占据华报主要版面的新闻。在大幅报道代表团在菲活动的同时,菲华社团还刊发了多个整版的

---

① 予君:《四十年前如梦事,今朝都到眼前来》,转引自于长庚编著:《忠魂毅魄——于以同烈士与华侨商报》,于以同基金会 1997 年版,第 100 页。

套红欢迎广告,气氛甚是热烈。随着台湾问题的日渐升温,菲华社会对反独促统也表现出极大的热情。2001 年,菲律宾中国和平统一促进会隆重成立,更进一步凝聚了华文媒体对台湾问题的关注。2002 年 8 月,台湾当局打算以每架一美元的"友谊价"一次性卖给菲律宾 24 架 F-5E 战斗机,以换取陈水扁访菲,《商报》在第一时间公开了这一消息,让陈水扁访菲成了泡影。2004 年 7 月 9 日,苏贞昌访马尼拉,再次图谋为陈水扁访菲铺路,又是菲华报刊率先"捅"破了这一秘密,从而使陈水扁的图谋再度破灭。2004 年 5 月 17 日,中共中央台湾工作办公室、国务院台湾事务办公室就两岸关系问题发表声明,几家华报都大幅刊发了这条消息。同年 9 月,陈水扁在菲律宾的代理人吴新兴向菲律宾政府喊话,要菲律宾政府在实行"一个中国"政策的同时,也实行"一个台湾"政策;菲华各界联合会 10 月 2 日在《商报》发表了《吴新兴是什么"碗糕"?》的声明,揭露了吴新兴的"台独"分裂行径,立刻成为菲华社区的热门话题。2008 年 1 月 19 日,菲律宾中国和平统一促进会召开反独促统大会,中国国务院台湾事务办公室人员及菲华各界知名人士出席大会,菲华各大华文报刊对这一消息进行了突出报道。

第二,社团新闻发达,是菲华报刊的第二大特色。作为构成华人社会的"三宝"之一,华人社团是华人社区组织的基本脉络,主控着菲华社会的政治、经济、文化,在华人社区占据至关重要的地位,社团的活动也为华社所重点关注,报道社团新闻便成为菲华报刊非常重要的任务,也是菲华报刊进行社区传播的重要内容构成。早在 20 世纪五六十年代,《大中华日报》和《公理报》等著名菲华报纸就专设有"侨团新闻"版。时至今日,菲律宾所存的五家华文报纸《世界日报》《商报》《联合日报》《菲华日报》《菲律宾华报》也都开设有社团专版,专事报道菲华社团新闻。

第三,社区广告发达,是菲华报刊的第三大特色。社区广告的特点就是社区相关广告占据主要地位,而纯粹的商业广告如产品销售广告和企业形象广告则退居次位。菲律宾华人社区是一个社会裙带关系紧密的社区,以闽南人占大多数,社区内居民有任何值得纪念或庆祝的事情,例如商店开业、子女升学、新婚志庆、朋友升迁、社团活动等，都要到华文报纸上用整版套红字体广而告之一番。华文报纸所刊发广告都相对设计简单，整版套红的大号字体，打上广告主的贺词及名字，一版广告设计即告完成，而且是千版一面。但即使是这样设计简单的广告，菲华报刊也是应接不暇。以 2006 年 7 月 8 日的《世界日报》为例，该日总版数为 82 版，其中新闻和各类专副刊版 34 个版，其中还包括 6 个代为发行的《大公报》菲律宾版，纯商业广告占据不足两个版，剩下的近 46 个版全部是社区广告，内容主要包括两大部分：一是华社居民互相恭贺婚礼寿辰、升职升学、毕业获奖类广告，这部分广告所占数量最大；二是社团活动广告，这部分广告也占据比较突出的位置。上述这两大类广告占据了菲华报刊广告的绝对主导地位，也成为菲华报刊的主要收入来源。这些广告邻里人情味道浓厚，大字套红，极具喜庆色彩，堪称是菲华报刊的一大景观。正是从这些富有邻里人情味道和社区色彩的广告中，我们看到了华社内部洋溢着的那种强烈的社区归属感，那种对社区的依恋感和睦邻行为。而从另一个方面来说，菲华报刊的这种特色广告也反过来有效地培养着华人华侨对华社的归属感。

美国哲学家、社会学家约翰·杜威（John Dewey）在谈到社区与传播两者之间的关系时说："'公共'、'社区'和'传播'这几个词之间不仅只是一种字面上的联系。人们凭借他们共享的东西在社区中生活；传播是他们得以拥有共享的东西的方式。"① 从菲华社区来审视大众传媒与社区的关系，我们会更加深刻地理解社区与大众传媒二者之间的依存与互构关系，我们会更加深刻地理解菲华报刊为什么会与华人社团、华文学校共称为菲华社会的"三宝"。菲华报刊在引导华社路向方面是一个富有远见的"瞭望者"，在保护华社利益方面是一个忠于职守的护卫者，在报道社区新闻方面是一个热心的"故事讲述者"，在菲华社区的社会关系乃至精神世界的建构方面，菲华报刊就像一条条特殊的纽带，把这个由移民构成的菲

---

① John Dewey，*Democracy and Education*，New York：Macmillan，1916. pp. 5－6。

华社区联结、整合在一起，把社区居民的意见、思想、喜怒哀乐汇集到一起，统一着人们的认知和趣味，是社区居民当之无愧的精神家园，在社区传播基础结构中发挥着至关重要的作用。

第五章 菲华报刊与菲华社会"路向之争"的策动及文化反思①

新中国成立初期,由于国际环境恶劣,一些国家尤其是部分东南亚国家怀疑中国输出革命,不断掀起反华排华的风潮。为了缓和紧张的国际关系,中国政府于1955年万隆亚非会议期间,正式提出不赞同华侨持双重国籍,并开始与有关国家签订相关条约解决华侨双重国籍问题。中国政府关于华侨国籍的新政在海外引起巨大反响。通过菲华社会关于"转籍""同化"的舆论争斗,可以管窥海外华侨在身份认同、精神归属和文化血脉上开始的这场旷日持久的挣扎、蜕变历程。

第一节 国民党政府对菲律宾侨务工作的经营

抗战后期,国民党政府即极度重视并着手规划战后侨务,筹备华侨遣返工作。在1945年3月13日国民政府侨务委员会提交的《呈请行政院核定侨务复员主管机关以专责成并宽筹经费》公文中,列出了十三项战后南洋侨务复员工作,并称"现时南洋各地即将次第收复,以前所拟各种复员方案已到实施时期,尤以缅甸、菲律宾等处之复员工作刻不容缓"②。在1945年5月5日至21日在重庆举行的中国国民党"六全"大会上,有吕渭生等数十名代表提案陈述华侨对国家之贡献:"吾国旅外侨民数逾千万,国父倡导革命时,各地侨胞无不踊跃赞助,或捐巨款,或牺牲性命,其每

①　本章曾以"菲华社会的路向之争与文化反思"为题,发表于《厦门大学学报》2016年第5期,署名赵振祥、姬金凤。
②　谢培屏编:《战后遣返华侨史料汇编》1,台湾"国史馆"2003年版,第34页。

年接济家属之大量汇款，尤足抵补出超之外汇。国内生产及社会事业，华侨出资兴办者更所在多有。"① 更有代表谢澄宇等提案遣侨之必要："窃查我国侨胞旅居南洋各地者数逾八百余万，平日孜孜经营，立业造产，对当地之繁荣与祖国之贡献均著功绩。乃太平洋战争爆发后，日寇不旋踵间即席卷南洋各地，我侨胞不甘受辱，冒险犯难辗转播迁归来祖国，为状固惨，而其忠义之心，则可贯日月，扬正气也。今者盟军节节反攻，进展顺利，菲律宾与缅甸几已全部光复，其他各地之解放亦可计日而待，是故对归侨之遣送此时亟应未雨绸缪，从速为整个之筹划，俾侨胞能迅速返归原居留地重整产业。此不仅千万侨胞之生计攸关，即祖国之经济建设亦唯此是赖也。"② 在本次全代会上，即通过了《战后南洋华侨复员案》等各项提案，侨务委员会"陆陆续续拟定交通运输、出国手续、护照申请等相关办法，并与行总等机构商订侨民复员办法，决定由侨务委员会办理复员登记，外交部交涉入境，行总（行政院善后救济总署——引者注）及联总（联合国善后救济总署——引者注）负责遣送，交通部负责交通工具。遣送又分国境内和国境外，国境内，由行总送至国境；国境外，由联总从国境送至各原居留地。沿途食宿、交通费用，由行总及联总免费供应。"并为此特发了《善后救济总署遣侨办法》③。

　　在遣返菲律宾华侨方面，国民政府方面与联合国善后救济署和菲律宾外交部多方斡旋，争取更多的遣返名额并尽量为华侨遣返提供便利条件，据当时的菲律宾华文报《公理报》报道，为了解决荣旋轮上五百多侨胞无法在菲律宾登陆一事，国民政府驻马尼拉的薛毓麒副领事亲往总统府向时任菲外长埃尔皮迪奥·基仁洛（Elpidio Quirino）当面交涉，会谈达三小时之久，终于获得允许，但附加了三个条件。"又嗣后记者曾随同副领事薛毓麒、黄主事荣德前往荣旋轮上，薛副领事曾立即用播音机向该轮上之侨胞，广播上述之三项交涉结果情形并安慰，最后并曾促该批侨胞，务严

---

① 谢培屏编：《战后遣返华侨史料汇编》1，台湾"国史馆"2003年版，第41页。
② 谢培屏编：《战后遣返华侨史料汇编》1，台湾"国史馆"2003年版，第39—41页。
③ 谢培屏编：《战后遣返华侨史料汇编》导言，台湾"国史馆"2003年版，第5页。

守秩序，切勿行贿，以碍菲外长经已决定允许之进行，其时该批侨胞曾热烈鼓掌，并大呼感激之声，不绝入耳。"① 此后，针对菲律宾方面出台的一系列排华、歧视华侨返菲的政策，如菲共和国第 37 号法令之"公共菜市案"、菲移民局停止发给中国人来菲移民限额号数、菲外交部对于外侨在 1941 年离菲而未返菲者不承认其居留权等，国民政府驻菲律宾公使陈质平多次代表政府向时任菲副总统兼外交部长基仁洛提出抗议。1948 年 2 月联合国国际难民组织远东局顾问克拉克（Clarke）访菲时，国民政府外交部亦敦促其向菲律宾总统陈情斡旋。直至 1949 年 9 月戴季陶访菲时，再次代为向菲政府交涉。持续数年虽无结果，② 但可管窥当时的国民政府对菲律宾侨务之重视程度。

第二节　菲律宾华侨的生存境遇

"不管为了什么原因，土著、华人混血儿和华人仍然是三个不同的集团，特别是就税务而言。但就权利来说——诸如在群岛走动、拥有财产，或参与社政府的权利——区别看来是两方面的，而不是三方面的。即总的来说，混血儿拥有和土著几乎一样的权利，而华人通常没有。财产拥有权的问题不清楚。但就地理上的机动性来说，华人通常受限制（取得不同程度的成功），而混血儿，就像土著，改变居住地相对自由。同样地，在地方政府，华人从不能参与，但华人混血儿，个别地和集体地，可以也曾和土著一道参与。"③ 在西班牙统治时期，菲律宾华侨作为少数外来人口，在政治上一直处于被排斥的状态。"直率地说，可以说由于西班牙人看不起华人，土著和混血儿越是西班牙化他们就越反华，华人罕得，如果有的

---

① 菲律宾《公理报》1946 年 9 月 25 日。

② 据国民政府外交部 1949 年 10 月 8 日致驻菲大使馆电云，菲方态度仍仅准持有 1941 年之返菲证书之归侨返菲。见谢培屏编：《战后遣返华侨史料汇编》2，台湾"国史馆"2003 年版，第 651 页。

③ 魏安国：《菲律宾历史上的华人混血儿》，吴文焕译，菲律宾华裔青年联合会 2001 年版，第 62 页。

话,能转变为真的西班牙天主教徒。"① 1898 年美国打败西班牙后,菲律宾划归美国统治,此后华侨境况略有改善,但美国有关排斥华工的各种法律于 1902 年同样扩用到了菲律宾。美菲当局 1921 年意欲施行的"西文簿记法"、1923 年菲律宾议会通过的"内海航运法案",以及 1935 年菲律宾自治后菲律宾当局推行的零售商国民化运动,都意在打压华侨在商业上的竞争力,压缩华侨的生存空间。

日据时期华侨的悲惨境遇自不必说。二战之后的菲律宾,华侨的生存境遇不但没有改善,反而遇到了一系列更严峻的挑战。

首先,1946 年菲律宾独立后,菲律宾的极端民族主义情绪空前高涨。在菲律宾人完全掌握政权的同时,一些菲律宾政客亦开始通过炒作华侨议题博取政治资本,菲律宾政府亦继续对华侨实施更加苛刻的移民政策和菲化政策。从 1947 年菲律宾第 37 号法律菲化公共菜市场摊位,到 1954 年 5 月 19 日菲国会通过 1180 号法律"零售商业菲华案"等,一道道法令不断挤压华侨的生存空间,让华侨不堪重负。

其次,美国实施的拉拢一些国家围堵新中国的政策,也使海外的华侨举步维艰。1950 年爆发朝鲜战争,美国怂恿菲律宾军队加入联合国军,赴朝鲜半岛同中朝军队作战,这无疑加剧了菲律宾与中国大陆的对立情绪和反共立场。1954 年 9 月 8 日,美国又策动一些国家在菲律宾首都马尼拉签订了《东南亚集体防务条约》(又称《马尼拉条约》),加强对中国的围堵。在这期间的 1951 年 6 月 14 日,美国参议员约瑟夫·麦卡锡(Joseph McCarthy)在国务院发表演讲,麦卡锡主义一时甚嚣尘上,美国掀起反共浪潮。② 美国的麦卡锡主义直接影响到包括菲律宾在内的一些东南亚国家,反共浪潮波涛汹涌,菲华社会中的左派和进步华侨惨遭迫害。

再次,大陆和后来败退到台湾的国民党当局对亲共产党的左派进步人士的打压变本加厉。1946 年,国民党驻菲律宾总支部就勾结菲律宾当局

---

① 魏安国:《菲律宾生活中的华人 1850—1898》,吴文焕译,世界日报社、菲律宾华裔青年联合会 1989 年版,第 146—147 页。

② 张伟、李慧荣:《"麦卡锡主义"是什么东西》,《环球时报》2002 年 1 月 3 日。

开始了对左派的清洗；9 月，菲律宾发生了逮捕进步人士的"九五"事件，《华侨导报》《侨商工报》和一些进步组织中的几十位进步人士被拘捕。在国民政府驻菲公使陈质平 1947 年 3 月 26 日致南京外交部的电文中，亦曾谈到菲律宾总统的封杀左派及其报刊的表态："总统谓：中国共产党人在菲秘密活动为苏联与菲共之联络，不利于中菲两国政府，请以中共在菲领袖及其发行之报纸见告，以便搜捕停刊。"① 1948 年 3 月 6 日，菲律宾总统宣布菲共（虎克党及农协会）为非法组织，菲移民局亦同时向报界放话，今后外侨入境，一律须持其本国领事官员或菲政府官员签发的行为保证书，以防外侨共党分子入境。"此后菲移民局并称将进行拘捕所有在菲从事共党活动之外侨云。"② 一时间菲华社会"红帽子"满天飞，人们谈"红"色变，一些进步人士难以安身立命，不得不逃离菲律宾。

　　1949 年中华人民共和国成立，菲律宾却仍然只承认已退守台湾的国民党当局；而朝鲜战争爆发后，菲律宾追随以美国为首的联合国军赴朝参战，参加对中国的禁运围堵，更加重了两国的对立。在这种政治形势下，"华人对菲的移民、华侨的返乡及汇钱给家属桑梓，都受到菲政府紧急下令禁止；中文信函及书报读物的进口，均受特设的情治机关所严格检缔；华侨的政治倾向及立场受质查；侦讯'共嫌'及围捕所谓'华共'之事件频仍发生；华侨多被嫌疑为'中共的海外第五纵队'，遂在美国主导的种种反共制华之宣传影响下，促使这种疑忌潜进一般菲官民的心目中，构成官民的反共恐共浓烈心理……华侨社会遂无异被关进'铁幕'中。"③ 1952 年 12 月 27 日，菲军方再次发难，以"共嫌"罪名逮捕三百多人，制造了震惊华侨社会的"禁侨案"。④ 整个菲律宾陷于一片恐怖之中，菲律宾变成了美国围堵中国的马前卒，变成了台湾当局的反共前哨。这段时间被华侨们称为是"菲律宾华裔族群处于历史上最彷徨沮丧的年代"——

---

　　① 谢培屏编：《战后遣返华侨史料汇编》2，台湾"国史馆"2003 年版，第 356 页。
　　② 谢培屏编：《战后遣返华侨史料汇编》2，台湾"国史馆"2003 年版，第 588、600 页。
　　③ 柯清淡：《"商报小说集"的产生及遭淹埋》，见《我们携手走过 95 年》，于以同出版公司 2014 年版，第 142 页。
　　④ 刘芝田：《中菲关系史》，台北正中书局 1962 年版，第 730 页。

"适当菲律宾共和国脱离美国取得政治上的独立,又逢中华人民共和国建国后不久,在菲华人与家乡完全断绝通讯交往,而菲律宾独立后初期狭隘民族主义思潮澎湃,菲化运动响彻云霄,华裔族群受到无理排斥,导致华裔族群与主流大社会隔阂加深,关系紧张"。① 事实上,菲华社会中除了亲中国大陆的所谓"左派"和亲台湾当局的"右派",还有相当数量的"中间派",他们的日子更难过。他们中很多人甚至是出生于菲律宾的华裔,但从来没有申请归化入籍,像于长城、于长庚兄弟就是这个群体的代表,"虽然依照菲律宾法律,于氏兄弟是中国公民,但对国民党中国没有好感,并不是因为他们较偏好共产中国,而因为他们认为菲律宾才是他们的家乡。况且,国民党中国不要他们。它不更新他们的护照,它不准许他们进入台湾"②。成不了菲律宾公民,中国大陆又去不了,台湾也不要,这些华侨左冲右突无所依从,社会政治地位之尴尬和心境之纠结彷徨可想而知。正是在这样的情势下,菲华社会开始了"华侨路向"的大讨论。

第三节 《华侨商报》与"华侨的路向"问题的提出

菲律宾华侨悲惨的历史境遇,以及现实政治环境和经济环境的持续恶化,逼迫菲律宾华侨必须重新思考出路,对华侨"转籍"问题的讨论开始浮出水面。对菲律宾华侨转籍问题的讨论,始于 20 世纪 50 年代初。"五六十年代,正是菲国华侨处在走投无路、最苦闷的年代,菲政客假藉民族主义大举排华,各行业菲化、欺视华侨措施,层出不穷。华侨想'入籍',比登天还难;要回国吗,交通线早被封锁。就在这个时候,商报喊出了'是蜕变的时候了'!要求华侨'认识菲律宾,了解菲律宾',准备融合、同化入菲国主流社会。"③

---

① 于长庚:《学府风光》序,于以同基金会 2000 年版。

② [菲]扶西·纳贾描:《没有公理也没有仁悯》,见于长庚编译:《两地冤狱》,于以同基金会 2000 年版,第 32 页。

③ 庄文成:《我们携手走过 95 年》,于以同出版公司 2014 年版,第 18 页。

　　《华侨商报》是转籍讨论的发起者。1952 年 6 月 15 日，吴永源以"西宁"为笔名在《华侨商报》上发表《华侨社会的路向》一文，指出"以商业为中心的华侨社会将慢慢褪色，未来的华侨社会将是以文化为中心，以技术为生产手段，以服务的人生观为路向"；他提出华侨要学技术，当技工，扩大生产，来满足菲律宾民族主义的需要："我们将以一个具有中国血统、中国文化的菲律宾居民，来充实发扬菲律宾的民族运动。"①1952 年 7 月 12 日，《菲律宾自由周报》社长赵多洛·辘辛（Teodoro Locsin）发表文章《华人问题》，以菲律宾民族英雄扶西·黎刹（Jose Rizal）的曾祖父多明戈·南戈（Domingo Lamco），即来自福建晋江罗山镇郭村的柯仪南入教并更名一事为例，来阐述解决华人问题的根本途径："如果他们不再认为他们自己是外人，是一个不同的社群，如果他们不再认为他们自己是华侨，而开始认为他们自己是华人——他们许多人在这里毕竟已够久了——如果他们像黎刹的曾祖父那样做，将会是很好的。这一夜之间就会解决问题。"② 一时间，呼吁华侨"转籍""同化"的声音甚嚣尘上。

　　在战后的菲律宾，菲华报刊曾经经历了一个群雄逐鹿的时代，"在岷里拉解放后年代，有十几家华文报同时出版，是菲华日报的战国时代，竞争激烈。那些抢地盘非专业的报人的报纸一一倒闭，直到只剩下四家日报争雄，华侨商报从屈居末席稳定向上攀登，到一九六〇年它是华文日报销数最大的报纸（现在仍是）"③。作为菲华社会最有影响力的舆论阵地，《华侨商报》成为推动华侨"转籍""同化"的主阵地。《华侨商报》倡导华侨要做"具有中国血统、中国文化的菲律宾居民"，提出华侨蜕变这一主张，这在国民党主导的菲华社会，无异于石破天惊。"商报这项主张立刻遭受到本地中国国民党派的报纸的猛烈抨击，说是'舍本忘宗'，是

---

① 吴永源：《华侨社会的路向》，于以同出版社 1952 年版，第 49 页。
② 转引自吴文焕：《卧薪集》，菲律宾华裔青年联合会 2001 年版，第 266 页。
③ 纪汉诺里岷里拉：《于氏兄弟案的家人苦难，他们的女人遭折磨》，见于长庚编译：《两地冤狱》，于以同基金会 2000 年版，第 58 页。

'卖大丁'的做法。而部分守旧的华侨一时也接受不来。"① 但是于氏兄弟毫不动摇，继续以《华侨商报》和《华侨周刊》为阵地，与以邢光祖为总主笔的、代表台湾当局立场的《大中华日报》《公理报》展开了激烈的舆论争斗，继续鼓吹华侨集体转籍，争取公民权，融入菲律宾社会。

1960 年 11 月 27 日，于长庚在《华侨周刊》上再次发表长文《是蜕变的时候了》，多解度论述蜕变的必要性："华侨已临到一个蜕变的边缘，如果我们打算好好在菲律宾定居下来，那么，便应当考虑到客观与历史的现实，订出一个华侨社会总路向，为华侨找一个出路，为菲律宾指出一个处理华侨问题的路标。"他认为"我侨如果要在菲律宾定居下来，那末，我们唯一的出路便是争取平等的公民权"，"转籍争取公民权，就长远说，是唯一解决所有'华侨问题'的治本办法，既消除中菲间目前一些摩擦的因素，而且由于增加新的血液、新的细胞，对菲律宾民族建设国家与建立民族文化，必能会起着一定的积极作用"。

于氏兄弟鼓吹的华侨"蜕变""同化"入菲律宾社会，比此前提倡的"转籍"又升了一个层次，就是不仅解决国籍的问题，还要解决一个深层次的、引人关注的焦点，就是华人的文化归属问题。于长庚在这篇文章里明确阐释其"蜕变"的含义说："当然地，我们并不主张华侨在集体转籍后保留为一个少数民族集团，保全一切中华的文化习俗，我们认为转籍后的新公民，应当以当地首要方言作为我侨的语言，汉文只应保留于次要地位，因为只有这样，转籍后的新公民才不会自我局限于原先华侨社会的小天地，而能真正地做到与菲律宾大社会打成一片的目标。"② 1961 年 2 月 26 日，于长庚以"超森"为笔名再次发表《转籍，抗争与华侨社会》一文，阐释"蜕变"的含义，"我们应用'蜕变'这字眼，来象征我侨在现阶段的变化。幼虫时期的蝎，蜕变成为蝴蝶，并不是蝎的死灭，而是它以

---

① 庄文成：《我们携手走过 95 年》，见《我们携手走过 95 年》，于以同出版公司 2014 年版，第 18 页。

② 于长庚：《是蜕变的时候了！》，见《我们携手走过 95 年》，于以同出版公司 2014 年版，第 167—170 页。

一个新的形式延续它的生命，是它随着自然的生物法则的蜕变；这是蝎解脱了原先躯壳的束缚，蜕变为蝶，使它的生命，更为丰满，更为辉煌"①。

在这些文章中，于氏兄弟不仅鼓吹华侨"转籍"，而且不主张保全一切中华的文化习俗，连民族语言也主张以菲律宾语言为第一语言，汉文只应保留次要地位。这等于是鼓吹在文化主体上也要"菲化"了。由于国民党驻菲势力的极力反对，加之很多华侨也难以接受，于氏兄弟大概也觉得自己走得太远了，于是又提出了"混化""融合"而不是"同化"的主张。1961年3、4月，于长庚又连发两篇文章《混化而不是同化》《再谈混化》，不再提"同化"，而是大谈"混化"："菲律宾如果决心要重建他的民族文化，对中华文化的选择性吸收，是应当的，而华裔的菲律宾公民应当是最好的桥梁。所以，对转籍华裔的处理，菲律宾应采取混化的路线，而不是单方面的同化。"②"我们主张争取转籍与平等公民权的同时，也要求容许华裔保留若干程度中华固有文化，以便这些人成为菲律宾公民了后，不但能与菲民族社会打成一片，更能担任文化桥梁，沟通中菲文化的交流，使现在振兴中的菲律宾民族文化，能更富有东方色彩。"③于长庚亦明确表述："华裔脱离中华文化，接受完全同化，不仅是融化大社会的华裔个人的损失，泯失固有中华传统智慧与美德，更可惜的，对塑造重建的菲律宾民族本位的独特文化，不能作出相应的贡献，才是莫大的悲哀。"④

很明显，这里于氏兄弟在关于华侨的文化归属问题上，调整了过去的提法，充分考虑到菲华社会保留中华文化的呼声。同时他们也呼吁华侨认识菲律宾、了解菲律宾，关心菲国主流社会的动态，并借《华侨商报》和《华侨周刊》翻译刊载了大量菲律宾小说、菲律宾民间故事等作品，并翻译出版了菲律宾民族英雄扶西·黎刹的名著《社会毒瘤》和《贪婪的统治》，尽管作品中具有强烈的反华倾向。2000年年初菲律宾英文报纸出现

---

① 超森：《转籍，抗争与华侨社会》，菲律宾《华侨周刊》1961年2月26日。
② 于长庚：《混化而不是同化》，菲律宾《华侨周刊》1961年3月12日。
③ 于长庚：《再谈混化》，菲律宾《华侨周刊》1961年4月23日。
④ 李荣美：《溶入主流社会》序，于以同基金会2001年版，第1页。

尚尼·扶西等的排华言论，菲华社团和报刊纷纷予以驳斥，《商报》"读与写"主编晓华却撰文斥责那些批评尚尼·扶西的作者是大汉沙文主义者。从转籍到对菲律宾民族的认同进而到文化的认同，《华侨商报》与菲华社会渐行渐远，《华侨商报》复刊后亦自认为是"整个菲国报业体系的一份子，是菲律宾的华文报纸，因此，本来的'华侨商报'的华侨得删掉，成为'菲律宾商报'"，遂更名成为《商报》①，连《商报》的社长兼总编辑、于长城的儿子于庆文，也是一位讲不来也听不懂华文的菲律宾人了。《商报》定位如此，《商报》在菲华社会的衰落也就在情理之中了。

第四节 "第二次商报案"引发的舆论战

在 20 世纪 50 年代于氏兄弟致力于推动华侨"蜕变"、转籍的同时，还有另一股力量热衷于推动华侨转籍，就是以美国为首的西方阵营。西方阵营忌惮并指责中国在海外的几千万华侨是中国的"第五纵队"，而"双重国籍"则是当时西方阵营指责华侨为"第五纵队"的"证据"。在"围剿""第五纵队"方面，美国与台湾国民党当局既合作又冲突——在清洗亲中共政权的华侨力量的事件中，两者是合作的；而在美国借助于氏兄弟推动华侨同化的事件中，两者之间又爆发了激烈的冲突。美国在策动和支持东南亚国家的华侨"转籍""同化"问题上是不遗余力的，在越南在菲律宾都是如此。于长庚就曾经明确指出："在菲律宾，我们兄弟自五十年代开始倡导华人融化于主流社会的主张，颇得到一些有浓厚中央情报局背景的美菲人士赞同，但是当年我们便一再阐明融化不同于美中情局主张的同化。我们相信强迫海外华族，尤其是在东南亚，完全否定自己族裔与文化遗产，在 20 世纪的客观环境中是不智的也是行不通的。带着中国固有优秀美德文化融化于主流社会，华人才能心甘情愿融入于主流社会，同时

---

① 庄文成：《我们携手走过 95 年》，见《我们携手走过 95 年》，于以同出版公司 2014 年版，第 18 页。

又可丰富适正恢复亚洲本色的菲律宾独特文化，一举两得。"①

　　而在台湾国民党当局方面，对于氏兄弟的"转籍""融合"主张却已经是忍无可忍。"《华侨商报》提出的同化主张影响到国民党的利益，遭到他们的反对。他们退到台湾后，大力拉拢海外华侨作为他们'反攻大陆'的政治资本，如果华侨同化了，成为菲律宾人，他们就失去了这股力量，因此极力加以反对，力斥于长庚等人的不是，因此双方结怨，成为后来相互攻击和两次'商报案'的导火线。"② 于长庚在《两地冤狱》中亦明确指出："中国国民党驻菲总支部嫉恨我们兄弟，固然是因有商报的存在，他们不能一手遮天，随意鱼肉勒索华众与抹黑中国大陆，但是更惹总支部忌讳的是我们兄弟坚决倡导的华侨应当融化于当地主流社会的主张，这思维被视为洪水猛兽，国民党在菲机关报咒骂我是汉奸，数典忘祖，出卖华社的叛徒和蜕变虫，用尽最刻薄狠毒的词语。"③ 于氏兄弟提出"同化"主张毫无疑问是两次"商报案"的重要诱因，但说台湾当局反对"同化"仅仅是为了拉拢海外华侨力量作为"反攻大陆"的政治资本，似乎并不全面。国民党政府未败退台湾之前就高度重视侨务工作，重视培植海外华侨力量，这一点在前面已经谈过，这里不再赘述。

　　1962 年，于长庚的文章《现在是蜕变的时候了》获菲全国记者会奖。获奖之后不到两个月，于氏兄弟即遭到菲方检控，检控的罪状是于氏兄弟自 1949 年到 1962 年，刊登的新闻与文章，"一、大体上是有利于共产主义的主张；二、诽谤菲律宾共和国政府；及三、存意影响本地华社使其同情在红色中国的共产政权的主张"④。是年 3 月 8 日，于氏兄弟以"共嫌罪"被军方逮捕，后经律师据理力争，才获得自由。这就是史称的"第一次商报案"。

　　出狱后的于氏兄弟愈加坚定地鼓吹"转籍""融合"主张。于长城于

---

① 于长庚编译：《两地冤狱》前言，于以同基金会 2000 年出版，第Ⅶ页。
② 赵振祥等：《菲律宾华文报史稿》，世界知识出版社 2006 年版，第 171 页。
③ 于长庚编译：《两地冤狱》前言，于以同基金会 2000 年版，第Ⅲ页。
④ ［菲］扶西·纳贾描：《于氏兄弟案件》，见于长庚编译：《两地冤狱》，于以同基金会 2000 年版，第 2 页。

1966 年 1 月至 3 月在《团结报》发表的题为"菲华紧张关系我见"一文中，甚至开始讨论"同化的方法"：一是强制行动，二是劝告，并认为后者是"最合适而可能在双方社会中取得圆满的结果"。① 由于华侨转籍问题已经成了菲律宾主流社会的热门话题，1968 年 3 月 16 日，于长庚以英文在《马尼拉纪事报》发表题为"蜕变中的菲华"一文，坚定地认为"作为结论，我们深信本地华人社会终归会融合于菲律宾大社会主流，乃是一项既定的结论。准此，我们认为是适当的，以呼吁凡与这有关各方面，尤其是菲律宾政界，得深一层的谅解，俾官方政策与举措以及对之的反应同现局势的现实与需要之间的时间落后，能够迅速与圆满地加以拉拢，而使本地华人社会的蜕变能够早日大功告成"②。

于氏兄弟的"冥顽不灵"，使得台湾国民党当局在"第一次商报案"八年后再次出手，与马科斯政权联手策划了"第二次商报案"。1970 年 3 月 27 日，于氏兄弟在马尼拉海外记者会上以"亲共""叛乱"和"颠覆"等罪名再度被菲军警逮捕，并于第二天上午被迅速递解至台湾。

两次"商报案"皆为台湾国民党驻菲总支部在幕后指使操作，但却不能拿华侨"转籍"问题来说事，而只能勾结菲律宾政府以《华侨商报》"亲共"之罪名来定案，"菲律宾对其国内三十万华裔族群的一切情报几乎皆都依赖当地中国国民党大使馆。八年前，中国国民党人提供情报给警察，那导致于长城社长和几乎他的全体编辑部职员的受逮捕。当时的控诉罪状是这家报刊不爱国及有亲共倾向"，"这次政府的控案是更加脆弱。首要检控方面的证人，自称是位陆军的中国问题专家，矢口指控于氏兄弟的华文报纸是共产党的。然而在受盘问时，他供认他不懂得阅读或者讲华语，及'忘记'得如何对共产主义下定义"。③

马科斯政府与台湾国民党当局相互勾结粗暴逮捕新闻人的行为以及检控的牵强无理，导致这一事件在菲律宾社会引发轩然大波。在美国有关方

---

① 于长城：《菲华紧张关系我见》，菲律宾《华侨周刊》1970 年 5 月 31 日。

② 《蜕变中的菲华》，菲律宾《华侨周刊》1970 年 3 月 24 日。

③ 于长庚编译：《两地冤狱》，于以同基金会 2000 年版，第 42 页。

面的推波助澜下，以维护新闻自由为旗帜，菲律宾新闻界群起抗议马科斯当局的"暴行"，菲律宾全国记者总会会长安顿牛·殊迷尔和马尼拉海外记者会会长墨谨摩·苏利文就两位报人的审判联署发表了"关注的宣告"，指责军方侵犯新闻自由。①马尼拉海外记者会、菲律宾新闻学会、菲律宾全国记者会等纷纷对该案伸出援手，并同时要求国际新闻学会声援，国际新闻学会亦发表声明，谴责两位华裔报人被自菲律宾遣送到台湾是侵犯人权宣言与新闻自由原则。①菲律宾各主要英文媒体和菲文媒体以及各大学学生校刊的编辑记者、各大学学生会领导人、菲律宾大学的多名院长和民间团体领导人纷纷签名发表了一份共同宣言，号召共同起来反抗马科斯政权对人权与自由的攻击摧残。连国际人权联合会、国际司法学会、国际特赦会等亦介入并发表评论，谴责对于氏兄弟的逮捕与遣配。这时的马科斯政府才发现自己已经陷入了跟整个新闻界的对垒，而台湾国民党当局则发现自己是在跟整个世界舆论作战。

据于长庚回忆并透露，美国中情局在菲人员对于氏兄弟案的态度也分两个壁垒分明的阵营，一部分人认为于氏兄弟"根本与中共没有牵连，且有利用价值，可助催动华侨同化；另一派系则认为遣送台北，可在同化进程镇慑华族出现亲大陆倾向"；等到于氏兄弟被遣送台湾后，"美中情局又玩两面政策，利用于案打压台湾当局，及海外中国国民党势力。另方面逼迫台湾当局对我们从宽发落"。而台湾国民党当局也对此保持高度警惕，甚至怀疑美国有分裂肢解中国的图谋，于氏兄弟在台湾遭鞫讯期间，被查问最多的就是于氏兄弟"与台独有什么干连？"以及于氏兄弟对"对西藏有强烈兴趣的美最高法庭大法官陶格拉斯（Justise William Orville Douglas）以及一贯干预外国政治的世界教会理事会（World Council of Churches）的看法"。②

但无论如何，美国的"搅局"和国际新闻界以及国际社会各界的强大

---

① 合众国际社 1970 年 5 月 18 日香港电。
② 于长庚编译：《两地冤狱》前言，于以同基金会 2000 年版，第Ⅷ页。

舆论压力,让台湾国民党当局不敢一意孤行地处置于氏兄弟,他们不敢判于氏兄弟重刑,仅用三天时间就由警总军事法庭完成定案,分别判于长城、于长庚两兄弟二年、三年"感化",送"仁爱教育实验所"内一幢专门的花园洋房中住下来,进行"感化"教育,实际上是给予了很优渥的待遇。出狱后两兄弟分别赴美国和加拿大定居,第二次"商报案"就这样画上了句号。

第五节 "转籍""融化"后菲华社会的文化反思

第二次"商报案"后不久,1970年9月21日,马科斯政府颁布了戒严令。此时全力推动华侨"转籍""融化"的于氏兄弟已经进了台湾的"感化所",但侨社另一位公认的大佬高祖儒仍然在为华侨集体转籍多方奔走、陈述,并成功地影响了马科斯政府。[①] 马科斯政府开始强力推动华侨的菲化进程。政府首先把目光投向了菲律宾华侨学校。1973年1月,菲律宾颁行新宪法,规定"教育机构,除非由教会、传道会或慈善机关所创办者,均应由菲律宾公民或其资本60%为菲律宾人所有之公司、社团所拥有。学校之控制及行政亦应置于菲律宾人手中。教育机构不能专为外人而设立,外侨学生在任何学校之学生总数中,不得超过三分之一"[②]。4月,马科斯再颁发176号总统指令和第1102号法令。176号总统指令规定所有未归属菲律宾公民的侨校必须在1976年前完成菲化;规定各私校不准再在任何文书上以任何方式使用标示某种特定外国涵义的校名,如"中华""华侨"等一律不得使用。菲化后的侨校不得教学双重课程,并规定小学华文课时减缩25%,中学缩减60%。这一规定波及全菲129所华校、68505名学生,以及三千余名教师,其中有千余名教华文的中国籍教师。据马尼拉地区三十余家华校的校长1973年6月7日的报告显示,

---

① 《饮水思源 正视史实》,菲律宾《联合日报》1998年9月9日。

② 黄端铭:《菲律宾华文教育综合报告》,菲律宾华教中心2013年版,第11页。

1973 至 1974 学年度，全菲学生注册人数大幅度增加，唯独华校学生减少
10％。从侨校全面菲化的法令颁发的 1973 年到 1976 年 7 月底，全菲律宾
有二千余名华侨教师遭解雇。① 1975 年 4 月 21 日，马科斯进一步签署了
第 270 号行政法令，允许符合归化资格的所有外侨集体转籍。马科斯的
"集体转籍法"使在菲律宾生活的中国侨民 80％转入菲律宾籍，华侨变成
了华人，中国人变成了"外国人"。华侨的身份、心态和菲华社会的文化
生态都发生了巨大的变化。

　　这种变化首先从华校开始。由"侨校"蜕变为"华校"，不仅是在名
称上的改变，也标志着整个华文教育在菲律宾的全线滑坡。"其恶果在 80
年代开始反映出来了，华校师资质量低落，华校的华生开口闭口都是菲律
宾语，华文学校中学毕业的学生，大多数既不能讲华语，又不能读华文。
简而言之，80 年代的菲律宾华文教育，日渐式微。"②

　　华文教育的急速滑坡以及文化生态的改变，让菲华社会对于氏兄弟鼓
吹的华侨"转籍""融合"开始反思。于长庚在当初发表的《是蜕变的时
候了!》一文中，曾言之凿凿称"由于中国文化在华侨中的根深蒂固，华
侨文学与文化生活今日的发达，便不是能轻易剔除的……因此，我们认定
我侨转籍争取公民权的过程中，侨社的中国文化不可能完全消灭，也不该
完全消灭"③。但事实的发展并未如他所言，"转籍""融合"所带来的中
华文化在菲华社会的大滑坡显然超出了他的预期，当然这种大滑坡要在十
年、二十年后才会显现出来。

　　1999 年 5 月 14 日，菲华专栏作家李荣美在《商报》的"灯下随笔"
专栏中发表杂谈《再谈华文华语的重要性》，明确指出："无可讳言，日趋
式微的华文华语已经达到了危险的界线，亮起了红灯，如果不急起补救，
再过十年二十年，全菲华裔华人能讲华语，能看华文的人，会限于新来的

---

① 赵振祥等：《菲律宾华文报史稿》，世界知识出版社 2006 年版，第 267 页。
② 赵振祥等：《菲律宾华文报史稿》，世界知识出版社 2006 年版，第 270 页。
③ 于长庚：《是蜕变的时候了!》，见《我们携手走过 95 年》，于以同出版公司 2014 年版，
第 170 页。

华人移民，旧一代的华人子孙会完全与固有的优秀中华文化无缘了。”[①] 2007年，旅菲各校友联合会举行了一次以“扎根、融合”为主题的广泛的征文活动，共收到成人和学生作品计180篇，并结集成册出版。大量征文中表露了菲华社会对华侨“转籍”“融合”过程中文化主体性消亡的忧虑：“融合的结果可能把自己优秀的特征丧失了，如菲华社会逐渐失去自己优秀的中华传统文化，越来越多的新一代不会讲华语，就连固若金汤的闽南话讲的机会也少了，讲的人数也少了，正在逐渐被菲语所取代，这就是融合的结果。”[②] 更有菲华社会人士痛陈：“放眼今日的华社，各方面成就斐然，从某种程度上说，华族成功地融入了菲律宾社会。但是，在这样一种浮华背后，华族究竟付出了多大的代价呢？金钱无法衡量，血泪亦无法衡量。”“对于菲华青少年而言，家庭、学校以及社会这三个语言文化环境的缺失，使得他们渐渐地成为了民族融合的牺牲品。所以菲华诗人在《作客》一诗中呼喊着：‘我们是无根一代！’这种‘无根’，绝对不仅仅是失去土壤，更重要的是失去了文化的依托和民族的精神。”[③] 事实上，晚年的于氏兄弟对他们曾经致力鼓吹的“转籍”“菲化”主张也有了深刻的反思和悔意。于长庚在1998年给西洋所著《学府风光》作序时就曾明确指出：“近半世纪来华文教育历经菲化，华校重英轻汉，名存实亡。华人集体转籍一个世代了，菲律宾华文教育式微，幸赖有心人力加提倡，秉持坚毅意志，力挽狂澜，奋图重振，冀在这千岛南国延续中华文化的传播，培养有中华文化气质的菲律宾公民。”[④]

如今的菲华社会，20世纪70年代以前移民菲律宾、熟悉并热爱中华文化的老一代华人华侨已经逐渐淡出，他们的子孙后代大多数不但入了菲律宾籍，而且在文化上也基本归化于菲律宾文化了。只是由于近些年中国

---

① 李荣美：《溶入主流社会》，于以同基金会2001年版，第167页。

② 吴国政：《民族融合面面观》，见旅菲各校友会联合会编辑：《扎根·融合》，旅菲各校友会联合会2007年版，第6页。

③ 余翩：《揭开无根之痛》，见旅菲各校友会联合会编辑：《扎根·融合》，旅菲各校友会联合会2007年版，第28—30页。

④ 于长庚：《学府风光》再版序，见西洋：《学府风光》，于以同基金会2008年版，第1页。

的迅速崛起，才吸引他们回头北望那早已遗忘多时的故国故乡，并牵起一丝对中华文化的眷恋。如果不是中国的崛起提升了海外华人地位，如果不是中国改革开放后一些新移民的涌入，不但菲华报刊早已变得"办报有人，读报无人"①，菲华社会的整个中华传统文化可能已经变成了文化堆积层，深埋于厚厚的菲律宾文化之下了。

---

① 卜克：《勇于拼搏的商报》，见《我们携手走过95年》，于以同出版公司2014年版，第31页。

第六章 菲华报刊与菲华文学：
在共存共生中传播中华文化

华人在菲律宾生活已有一千多年的历史。早在 1521 年葡萄牙航海家费迪南德·麦哲伦（Fernão de Magalhães）来到菲律宾时，这里已经有中国人。1570 年，马尼拉地区已经有 150 名中国人。[①] 华人社会的形成与出现，大约在西班牙殖民统治后期，当时不但有了社团，有了中文报刊，还有了华侨学校。菲律宾最早的华人社团是"福建会馆"和"广东会馆"，最早的中文报纸是《华报》，最早的华侨学校是清朝驻菲律宾总领事陈纲创办的"小吕宋华侨中西学堂"。[②]

在菲华社会历史上，菲华报刊是菲华文学最重要的载体。早在 1928 年，随着中文报刊的不断出现，一些作者就在各家报刊的副刊"弄潮试水"。随后一些中国文化人如司马文森、杜埃、林林等的到来，给菲华文学带来了一股力量，司马文森的小说《南洋淘金记》就是其中的代表作；1940 年 3 月，杜埃奉派从香港来到菲律宾，参加《华侨导报》的工作，宣传抗日，后出版散文集《在吕宋平原》和长篇小说《风雨太平洋》；林林创作的《亚莱耶山》，发表后影响深远。

作为反映菲华社会面貌的菲华文学，与菲华社会是息息相关的，从某种意义上来说，菲华文学不仅仅是菲华社会的一面镜子，也是菲华社会的一部"断代史"。例如，各个时期的文学作品，无论是散文、诗歌、小说，都是某个特定历史时期的折射和反映。一部菲华文学史，也是一部菲律宾

---

① 赵振祥等：《菲律宾华文报史稿》，世界知识出版社 2006 年版，第 6 页。
② 王宏忠等：《菲律宾华文教育综合年鉴》，菲律宾华教中心 2008 年版。

华侨华人的历史。

此外，菲华文学与菲华报刊的关系也是相当密切的。菲华文学有一个特点，即大部分的作品都在各家报刊的文艺副刊发表，如果数量和质量达到一定的规模和水平，就结集出版。21世纪初，菲华文坛就掀起一股"出书热"，许多菲华老作家们把在四大华文报文学副刊上发表过的文学作品结集出版，当时被戏称为"文坛老旋风"①。这期间出版的文学作品集有张为舜的《椰窗闲笔》、蔡惠超的《菲岛风物志》、林炳辉的《马尼拉之恋》、林素玲的《阅读人间》、钟艺的《千岛履音》等。这些作品集的问世无不是菲华报刊培植的结果。可以说，菲华报刊是菲华文学的主要载体，没有菲华报刊，就没有菲华文学。当然，没有菲华文学和菲华作家群，菲华报刊的发展也会失去强有力的支撑。两者互为你我，相辅相成，为中华文化在菲华社会的传播做出贡献。

第一节　太平洋战争时期的"抗战文学"

20世纪初，受到中国"五四"运动和新文化运动影响，这一时期的菲华文学创作也渐趋活跃，菲华社会的中文报刊上经常出现一些反映菲律宾华侨社会和华侨生活的文学作品。一些爱好文学的青年也向国内杂志投稿，例如司马文森的短篇小说在《光明》杂志发表，邝榕肇的散文在林语堂主编的《宇宙风》发表，叶向晨的新诗在方治主编的《中国文艺》发表，施颖洲的诗论在巴金主编的《烽火》发表。② 1934年9月，由菲律宾天马文艺社创办的《天马》文艺月刊创刊发行。

1941年12月7日，日军偷袭美国珍珠港，太平洋战争爆发。1942年1月2日，日军占领马尼拉，全面发动对菲律宾的侵略战争。日据时期的菲律宾中文报刊被日寇查封，只好纷纷转入地下，当时的抗日组织如华侨

---

① 林鼎安：《留住一梦》，菲律宾华文作家协会2008年版，第79页。
② 王礼溥：《菲华文艺六十年》，光年印务公司1989年版，第22页。

抗日反奸大同盟、菲律宾华侨义勇军等，纷纷创办抗日报刊，宣传抗日，唤起民众对日本侵略者进行作战。这其中有很多文艺、文学刊物活跃于地下。1940年5月1日，由菲律宾华侨各劳工团体成立的"劳联会"为了扩大宣传，创办了《救国报》，由许立担任总编辑。该报为周刊，除了国际、中国国内、菲岛新闻版外，还有副刊《水门汀》《小齿轮》，来自国内的李少石、蔡沧溟、洪雪立、杜埃、梁上苑、罗理实、麦慕平在该报上发表作品，进行抗日宣传，对提高抗日士气发挥了重大的作用。华侨抗日反奸大同盟创办了地下报纸《华侨导报》，该报工作人员有李实、余志坚、洪建超、陈村生、欧阳平关、黄银今、王瑞琳等人；后来又从香港来了一批中国文化人补充进来，如梁上苑、杜埃、林林等人。他们投身到火热的抗日斗争中，主持《华侨导报》副刊《笔部队》并发表作品，鼓舞士气，树立抗战必胜的信心，为最后打败日本军国主义发挥了重要的作用。此外，由华侨抗日游击支队创办的《华侨之光》，于1944年在马尼拉创刊，得到"抗反"的大力支持，作为华侨抗日反奸的宣传阵地。著名作家林林创作的歌颂游击队的长篇诗作《亚莱耶山》发表后，在华侨社会产生了广泛的影响。在"抗反"的领导下，不久又创办了《侨商公报》，并成立了地下抗日组织"华侨商人抗日反奸同盟"。《侨商公报》由洪雪立、龚陶怡、陈竹林负责，龚陶怡任主编，进行抗日宣传。龚陶怡以"莫非"为笔名写了一篇纪实文章《雾岛风云》，揭露日寇占领宿务的罪恶行径。马尼拉光复前，《侨商公报》由"洪门"属下的进步党负责人许志猛接办。

另一方面，中国国民党驻菲总支部领导的菲律宾华侨义勇军、菲律宾战地民主血干团、菲律宾华侨青年战时特别工作总队、迫击三九九团，纷纷投入抗日斗争。其中菲律宾华侨义勇军组织出版了地下油印刊物《大汉魂》，血干团出版了《导火线》，战时特别工作总队出版了《前锋报》，迫击三九九团出版了《扫荡报》和《迫击半月刊》，其中以《大汉魂》影响较大。这些刊物经常发表作品，为宣传抗日做了大量的工作。

太平洋战争期间，菲律宾广大华侨同仇敌忾，纷纷投入抗日斗争，人不分左中右派，地不分南北西东，相互支援，大量出版地下抗日报刊，宣传抗日，为抗日战争的胜利做出了贡献，大批仁人志士甚至为此献出了宝贵的性命。抗日报刊除了刊登国际、中国国内和本地新闻外，一些作者还在报刊上发表抗日文章和作品，呈现繁花似锦的景象，这些作品被归类为菲华文学的"抗战文学"范畴。

第二节 二战后的"华侨文学"

1945 年 8 月 15 日本投降后，菲律宾地下华侨报刊纷纷转为公开发行。如《华侨导报》，由原来的油印改为铅印，发行量逐步增加，黄薇（黄南君）担任总编辑，业务逐步回升。但由于持续遭到菲律宾政府和国民党驻菲律宾支部的打压，于 1947 年 10 月停刊，一些公开露面的编辑人员如黄薇、龚陶怡等人，以及一批文艺工作者，只好离开菲律宾返回大陆或香港。①

二战后，中国国民党领导的《大汉魂》更名为《大华日报》，后与《中正日报》合并，出版《大中华日报》。战前的《华侨商报》《新闻日报》《公理报》也先后复刊，一共有四家中文报纸。中文报业呈现欣欣向荣的形势，这是菲律宾中文报业的繁荣时期。

与中国的报刊一样，这时期的菲华报刊几乎每家报纸都有文艺版，供作者发表作品，不但增加报纸的内容和可读性，也给文学爱好者提供了发表作品的园地。大部分作者创作的文学作品先在报纸的副刊发表，到了一定的数量，有所成就，然后结集出版文集。早期由于条件所限，能够出版文集的作者不多，因此流传下来的当时的文集数量极少，这是菲律宾文学界的特殊现象。

20 世纪五六十年代，菲律宾的中文报刊有《华侨商报》《新闻日报》《大中华日报》《公理报》，前两家立场中立，后两家是台湾国民党当局控

---

① 黄薇：《华侨导报的艰苦战斗历程》，见龚陶怡等编：《菲律宾华侨抗日斗争纪实》，中国国际广播出版社 1997 年版，第 231 页。

制的报纸。如同过去一样，各家报纸的副刊是作者发表文学作品的园地。由于战后台湾国民党势力主导菲华文艺界，当时在菲华文学占主导地位的报纸副刊也属于台系报刊，即《大中华日报》和《公理报》的副刊。这两家报纸副刊在培养文学新人、培育文化氛围方面也做出了相当大的贡献。1953年，在菲华"文联"的倡导下，举办了"青年文艺讲习班"。1961年3月19日，菲华"文联"重整旗鼓，举办"暑期文教讲习班"，如文艺讲习班、绘画讲习班、舞蹈讲习班、国术讲习班等，聘请台湾作家王蓝、余光中、覃子豪、谢冰莹、纪弦、蓉子、彭歌、穆中南、尹雪漫、司马中原等人来菲讲课，培养了一批文艺青年，菲华文学社如同雨后春笋般出现，使菲律宾华侨社会呈现一片崭新的气象。1969年8月，《大中华日报》副刊《长城》主办"小说创作奖"比赛；① 1970年11月，又举办"散文创作奖"比赛，② 成果颇丰。

从20世纪60年代开始，菲律宾侨社中的文艺社团纷纷涌现。这一时期比较活跃的文艺社有菲华文艺协会、耕园文艺社、新潮文艺社、辛垦文艺社、飞云文艺社、千岛诗社、飞灵社、萃文文艺社、新艺文艺社、梅花文艺社、寒梅文艺社、白雁文艺社、育青社、独雁文艺社、铁苗灵鹤社、青苗文艺社、微涛社、学群文艺社、征航文艺社等。

另一方面，与国民党的文艺报刊相竞争，《华侨商报》的副刊《新潮》和在星期天出版的《华侨周刊》成为左翼作者的文学重镇。许多左翼作家在上面发表诗歌、散文、小说，也发表时局评论和政论，洋洋洒洒，蔚为大观。这方面的作者有西洋、石原、白茵、夏华、余英、思奋、罄生、秋霞、白山、徐湜、涵韬、秋谷、伊凡、乔湘、石青、林任、乔南、庄沉、槃凤、方萌、丁华、白海伦、路格尔、曹备、江枫、田庄、清淡、浪丁、一山、晖华、慕正、菁峰、慕宜魄聘、林泉、东声、田夫、海华、冰怀、忠群等。这是菲华文学最为辉煌的时期。后来《华侨商报》结集出版了

① 王礼溥：《菲华文艺六十年》，光年印务公司1989年版，第80页。
② 王礼溥：《菲华文艺六十年》，光年印务公司1989年版，第82页。

《商报小说选》（共四集）、西洋的《学府风光》，翻译作品有叶建源的《贪婪统治》，瑟芬的《社会毒瘤》。①

第三节 "戒严"后的文学复苏

1972年9月21日，马科斯宣布戒严令（军事管制），查封了主流社会报刊和由华侨主办的中文报刊，形成万马齐喑的局面。由于报刊被查封，长期不能出版，因此菲律宾华文文学进入了长达十多年的"冬眠"时期。② 菲律宾实施戒严令长达14年。在严苛的军事管制之下，虽有零星菲华报刊通过曲折渠道获得出版，例如1974年《东方日报》出版，1983年《联合日报》出版，但都是谨小慎微战战兢兢，不敢设文学和言论园地，菲华作者们亦处于被迫封笔状态。直到1986年6月1日《世界日报》创刊，菲华文学获得新生。《世界日报》出版后，开辟文艺副刊，刊登菲华作者的作品，逐渐扩大影响。尤其是开辟"新潮"文艺版时，作者们个个摩拳擦掌，情绪高昂，跃跃欲试，发表自己的作品，呈现一派欣欣向荣的新形势。后来，《联合日报》也开辟"竹苑"文艺版，发表菲华作者的作品。《商报》（前身为《华侨商报》）复刊后也开设了文艺版，发表文艺作品，菲华文艺开始复苏。

除文学副刊外，一些言论性副刊也开始出现。《商报》创刊后，开辟了"大众论坛"，接受读者的投稿，就时事、国事、社会问题发表自己的看法。有的作者固定时间发表作品，形成自己的专栏，受到读者的欢迎。《世界日报》亦于1998年12月开设"世界广场"言论版，后来形成两大版：一版特约作者撰写专栏；一版接受读者投稿，刊登篇幅较长的文章。经过一个时期的经营，"世界广场"成为该报的一个亮点，并形成一支专栏作家队伍。

---

① 于长庚：《商报小说选》合订本序，于以同基金会2001年版。
② 赵振祥等：《菲律宾华文报史稿》，世界知识出版社2006年版，第6页。

这个时期，有些文艺社向报社借版，刊登自己精心编辑的作品。例如辛垦文艺社向《联合日报》借版，出版"采撷"专版；耕园文艺社也在《联合日报》出版"耕园"专版；椰风文艺社向《菲华日报》借版，出版"椰风"专版；新潮文艺社向《世界日报》借版，出版"新潮"专版。这是菲华文艺界与菲华报刊界独有的互动互助活动，双方合作，互相支持，扶持菲华文学，达到共存共生的目的。

自"戒严"结束、文艺复苏30多年来，因华文教育出现严重断层现象，青黄不接，在校学生逐年减少，成绩不理想，不但读者群逐渐萎缩，菲律宾本土华人作者更是难以为继。与历史上繁荣的菲华文学发展相比，目前的情况是作家群体人员寥落，一些作家华文水平不高，发表的作品数量也无法跟过去相比。

这一时期，菲华作家团体有灭有生。1996年5月3日"菲华作家协会"成立，吴新钿担任会长，蔡景龙、吴彦进、蔡沧江、吴梓瑜任副会长，施文志任秘书长，王勇、许东晓任副秘书长。[1] 第二任会长为江一涯，第三任会长为吴明澈。现任会长为吴梓瑜，副会长柯清淡、张为舜、许东晓、蔡明正、洪仁玉，秘书长王勇、陈佳奖、许秀枝。菲华作协会员多为活跃于菲华社会的作家。

菲华作协经常派团出席中国文艺界的活动，并且接待来自中国的作家代表团。菲华作协还出版《菲华文艺》，发表会员的作品，为推动菲华文学发展、传播中华文化做出了一定的贡献。菲华作协与"亚细安"（ASEAN，东盟）的华人作家协会保持密切联系，经常派团出席"亚细安"华文文艺营的活动。菲华作协迄今已经主办过3届亚细安文艺营。为了鼓励和培养年轻作者，在菲华作协荣誉会长尤扶西先生的赞助下，菲华作协举办了几届学生征文比赛和青少年征文比赛，鼓励写作，提携后进，取得了一定的成绩。

《世界日报》开设言论版"世界广场"后，各报的专栏作家日益众多。

---

① 《千岛薪传——菲律宾华文作家协会第三届就职特刊》，博览堂2003年版，第49页。

1999 年 11 月 11 日，菲华专栏作家协会成立，推举李荣美先生为会长，庄金耀先生为副会长，施文志、吴建省为秘书长，成员约有 20 多人。专栏作协定期开会，出版文集，出席社团活动，参加华社公益事业，在一个时期成为菲华文坛的一股新生力量。但最近几年，专栏作协活动较少，声音日渐沉寂，似乎处于停顿状态。

菲华文学创作虽然得到社会热心人士的帮助和鼓励，但是菲华文学的光彩大不如前：老一辈作家先后作古，读者不多，市场萎缩，人才青黄不接，后继乏人，菲华文坛的发展前景不容乐观。

第四节　菲华文学的未来发展

菲华文学发轫时期，因受到中国文学界的影响，双方关系密切，这个时期的华文文学可以说是中国文学的延伸，可以称之为华侨文学。作者的身份都是华侨，作品大都反映当地华侨的生活状况。这个时候，华侨在侨居地居住，属于"侨寓"的性质，有些作者向中国刊物投稿，把自己看作是旅居海外的中国人。

就菲律宾的情况来说，从华侨文学的出现到 1975 年华侨集体归化之前，这一时期中文学校称为华侨学校，教科书来自港台地区，中文报纸称为华侨报纸，而在报纸上发表的文学作品属于华侨文学的范畴。

中菲建交①前夕的 1973 年，马科斯政府修改宪法，允许华侨集体归化。另一方面，宣布中文报纸和华侨学校国有化，报社和学校的高级职员必须具有菲籍身份，这个措施标志着中文报纸、华侨学校的性质改变了，由原来的中文报纸转变为华文报纸，原来的华侨学校转变为华文学校。此前的华侨文学，也因为华侨身份的改变转为华文文学。华人成为菲律宾民族中的一个少数族裔，华文文学也成为菲律宾少数族裔的文学作品。

自从菲律宾新宪法生效后，华侨的身份转变了，由华侨转为华人，把

---

① 　中国与菲律宾于 1975 年 6 月 9 日建立大使级外交关系。

祖国称为祖籍国，作为菲律宾少数族裔的一员，华人作者发表的作品在性质上来说已经属于菲律宾少数族裔文学的范畴了。华侨文学与华文文学一字之差，但标志着华侨文学性质的根本改变。在菲律宾如此，在东南亚其他的地方也是这样，可以说，这是东南亚国家的普遍现象。

无论是过去的华侨文学还是现在的华文文学，都有一个共同的特征，即菲律宾华人作家大都是业余从事文学创作，没有一个专业作家。即使出书，也卖不出去，只能用作交流或送给文友和亲戚作为纪念。

在东南亚国家中，印尼和泰国的华人最多，据估计有 1000 余万；接下来是马来西亚，大约有 600 万；新加坡的华人近 400 万。菲律宾现有人口 1 亿余，华人约有 150 万—250 万。如果与其他东南亚国家比较，菲律宾的华人数目相对较少。

由于对华侨的仇视与出自其殖民统治需要，西班牙对菲律宾进行殖民统治时期，挑拨离间，煽动排华。1603 年至 1820 年间，西班牙殖民主义者对华侨进行过 6 次大屠杀，近十万人惨遭杀戮。[①] 美国统治时期，又限制中国人入境，因此菲律宾的华侨数量是东南亚国家中最少的。因为人数少，读者群窄，市场不大，所以出版的书籍卖不出去。写作不能养家糊口，作家靠写作无法维持生计，受到环境制约，因此没有人从事专业写作，这是菲律宾华侨华人的莫大遗憾。

从社会学角度来说，文学活动和社会活动关系密切。首先有了人的出现，才有社会，社会发展到了一定的阶段，出现了上层建筑，文学就是其中一个范畴。作为华侨文学和后来的少数族裔文学，华文文学具有自己的特色，也有其自身的局限性。

菲律宾最早的作家大都来自中国，后来华侨学校创办，并培养了一批又一批的华侨青年，他们中学毕业后，已经具有相当不错的中文水平，可以到侨校当教师，可以到中文报社当记者，也可以从事文学创作，即使不能养家糊口，但是可以从中获得无比的乐趣。

---

① 魏安国：《菲律宾的中国人（1850—1898）》，雅典耀大学出版社 2000 年版。

华文文学与华文学校息息相关，每当华文学校兴旺发达的时候，就能培养出高水平的学生，不但读者群壮大了，其中许多对文学感兴趣的年轻人，开始在文坛"舞文弄墨"，经过一段时间的锻炼，他们就成为菲华文坛的中坚力量，为菲华文学的发展做出自己的贡献。

自从 1973 年华侨学校被菲政府国有化后，教学时间减少，课程也删减了，导致华文教育水平一落千丈。[①] 现在的情况是，很多学生在华文学校读了十二年书，毕业后却连一张华文报纸也看不来，这样的学生还能从事文学创作吗？由于华文学校水平下降，菲华作家后继无人，读者群也大幅减少。为了拯救华文教育，菲华社会花费不少心力，投入大量资金，以补偿各校的华生流失。中国国侨办和汉办也派出志愿教师，到菲律宾全国各地华校进行辅导和教学，然而成效有限。

华文文学一开始出现后，就与华文报刊结下不解之缘。作者通常是在报刊发表他们的作品，有了一定程度的积累后才结集出版成书。从这个意义上来说，华文报刊是华文文学的载体，没有华文报刊，华文文学的出现和发展就是一个问题。到目前为止，大多数的菲华作家还是把报刊作为他们发表作品的主要园地，把报刊作为中介，依靠报刊的传播力量，使他们的作品传播到广大的华人读者群中，这已经成为菲华作家发表作品的不二法门。可以说，如果没有华文报刊给予方便和提携，菲华文学难以有历史上的发展规模。

由于血缘和文化上的关系，同文同种，同属中华儿女，即使到了目前的华文文学阶段，菲华作家与祖籍国的关系还是非常密切。作为文学交流，他们经常应邀到中国出席活动，经常参加由中国举办的华文文学研讨会和有关活动。有的作家还参加中国的征文比赛，获得奖项，例如柯清淡先生的散文作品《五月花节》就曾经获得过相关奖项。

为了推动中菲文化交流，推动菲华社会的文学创作，菲华社会一些社

---

① 黄端铭：《华校学生减少问题初探》，见《菲律宾文化教育综合年鉴》编辑部编：《菲律宾文化教育综合年鉴（2005—2014）》，菲律宾华教中心出版部 2015 年版，第 64 页。

团和报社经常约请中国国内的一些作家和文学评论家来菲开设讲座。1983
年 11 月，中国著名菲律宾归侨作家白刃至菲探亲，接受《世界日报》记
者专访，报社请他举行了一次文学讲座。2006 年 1 月，白刃先生再次至
菲探亲，在一次聚会上与菲华文艺界人士见面座谈。此外像刘再复等知名
学者，也曾至菲开设过讲座。菲律宾华文作家及其组织，经常邀请和接待
来自中国的作家访问团，为他们的访问活动提供方便，使客人们大有宾至
如归之感，为他们的成功访问做出了自己的贡献。1993 年至 2011 年，菲
华作家为了表达对中国作家中那些德高望重的大师们的尊敬，曾经以"亚
洲华文作家文艺基金会"的名义组团到北京、台北、香港等地，向巴金、
冰心、曹禺、施蛰存、艾青、萧乾、季羡林、王蒙、饶宗颐、林海音、苏
雪林、余光中、司马中原、钟鼎文、蓉子等 26 人致敬并致敬慰金。[①] 在
菲华文学和中国文学的交流过程中，一些菲华作家穿梭于中菲之间，发挥
了重要作用。例如菲华作家林炳辉（林鼎安），他是"菲中两国文化交流
的桥梁，菲泉两地文化交流'站长'，菲中文化交流的推动者和组织者。
他首先是促进两地作家联合出书——《相望》，协助菲作者在大陆印书，
帮菲社团出版刊物画册，为菲知名人士写传记，交换两地作家作品在异国
刊出，协助菲作家在泉展出书籍和参加'笔会'，又牵线搭桥使泉州作家
来菲参观、访问、参加庆典。因此被誉为'菲中民间文化大使'"[②]。从
这些活动可以看出，海外华文作家与祖籍国的脐带是难以割断的，海外华
文作家与祖籍国作家之间的兄弟情谊也不是任何政治力量可以隔绝的。

　　人们经常说：文学作品是人的精神食粮。这句话是正确的，菲华文学
是菲华读者的精神食粮，没有这些东西，即使物质如何丰富，也是不健全
的。对菲华文学，菲华读者情有独钟，因为这些作品反映了他们的遭遇，
反映了他们的欢乐与痛苦。感同身受，抓到痒处，这是其他地方的作品无
法做到的。

---

　　① 《亚洲华文作家文艺基金会敬老纪念刊》2011 年 11 月 8 日。
　　② 一民：《留住一梦伴日月》，见林鼎安：《留住一梦》序，菲律宾华文作家协会 2008 年版，
第 3 页。

唐太宗说："夫以铜为镜，可以正衣冠；以史为镜，可以知兴衰；以人为镜，可以知得失。"（《旧唐书·魏征传》）文学作品亦是菲华社会的一面镜子。通过这面镜子，我们可以明白一百多年来菲华社会的经历和遭遇，可以了解不同时期菲律宾华人的状况，就这点来说，菲华文学作品是菲华社会一部简缩的历史教科书。从文献角度来说，菲华文学也是菲华史料中珍贵的一部分，是研究菲华社会和历史不可缺少的资料。

不仅如此，菲华文学在传播中华文化方面居功至伟。文学是一个国家、一个民族和社会的价值观、道德观的最丰富的载体之一，而当文学与报刊这一新闻媒体结缘，则成为最具传播力的载体之一。历史上，菲华报刊最繁荣的时期，也是菲华文学最活跃的时期，与此同时，也是中华文化在菲华社会传播最富成效的时期。近些年由于菲律宾华文教育没有起色，成绩不理想，没有新的本土生力军补充，菲律宾本土华人作家出现严重的断层现象。现在从事文学创作的大都是来自中国大陆和香港的人士，菲律宾本土作家少之又少，菲华文学的前景令人担忧。历史上的菲华文学与菲华教育、菲华报刊的发展互为前提和条件，俱荣俱损，要重振菲华文学，使之在"一带一路"中继续扮演文化传播的生力军角色，需要做全方位的努力。

第七章 菲华报刊的非商业广告与中华文化传播
——以《世界日报》为例

如果我们把广告放在历史视域中，纵观广告的历史发展，由古至今，它的基本构成要素如广告主、广告受众、广告内容、广告表现形式等，都烙印着社会文化生活的时代痕印。广告不但是一种文化，而且是一种更具时代符号、更易为人所感知和接受的文化。

第一节 广告文化与菲律宾《世界日报》概说

一、广告文化概说

西方社会认为广告的发展是由拉丁文"adventure"（吸引人注意）到"advertise"（通知别人某事），最终在17世纪时成为初具现代意义的广告，即"advertising"（广而告之）。随着人类生产生活的发展，广告的概念内涵也在不断地丰富和更新，对于广告也存在多种定义。"美国现代广告之父"阿尔伯特·拉斯克（Albert Lasker）1897年指出，广告是印刷形态的推销手段。1948年，美国营销协会的定义委员会形成了一个受到比较广泛的认可的广告定义：广告是由可确认的广告主，对其观念、商品或服务所做之任何方式付款的非人员性的陈述与推广。美国广告主协会对广告的定义是：广告是付费的大众传播，其最终目的为传递情报，改变人们对广告商品之态度，诱发其行动而使广告主得到利益。现代广告是基于大众传播理论、从广义广告的角度进行概括的，指一种由广告主付出某种代价的，通过传播媒介将经过科学提炼和艺术加工的特定信息传达给目标受众，以达到改变或强化人们观念和行为的目的的、公开的、非面对面的信息传播活动。①

广告文化并不是"广告"与"文化"的简单叠加，广告文化是现代文明的产物，属于现代社会文化现象中的一种，在传播形式上是大众文化。它对人们的消费观念和方式有支配作用，也对人们的社会生活产生影响。它是从文化的角度去反观广告，探讨广告事业发展的规律。② 可以说，现代社会的各个方面都不同程度地体现了广告文化的气息。李建立认为，应从纵向（历史性）和横向（共时性）两个维度去理解广告文化。纵向包括广告文化史、现代广告文化和广告文化的发展趋势三个方面，这三个方面构成了广告文化的过去、现在和将来。横向（共时性）分为表征和内涵两个方面，表征包括广告形态、广告文化现象和广告文化控制与管理；内涵分为广告人类文化、广告时代文化、广告地域文化（民族文化）和广告心理文化四个层面。③

广告文化是相对独立的文化形态，它有自己的特点。王春泉在《广告文化论》中将广告文化的特点归纳如下：第一，广告文化具有社会性。广告是大众传播一种方式，它的传播范围和对象非常广泛，在寻找它的目标市场时不受地域、国家、种族的限制，因此说广告是一种社会性行为。第二，广告文化具有实用性。追求实际效果是广告的一个特质，因此说它具有实用性，同时广告文化是与社会政治、经济、文化的发展同步的，它用自己的方式体现广告的社会价值并影响广告的进步。第三，广告文化具有结构性。广告文化是一个内容丰富的复合体，它是由内隐的深层结构和外显的表层结构组成的整体文化结构图式。广告文化的深层次结构即构成广告文化的意识形态总和，表层结构即构成广告文化要素的各部分组成。④

① 陈培爱：《现代广告学概论》，首都经济贸易大学出版社 2004 年版，第 75 页。
② 李建立：《广告文化学》，北京广播学院出版社 1998 年版，第 23 页。
③ 李建立：《广告文化学》，北京广播学院出版社 1998 年版，第 34 页。
④ 王春泉：《广告文化论》，西安出版社 1998 年版，第 28 页。

葛在波、陈培爱在《论广告学的文化研究路径》一文中将广告学的研究归纳为两种，即功能主义（实证主义）研究和文化研究。其中，广告学的文化研究关注广告（行动者）与社会环境（结构）之间的互动及产生的各种复杂的影响和后果。[①]

海外华文报刊的广告是多层面、多角度的话题，其最根本的支点是建立在华人的社会文化环境、价值观和消费习性之上的。华文报刊广告的最大特点，在于它不仅在语言的表层结构上坚持中华文化的传统表述，而且在深层结构上渗透着中华文化的精髓、思想本质和人生哲学，巧妙地蕴含和诠释了中国人独有的精神理念与智慧天聪。[②] 广告传播本身不仅是一种信息传播，更重要的是负载着各种文化信息，并渗入不同的社会文化领域的文化传播。其创作和传播过程就是一个社会文化价值观念不断被传播、被强化、被接受的社会教化的过程，也是受众共享社会文化资源的过程。

不同的广告反映着社会文化不同的方面。本章的研究对象为非商业广告，其文化内涵体现的是道德文化、观念意识、价值取向、社会风尚、礼仪形式、社交方式等，它反映和传播的是特定的民俗文化。

文化在传播中增值。一种文化在传播中增值的幅度，同文化母体的价值秉持密切相关，如果文化母体本身是一种紧密的、具有强大传承力的文化，它的文化张力就是无限的。中华文化就是这样一种有着悠久历史和强大传承力的文化。文化接受环境也很重要，一个组织完备、具备完善反馈系统的社会环境，对文化的传播与接受至关重要。而菲华社会就是这样一个相对完备的社区组织。对菲华社会的非商业广告传播状况的个案解剖，可以管窥中华传统文化在海外的传播情况。

二、菲律宾《世界日报》概说

菲律宾总人口有 1 亿余，华人约 150 万—200 万，80％以上华人为福

---

① 葛在波、陈培爱：《论广告学的文化研究路径》，《文化研究》2015 年第 3 期。
② 王汀：《华文广告语点评》，广东人民出版社 2000 年版，第 95 页。

建籍，其余以广东籍和台湾籍为多，大部分居住在菲律宾首都马尼拉。①
菲律宾华人华侨的乡土意识、经营意识浓厚，多年的发展已经使他们成为
占有菲律宾一半以上财产的富有族群。经济地位的提高也使菲律宾华人逐
渐拓展自己的话语权。他们广泛参与办报活动，菲律宾华文报纸之一《世
界日报》即在这一背景下应运而生，并日渐发展成为当地最有影响力的华
文大报。

《世界日报》是一家广告收入丰厚的报纸。《世界日报》的广告极具特
色，其中非商业性广告内容多元、覆盖面广、客户群庞大，并拥有较为广
泛的读者群。特别是在20世纪90年代后，大量新移民涌入菲律宾，广告
量激增，该报广告版最多一期达到过300多版。②

"作为大众传播和大众文化的重要组成部分，广告同时具备商业功能
和文化负载功能。"③哈罗德·拉斯韦尔（Harold Lasswell）曾在《社会传
播的结构与功能》一书中，将传播的社会功能概括为三个方面，即守望环
境、协调社会各部分以回应环境、使社会遗产代代相传。④而广告作为大
众传播的重要形式，同样具备这些社会功能。社会遗产传承功能包含着文
化负载功能，特定时代的广告内容与形式本身就代表着这一时代的社会文
化，甚至可以从中窥探人们精神生活层面的东西。从某种意义上来说，广
告的传播是最显性的文化传播，一则几十个字的结婚启事或讣告，可以浓
缩丰富的中国传统文化和生活气息，其特殊的文本传播形式，本身就承载
着悠久的文化传统。本章即以《世界日报》非商业广告为研究对象，分析
其内容、形式、传播特征与社会功能，以管窥中华传统文化在菲律宾华人
社会的传播情况。

①　李仕生：《菲律宾华文报纸论析》，《东南亚纵横》2010年第10期。
②　笔者访谈《世界日报》总主笔侯培水先生资料。
③　孙会：《〈大公报〉广告与近代社会（1902—1936年）》，博士学位论文，河北师范大学，
2007年。
④　［美］哈罗德·拉斯韦尔：《社会传播的结构与功能》，何道宽译，中国传媒大学出版社
2013年版，第37页。

第二节 菲律宾《世界日报》广告版的构成

笔者选取 1981—2011 年中奇数年的菲律宾《世界日报》广告版作为研究对象，时间涵盖《世界日报》的创刊、发展、兴盛三阶段。在抽样方法上使用构造周抽样法，即在总体中从不同的星期里随机抽取星期一至星期日的样本，并把这些样本构成一个构造周。① 笔者从 1981—2011 年的《世界日报》中抽取奇数年的报纸，共 16 年，112 份样本。在此基础上进行二级抽样。每年有 52 个星期，因 52 不能被 7 除尽，为研究方便，笔者将前四个星期分给星期日，即在每年的前 1—4 个星期中随机抽取星期日的样本，在随后的每 8 个星期中随机依次抽取星期一至星期六的样本，从而得到一个完整的构造周的样本。在此基础上进行三级抽样。采取等距抽样法，从 112 份样本的 4620 则广告中，根据抽样距离 5，依次抽取 924 则广告作为研究样本。抽样数据如下：

表 1　研究样本数量分布情况

	星期一	星期二	星期三	星期四	星期五	星期六	星期日	合计
1981	27	7	11	11	17	27	48	148
1983	15	5	17	12	31	13	8	101
1985	18	82	26	19	27	21	55	248
1987	94	19	21	40	46	60	36	316
1989	29	35	30	31	66	31	84	306
1991	35	41	29	59	107	49	158	478
1993	44	53	20	63	43	66	182	471
1995	30	32	35	27	55	24	45	248
1997	17	19	28	28	41	64	23	220
1999	24	21	26	14	17	9	9	120

① 任学宾：《信息传播中内容分析的三种抽样方法》，《图书情报知识》1999 年第 3 期。

续表

2001	7	18	28	22	13	38	9	135
2003	7	29	11	20	28	15	22	132
2005	21	31	17	24	22	43	151	309
2007	18	21	18	31	59	295	104	546
2009	20	24	18	20	47	102	19	250
2011	18	19	17	80	109	312	37	592
合计	424	456	352	501	728	1169	990	4620

表 2　研究样本内容分布情况

广告类型	数量	比例
志庆	398	43%
讣告	251	27%
婚庆	198	22%
其他启示	77	8%
合计	924	100%

表 3　研究样本日期分布情况

	星期一	星期二	星期三	星期四	星期五	星期六	星期日
1981 年	5 月 4 日	8 月 18 日	4 月 15 日	9 月 10 日	10 月 6 日	11 月 7 日	12 月 13 日
1983 年	1 月 10 日	2 月 8 日	3 月 16 日	5 月 12 日	6 月 24 日	8 月 20 日	11 月 27 日
1985 年	8 月 5 日	9 月 24 日	10 月 16 日	8 月 15 日	9 月 13 日	10 月 26 日	11 月 24 日
1987 年	6 月 8 日	6 月 23 日	7 月 3 日	4 月 9 日	5 月 8 日	5 月 23 日	4 月 5 日
1989 年	11 月 20 日	12 月 19 日	12 月 27 日	2 月 7 日	9 月 8 日	12 月 23 日	9 月 10 日
1991 年	4 月 22 日	2 月 19 日	3 月 6 日	5 月 9 日	3 月 1 日	5 月 4 日	2 月 24 日
1993 年	3 月 8 日	5 月 25 日	12 月 23 日	5 月 20 日	12 月 18 日	3 月 13 日	5 月 23 日
1995 年	9 月 18 日	5 月 23 日	9 月 27 日	1 月 12 日	3 月 24 日	6 月 17 日	5 月 28 日
1997 年	3 月 3 日	4 月 22 日	6 月 18 日	8 月 21 日	10 月 24 日	11 月 8 日	12 月 28 日
1999 年	1 月 11 日	2 月 9 日	4 月 7 日	6 月 17 日	7 月 16 日	9 月 25 日	10 月 10 日
2001 年	1 月 15 日	2 月 13 日	3 月 21 日	5 月 17 日	6 月 22 日	11 月 17 日	8 月 19 日
2003 年	1 月 27 日	2 月 4 日	1 月 15 日	12 月 14 日	4 月 11 日	1 月 18 日	2 月 9 日

续表

2005 年	1 月 10 日	1 月 18 日	8 月 17 日	6 月 16 日	8 月 12 日	1 月 8 日	6 月 18 日
2007 年	11 月 6 日	12 月 25 日	9 月 19 日	4 月 12 日	6 月 15 日	8 月 18 日	10 月 28 日
2009 年	8 月 17 日	4 月 7 日	6 月 17 日	8 月 20 日	6 月 19 日	10 月 24 日	12 月 27 日
2011 年	5 月 16 日	10 月 11 日	5 月 11 日	11 月 24 日	5 月 13 日	10 月 15 日	11 月 27 日

根据研究的实际需要，笔者将编码类目建构如下：广告种类、广告目的、广告语言、广告字体、广告排版、广告字数、广告主类型、版面大小、广告图片、广告色彩、词源分析、文化习惯、文化内容。具体见下表：

表 4 编码类目、记录标准及操作化定义

编码类目	记录标准	操作化定义
广告种类	志庆类	包括升学、升职、重大活动、贺寿及各类恭贺帖。
	讣告类	包括讣告帖、治丧帖、公启帖。
	婚庆类	包括订婚启事、结婚启事及恭贺喜事帖。
	其他启事类	包括宗亲会、同乡会、任命就职、谢启、致歉启、校友会等社团通知信息。
广告目的	告知	广告主旨在于通知参与某些活动、告知某些事务。
	寄托哀思	广告主旨在于表达对已逝亲友的哀悼。
	恭贺	广告主旨在于表达节日庆贺，婚礼祝福，升学升职、乔迁开业等的祝贺。
	习俗	广告主旨在于发扬中国传统习俗。
	致歉致谢	广告主旨在于因某事而道歉或道谢。
	其他	除以上广告主旨外的其他目的。
广告语言	中文	广告文本所使用的语言。
	中英混合	
广告字体	简体	广告文本所使用的字体。
	繁体	
广告排版	横排	广告文本的排版方式。
	竖排	
广告图片	有	广告中是否使用图片或照片。
	无	

续表

广告色彩	黑白	黑白两种颜色。
	套红	红色。
	彩色	两种以上的颜色。
广告字数	0—30 字	广告文本的字数。
	30—50 字	
	50—100 字	
	100 字以上	
版面大小	整版	广告在报纸版面中的占比。
	1/2 版	
	1/4 版	
	其他	
词源分析	成语	标题或正文中使用成语。
	文言文	标题或正文中使用文言文。
	其他	标题或正文中使用其他词源。
广告主类型	个人	广告主的属性。
	企业	
	社团组织	
文化习惯	生活方式	广告中出现节日活动、仪式等。
	宗教信仰	广告中体现宗教信仰，如天主教、佛教等。
	民族习俗	广告中出现传统婚丧嫁娶习俗，如婚礼、葬礼等。
	教育	广告中出现升学、教育等关键字。
	文学艺术	广告主要表达在文学艺术方面取得成绩。
	其他	除上述类目外的其他文化习惯。
中华传统文化	和谐	广告内容体现和平、与他国交往和谐。
	仁爱	广告中体现对弱势群体的关怀和帮助。
	家庭	广告中突出家庭成员和家庭生活。
	尊老	广告中体现对老人的尊重，如贺寿等。
	集体	广告强调集体主义，如社团活动等。
	礼仪	广告用来表达谢意、歉意等。
	爱国	广告强调个人与祖籍国的关系。

按照研究类目对所得样本进行统计分析，数据与结论如下：

一、广告种类

广告收入是报纸的重要经济来源，在《世界日报》上可经常看到"本报广告，效力宏大"这样的宣传标语。《世界日报》广告版最突出的特点就是非商业广告数量多。笔者依据广告内容特点将《世界日报》的非商业广告分为四种类型：志庆广告、讣告广告、婚庆广告、其他启事。在所有广告中志庆类广告所占比例最高（43％），其次是讣告广告（27％），第三是婚庆广告（21％），其他启事广告占比8％（图1）。四类广告的特点如下：

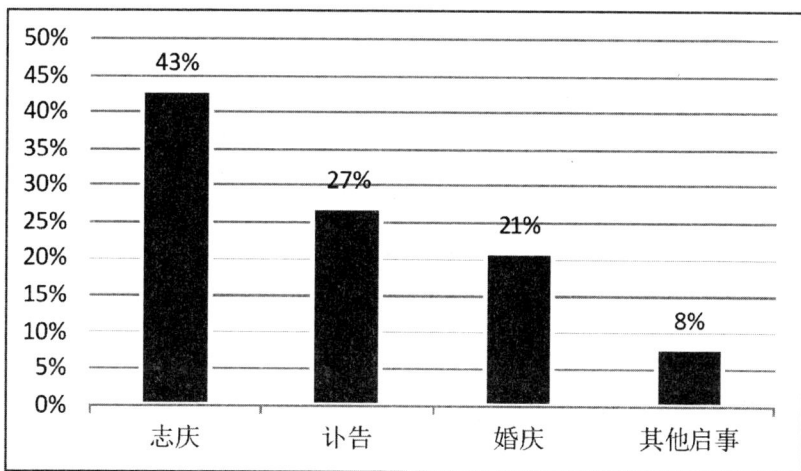

图1 《世界日报》所刊各类非商业广告占比

第一类志庆广告，主要表达恭贺之意，内容上大概分为五类，即升学、升职、贺寿、重大节日或重大事件。志庆广告涵盖内容广泛，有的是为了庆祝某社团、新店成立或举办某项活动而刊登，有的是为了恭贺某人就职或取得学位而刊登，还有为祝寿而刊登。另有少部分志庆广告是对菲华社会发生的重大事件如节日庆典、国事访问、学术交流的祝贺等。

从内容上看，志庆类广告一般包含恭贺对象、时间、地点、4—6 字贺词以及署名。各类志庆广告占据着《世界日报》广告版的大部分版面，遇有重大事件，甚至出现 30 多个版面、多个单位和个人同贺一事的广告。志庆广告的设计也比较简单划一，一般用红色粗线条作框，使用中国传统中具有喜庆意义的红色系文字，以示庆贺。正文通常是一句 4—6 字的习惯性祝贺用语，比如"实至名归""声震寰球"等。升学、升职类志庆同时配有恭贺对象的图片。在志庆类广告中，不同的广告除了志庆对象和主体部分的 4—6 字成语不同，其他内容、形式基本一致，下面以两则志庆广告为例：

热烈祝贺涯山诺家族，施维琛先生，宿务圣加洛示大学：

荣获人文学博士

LOUIE & IVY WEE 贺

李志强李龙祥先生荣获菲律宾陇西李氏宗亲总会宿务分会第七十二、七十三届理事长财政主任志庆：

深得人庆

黄振甫赖汉华同贺

重大事件志庆广告是对在菲华社会中产生较大影响或本身比较重要的事件的广告。如访问活动类志庆广告，类似于欢迎广告，即其他国家的来宾至菲考查，相关负责单位在报纸上刊登贺词、署上恭贺对象的广告。以厦门大学原校长朱崇实一行访问菲律宾并举办《菲律宾华文报史稿》首发式为例，多个菲华团体及菲华知名人士发布广告以示欢迎：

厦大校长朱崇实一行莅菲访问祝贺《菲律宾华文报史稿》举行首发式：

促进友谊

吴永元、郑天津、施天津等人致意

世界日报社为菲律宾华文报史稿发行志庆：

洛阳纸贵

高武阳、庄前进等人共贺

世界日报社为菲律宾华文报史稿发行志庆：

弘扬文化

菲律宾各宗亲会联合会贺

世界日报社为菲律宾华文报史稿发行志庆：

弘扬中国文化

李荣郇贺

志庆广告在形式上常采用留白的表现形式。合理运用空白，使广告文字变少，能突出空间感，将读者的注意力吸引到广告主体上。这种留白很像中国水墨画中的留白技巧，自然得体的留白处理和谐而富有意境，能够获得更好的广告效果。另外，志庆广告通常用于表达广告主对别人遇到喜事的祝福，所以编辑往往将志庆广告做得比较醒目，来帮助广告主表达诚意。

第二类讣告广告。讣告又称"讣闻"或"讣文"，是向逝者的亲友报丧的通知，文中可附逝者的生平事略。美国作家玛里琳·约翰逊（Marilyn Johnson）在其著作《先上讣告后上天堂》中，将讣告定义为"身故告示"，认为讣告作为一种小型文字广告，可能配有亡者照片，一般由亡者家属出钱，殡葬业者代笔。[①] 菲华报刊的讣告一般分三类：一是告知类，即向亲朋好友告知家中有人逝世的消息；二是感谢类，即逝者家属对送殡者表达谢意的公启；三是治丧类，亲朋好友得知亲友逝世的消息后在报纸上刊登的表示哀悼的治丧启事。讣告出现频率很高（27%），色调

---

① ［美］玛里琳·约翰逊：《先上讣告后上天堂》，李克勤译，新星出版社 2011 年版，第 11 页。

与文字处理方式与中国国内相仿，一般篇幅不大，所用文字均为黑色，以表达对死者的悼念和尊重。以一则《世界日报》所刊的讣告为例：

> 显妣七代大母张府欧阳太夫人讳秀德（晋江山头乡）恸于2005 年 10 月 21 日凌晨 3 时 15 分（岁次乙酉 9 月 19 日寅时）寿终于 SAN JUAN DE DIOS 医院，距生于 1916 年丙辰 12 月 27 日吉时，享寿积闰九十有三高龄，不孝长男赞成，次男压玛洛，次媳王淑美，三男承家，三媳蔡绵绵，不孝长女惠珠，长婿蔡孝挨，次女惠珍，次婿杨志杰，三女惠端，三婿王天祥，四女惠玲，四婿陈德辉，五女惠环，五婿杨志敏，洎内外男女孙曾孙玄孙等随侍在侧，亲视含殓，即日尊礼成服，现停枢于巴西黎刹殡仪馆，择订 10 月 25 日（星期二）上午 9 时出殡安葬于岷里拉纪念墓园。哀此讣。
>
> 故侨商张道卿德配 张府欧阳太夫人讳秀德家属　泣启
>
> 2005 年 10 月 22 日

从内容上看，整个讣告内容包括亡者的生平、死因、出生地、出生时间（同时注明农历和公历）、死亡时间（同时注明农历和公历）、年龄、家人情况、追悼会时间和地点、落款及发表时间。特别值得一提的是，《世界日报》刊登的讣告，左上角会有一个大大的"闻"字。根据闽南地区的习俗，讣告的这个"闻"字加红色，代表了逝者家庭是五代同堂；而根据北方习俗，90 岁以上老人去世当为喜丧，是值得广而告之之事。中国南北方习俗虽不同，做法意义相通，菲华社会的讣告也传承了这一特点。

从形式上看，讣告全部为繁体字竖排版，并用粗体的黑框线分隔。讣告文字从右起笔向左展开，正文后为竖排版落款，日期在左上角。大部分讣告所占版面不大，鲜有整个版面都是讣告的情况，也鲜有一个版面集中刊登讣告的情况。毕竟讣告不是好消息，编辑考虑到讣告内容过度集中，可能会令读者心情压抑而影响阅报行为，故如此布置。

第三类婚庆广告，包含四种内容，即订婚、结婚恭贺、纪念日恭贺，主要以举办喜事方通知喜讯为主，少部分为亲朋好友表达恭贺之意的贺帖。婚庆启事使用红色字体，表达中国传统的喜庆之意。如以下三则婚庆广告，前两则为请柬，第三则为贺词：

　　小儿李天平、小女黄婉莹经相当时期之友谊，认为情投意合，愿结为终身伴侣，并征得双方家长之同意，谨定于国历2006年7月8日，农历岁次丙戌年六月·十三日星期六上午十时举行订婚典礼

　　　　　　　　　　　　　　　　　　　　　　　　仝启

　　国历2006年7月9日农历丙戌年6月14日，下午1时为幼男健发、长孙女玉婷假座岷里拉加智叻大教堂举行结婚典礼，届时恭请。

　　陈振华先生、陈林婷婷学者，贤伉俪令郎与启君结婚志喜：
　　　　　　　　　　　佳偶天成
　　　　　　　　　　　　　　　李秀珍、高锦心仝贺

　　从内容上看，结婚启事和订婚启事上都包括结婚双方的姓名、典礼举办的时间和地点，特别还要注明双方父母同意的字样，以诠释"父母之命，媒妁之言"这一中华传统婚俗。亲朋好友同样也通过这种方式向新人表达祝福。从形式上看，婚庆启事外观为红色圆角双线长方形，空白处布满"囍"字，相隔4—5个"囍"字会出现一个"缘"字。启事上方标有一个红色实底心形的"囍"字，有时也出现龙凤呈祥的配图。而恭贺帖的排版与志庆相似，最上面有"囍"字，右起为致贺对象的名字及致贺事由，左边落款，正文部分只写4—6个大字，比如"佳偶天成""天作之合"之类的成语，但不写日期。

　　第四类为其他启事，这类启示的功能在于告知，总结起来大概包括以下几种类型：进香启事、欢度传统节日启事、庆典通告、就职典礼通告、休业/开业启事、鸣谢启事、悔过启事、致歉启事、警告启事等，这些启事主要用来告知消息，发布消息的广告主主要是各宗亲会、同乡会、校友

会等社团。这些社团利用启事通知社员一些事项，或宣告人员任命就职情况。其中，谢启或致歉启事详细罗列事情的来龙去脉，通常用来表达广告主对他人或团体的感谢或道歉；开业启事顾名思义就是企业等组织为开张而发的启事；休业启事一般是指因商铺创办人离世，经营者为表怀念之情而告知商铺暂时休业的启事。

在信息传递技术不发达的中国传统社会中，启事成为官府向民众公布政令、上情下达的重要载体。而在各种通讯手段和信息渠道都相当发达的今天，菲律宾华文报刊却依然保持着发布启事的传统，让我们得以窥见这一中华传统文化的传承。举一则《世界日报》的告示为例：

菲律宾陇西李氏宗亲总会宿务分会举行第七十二连七十三届
理事会职员就职典礼

精诚团结
菲律宾陇西李氏宗亲总会 黎牙宝厝分会

从内容上看，《世界日报》所刊登的这则告示除了写明宗亲会举办的时间地点、举办人外，还特留四分之一的版面详细地列出所有与会人员名单，并告知宗亲会具体议程（聚会人员名单与议程篇幅较大，此处不引）。在形式上，其他启事与前三类广告类似，只是所刊载的内容有所不同。另外，社团通告和活动通告略显特别，这两类通告类似于会议手册，所述活动内容非常详尽，意在表明这些活动的公开性质和宗亲会本身的开放性质。

二、广告目的

《世界日报》所刊非商业广告以感性诉求为主，其目的主要包括五类：一是告知（14%），这类广告以志庆、各类启事、通知为主，包括一些宗教祭祀活动的通知，如"财神爷圣寿大典""清水祖师公圣诞千秋""关圣夫子圣诞千秋"等传统信仰习俗启事，这是中国传统宗教习俗流布于菲华社会、信仰相随的体现；二是寄托哀思（24%），主要是讣告和治丧广告；

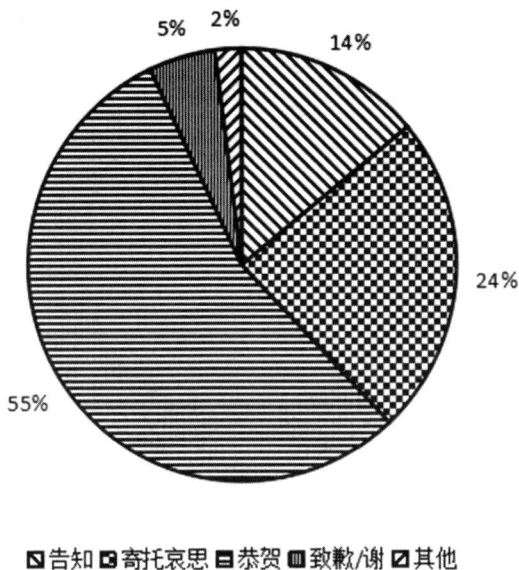

图 2 《世界日报》所刊非商业广告各类目的占比

三是恭贺（55％），主要以庆贺为主，如庆贺各类典礼、婚礼祝福、贺寿等，这类广告多属于菲华社交圈内人们之间互相祝贺的广告，体现的是中华传统文化中礼尚往来的习俗，是非商业广告的主要内容；四是致歉/谢（5％），包括除讣告致谢以外的表达感谢或歉意的启事；五是其他（2％），主要指除以上广告目的外的其他广告目的，例如"热烈庆祝反法西斯胜利70 年""纪念周恩来总理逝世 20 周年"等传递祖籍国信息的广告。

三、广告语言

《世界日报》所刊非商业广告在语言方面的使用以中文为主，完全使用中文的广告达到 90％，中英混合的仅占 10％，没有单独使用英文的情形（见图 3）。除中文、英文外，非商业广告没有使用过第三种语言。菲华报刊的受众群体主要为华人华侨，且以中老年华人华侨居多，中文作为他们的母语，用中文刊登广告，在便于他们阅读的同时，也让他们感到亲

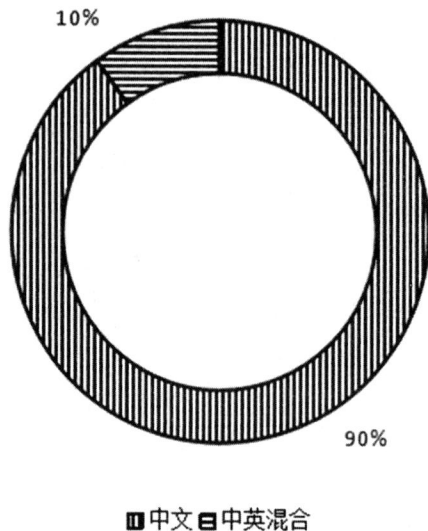

10%

90%

▣ 中文 🗖 中英混合

图 3　《世界日报》所刊非商业广告语言中英文占比

切和共鸣，中文是承载他们情感的重要的语言符号，通过这一符号介质，使他们与中华传统文化紧密联系在一起。

四、广告字体

　　菲律宾华文报刊所用中文仍旧全部为繁体字。这主要是基于文化的"惯性"：从近代菲华报刊创刊至台湾当局主导菲华社会的 70 多年间，中文繁体一直是华文报刊的通用字体，至今没有改变。在中国大陆改用简体字后，菲华社会仍然承续着原有的"文化惯性"。在今天看来，菲华报纸上以繁体字刊发的婚礼启事、社团广告、丧礼讣告，本身就具有浓厚的传统文化的意涵。

五、广告排版

《世界日报》所刊非商业广告中，竖排版的广告形式比例最高（61%），婚礼启事、讣告、志庆最常用这种形式；横排版（21%）和混合排版（18%）形式常见于其他启事中。

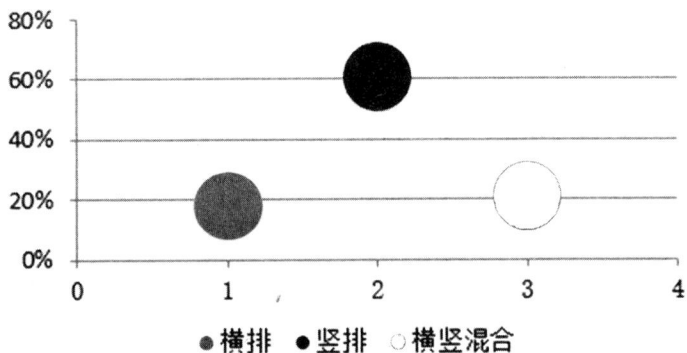

图 4 《世界日报》所刊非商业广告各类排版方式占比

六、广告字数

统计显示，四类广告文本多为 0—30 字，31—50 字次之，51—100 字及 100 字以上较少（图 5）。志庆类广告文本以 0—30 字的最多，除致贺对象姓名和自身署名外，内容通常只有 1—2 个成语，喜欢大量留白，有突出祝贺之意；婚庆启事类广告文本集中在 31—50 字，一般包含中华传统祝福语、告知婚礼举办地点等简要信息；丧葬讣告以 100 字以内的篇幅为主；其他启事文本字数主要分布在 0—30 字及 101 字以上两个区间内，人名通常占最多字数，其余文字的篇幅会因事件不同而不同。

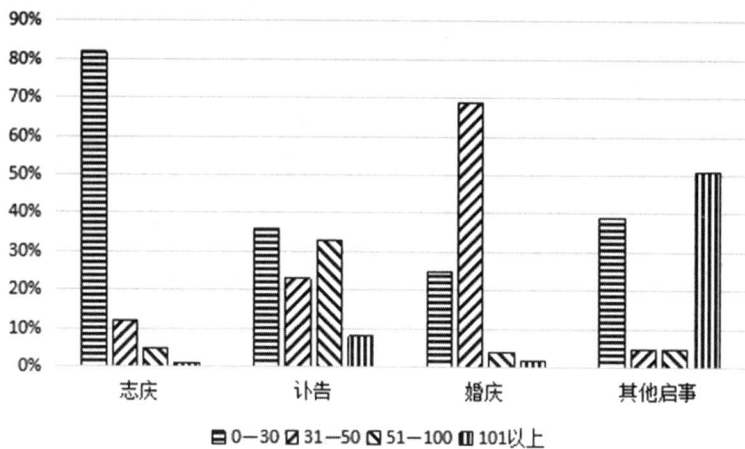

图 5 《世界日报》所刊各类非商业广告字数分布情况

七、广告图片

《世界日报》所刊非商业广告中，各类广告均有使用广告图片的情况。志庆、讣告所使用图片一般为当事人的照片。婚庆启事中使用的是诸如龙凤、"囍"字的广告配图。其他启事则根据广告主题而使用相关图片。

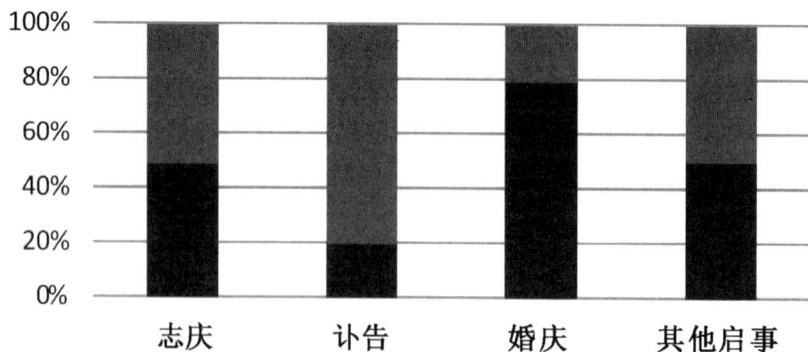

图 6 《世界日报》所刊各类非商业广告图片使用情况

八、广告色彩

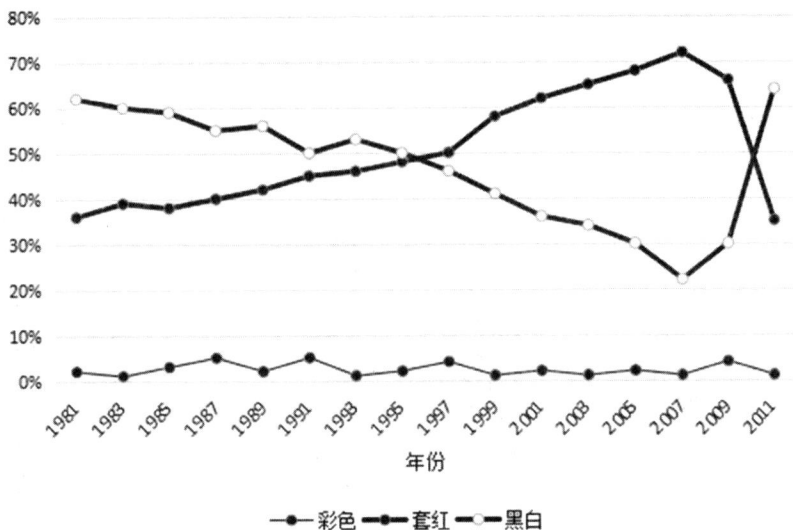

图 7 《世界日报》所刊各类非商业广告颜色使用情况

统计显示，在 1981—2007 年的奇数年（共 14 年）间，套红广告呈现逐年递增的趋势，黑白广告呈现逐年递减的情况，彩色广告在 1981—2011 年 16 年间的数量一直比较少，没有明显的变化。套红广告内容主要以志庆、婚礼等喜事为主；黑白广告主要以讣告为主。究其原因，大概是由于不断有新移民加入菲华社会，菲律宾华人的年龄呈现出年轻化趋势，广告主喜事多、丧事少的现象成为菲华报刊非商业广告的明显走势。加之菲华社会经济的回暖，开业志庆类广告亦明显增多，直接拉动了套红彩色广告的上升。2007 年以后，由于菲华社会网络媒体的蓬勃发展，分流了相当一部分广告，因而报刊广告量开始呈明显下降态势。为了维持广告业务，菲华报刊不得不采取降低制作成本进而降低广告价格的方法来招揽广告，其中一个路径就是减少套红彩色广告来降低制作成本进而降低广告价

格，增加报刊广告的竞争力，这就是近年来《世界日报》非商业广告中彩
色套红广告减少而黑白广告反而增加的原因。

九、版面大小

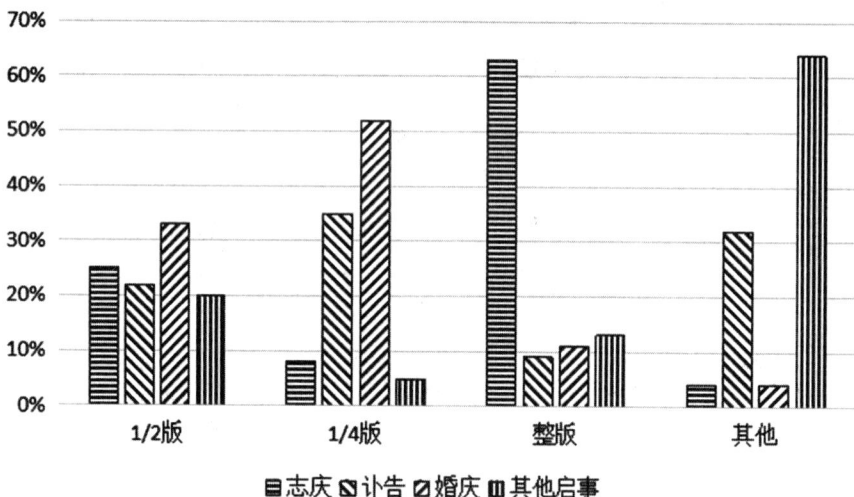

图 8　《世界日报》所刊各类非商业广告所占版面情况

统计表明，在《世界日报》所刊非商业广告中，志庆广告占有的版面
最大，以整版居多，1/2 版其次；婚庆启事以 1/4 版居多，1/2 版其次；
讣告以 1/4 版最多。版面大小直接与广告费用相挂钩，因此也显示了广告
主和广告对象的经济水平和社会地位。通过观察可知，重要事件或人物
（包括社团）的志庆会占到整版，突出恭贺人的诚意。当然，这类广告大
多是社团等集体行为的结果，凸显了经济上的实力和社团的凝聚力。

婚庆、讣告或其他启事版面通常较小，其中结婚启事和订婚启事一般
置于非广告版面中的空隙位置，广告主多为个人，其主要目的是小范围的
信息告知。除特殊情况外，这类广告一般不会使用超过 1/2 个版面。

十、广告主类型

统计表明，在《世界日报》刊登非商业性广告的广告主有三种类型：

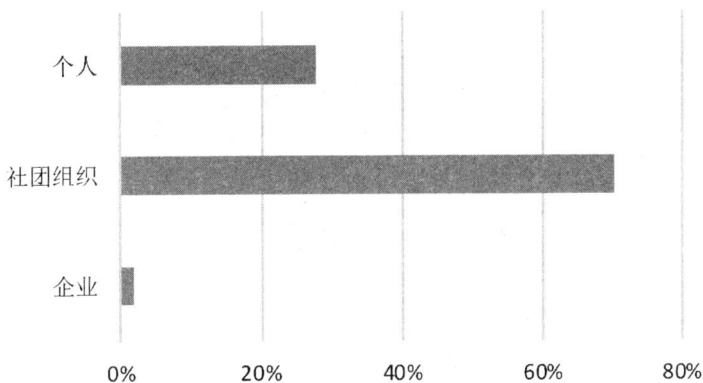

图9 《世界日报》所刊各类非商业广告的广告主类型占比

第一种是个人，如讣告、贺寿、婚庆启事、恭贺启事等的广告主，内容涉及婚嫁、生子、做寿、乔迁、升学等普通人的日常生活，甚至包括对亲友在各类大小比赛中取得成绩的恭贺。在菲华社会中，华人订阅《世界日报》既有了解新闻消息之需，更有通过阅读各种礼仪广告来记住别人情谊之需。其他华人有喜事时，自己也愿花钱刊登广告以示祝贺，菲华社会的人们通过《世界日报》的广告传递信息、致意达礼，共同维系着宗族、社区乃至民族关系。

第二种是社团，如志庆和社团通告的广告主。为了在菲律宾生存和发展，华人通常会抱团取暖。按照朱东芹在《菲律宾华侨华人社团现状》一文中对菲律宾华人团体的分类标准，菲律宾的华人团体可划分为综合性社团、政治性社团、商业性社团（商会及同业公会）、地缘性社团（同乡会、联乡会）、血缘性社团（宗亲会）、文化社团（体育、文学、艺术类等）等。① 在《世界日报》的广告中，涉及的不同类型的社团林林总总，所发布的社团广告无论是数量还是广告版面，都占有着相当高的比重。

　　笔者统计了菲律宾主要华人社团在《世界日报》广告版所占的广告份额（见图10）。

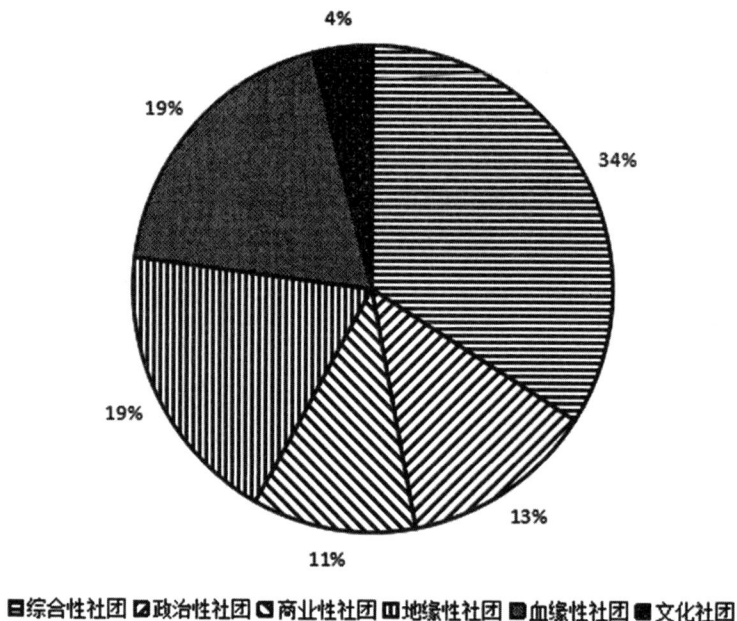

图 10　各类华人社团所登广告占《世界日报》非商业社团广告的份额

　　结合上图与样本文本进行分析，可知诸如马尼拉中华商会、菲华工商总会等综合性社团发布广告的频率最高。综合性社团的工作涉及华社事务的各个方面，包括自身的商会管理、配合中国大使馆进行接待工作等，有较大的社会影响力，因此也决定了它的广告需求。血缘性社团与地缘性社团发布广告的频率次之。它们发布的广告以同族活动消息为主，就是希望

____

　　① 朱东芹：《菲律宾华侨华人社团现状》，《华侨大学学报（哲学社会科学版）》2010 年第 2 期。

通过《世界日报》这一平台，将活动信息最大范围地通知给社团成员，便于联系和团结成员。

第三种是企业。这类广告主通过运用非商业性的社会广告形式，及时告知华人商铺的开业、休业等消息，或宣传自己的企业形象、塑造品牌，但不直接涉及商品和服务等的售卖活动。

十一、广告词词源

统计表明，志庆广告中喜用富有古雅气息的成语和文言文，其中使用成语的比例高达 98%，婚庆启事和讣告多包含成语和文言文两种形式，其他启事则以普通的白话词语使用居多。

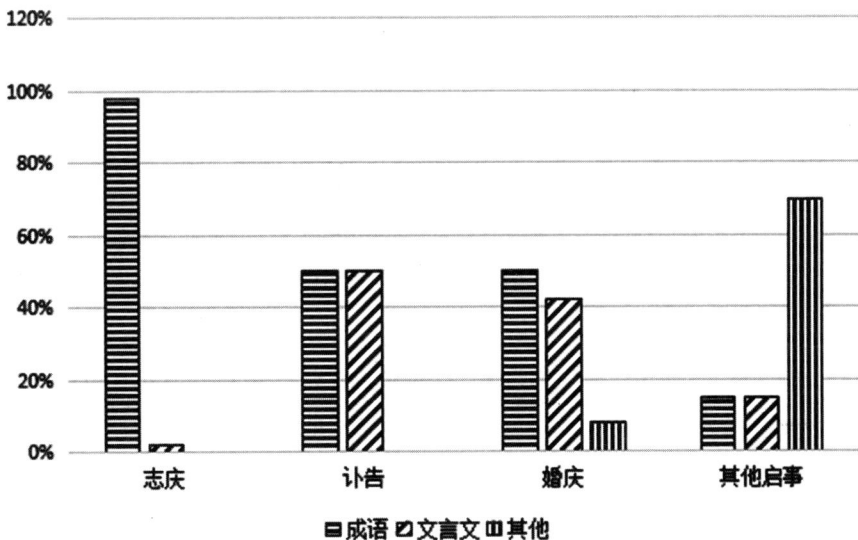

图 11 《世界日报》所刊各类非商业广告的词源占比

讣告中包含着许多中国传统用语，诸如"考""妣""府""恸"等文言词，又如对不同身份的人物如长男、次男、长女、次女的排序，均有很深的传统文化韵味。婚庆启事、志庆同样体现了中华传统文化元素，如婚礼启事中标有农历和阴历两种日期，其中农历是中国传统历法，为阴阳合历。据刘操南《古代天文历法释证》一书，阳历即太阳历，代表着太阳运动，如节气的使用；阴历则是太阴历，代表月亮自转运动，如潮流的变迁，均是中国古人的文化结晶。[①] 婚礼启事落款处常见有"鞠躬""端肃"二词，分别为男子和女子用词。它们源于我国的传统礼仪：鞠躬是一种对他人表示敬重的郑重礼节；端肃则是古代女子跪拜礼的一种，后用于书信中，用来表示对对方的尊敬，也称谨肃。另外，志庆广告中使用的花纹边饰有藤蔓纹路、合莲卷草纹路、海棠纹路等，都是极具中国传统文化蕴意的纹饰。它们或以谐音寓意，或以形象隐喻，如荷花象征"合"意，卷草、藤蔓有"合作相缠"之义。还有诸如"字字珠玑""洛阳纸贵"等成语典故的使用，显示了菲华社会对中华传统文化的传承。

十二、文化习惯

文化习惯可分为生活方式、宗教信仰、民族习俗、教育、文学艺术、其他六类。如图12所示，生活方式在各类广告中占比最高，这也从侧面反映出《世界日报》的非商业性广告以生活类居多，满足菲华社会群体所需，也符合非商业性广告的社会性特点；排第二位的是民族习俗，这也可以看出菲华社会依然十分看重中华传统文化习俗，并在社会生活中发扬传承；第三是文学艺术和教育，最后是宗教和其他。值得一提的是菲律宾华人的宗教信仰与对待宗教的态度，通过报纸广告我们可以看出，菲华社会的宗教信仰呈多元融合状态，菲华社会对待不同宗教信仰也非常包容。笔者在菲律宾调研时，曾在菲华社区街道上看到一个巨大的神龛，这是基督教和佛教合用的神龛，是马尼拉华人社区王彬街的著名景点之一：一个大大的十字架下，既有西式的花环呈祭，亦有中式的燃香供奉。来到神龛面

---

① 刘操南：《古代天文历法释证》，浙江大学出版社 2009 年版。

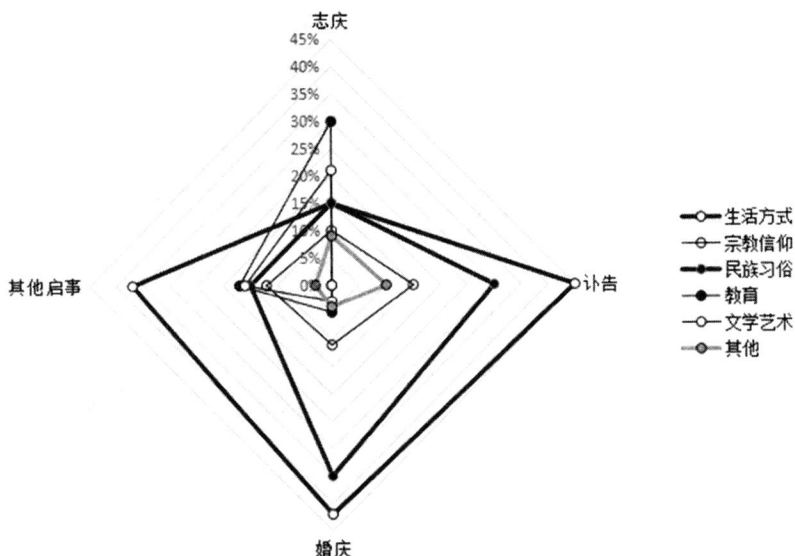

图 12 《世界日报》所刊各类非商业广告中涉及的文化习惯

前拜祭的人既可以上香，又可以胸前划十字敬礼祈祷，各取所需，互不冲突。它很好地展示了中西方文化在菲律宾的交叉与融合。

中西文化符号合璧的现象在菲华报刊广告中也多有体现，如中英文的混合使用，甚至英文与文言文同时呈现。在菲华社会，中华传统文化虽为主流，但也融合进了许多西方元素和菲律宾社会元素。这些中西文化合璧现象正是菲律宾华人思想观念、文化习惯入乡随俗、共存共生的一个缩影。

十三、文化内容

依图 13 可见，每类广告都十分注重对中华传统道德理念和价值观的表达，如志庆广告表达和谐吉庆，讣告传达对家庭关系的看重和敬老理念，婚庆广告体现对婚嫁大事的重视等。此外像仁爱、集体等观念在不同类型的广告中也均有体现，将在后文详加叙述。

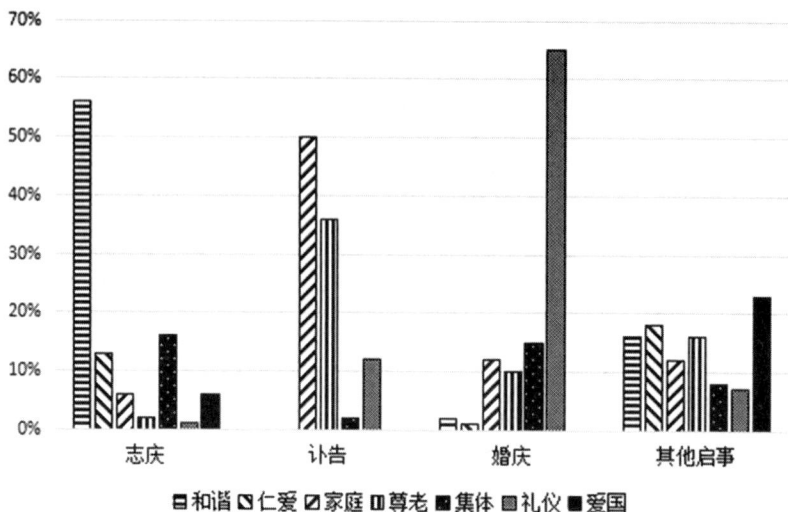

图 13 《世界日报》所刊各类非商业广告中包含的文化内容的情况

第三节 《世界日报》非商业广告的发展

在笔者所抽取的《世界日报》样本中，超过半数的报纸出现广告版面数显超过总版面 50％的情形，数量基本上维持在 200 条左右。通过对不同年份的广告数量进行统计，可以发现广告数量与单纯的日期无关，而与当时是否发生重大事件有关。总体上，虽然 2007 年后彩色套红广告的数量有所下降，但《世界日报》的非商业广告总体数量仍呈上升趋势。

《世界日报》非商业广告的发展可以划分为四个时期①：第一阶段是1981—1991 年的初创时期，广告数量较少，广告种类也不丰富，还不能够实现赢利；第二阶段是 1992—1999 年的快速发展阶段，广告数量增速明显，广告版面增多，形式渐趋多样，赢利呈上升趋势；第三阶段为

① 为保证时期划分的客观性，该分期在定量研究的基础上，参考了赵振祥等著《菲律宾华文报史稿》的分期。

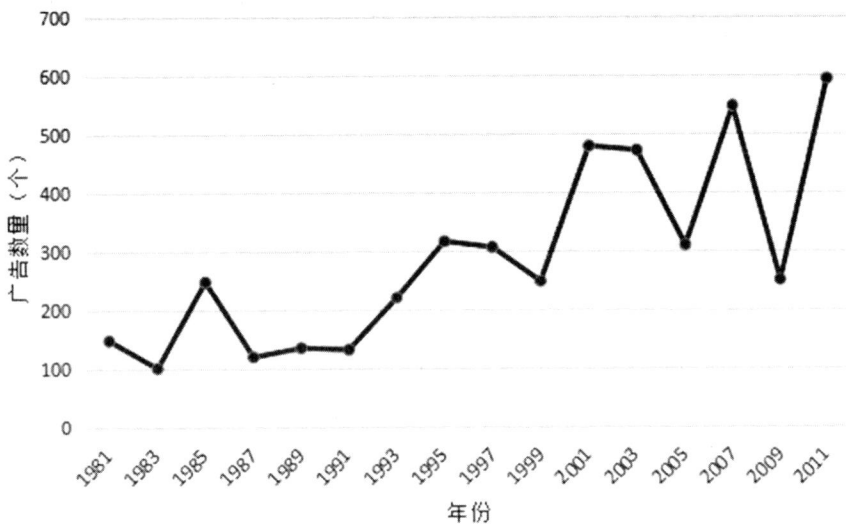

图 14　1981—2011（奇数）年《世界日报》非商业广告数量变化趋势

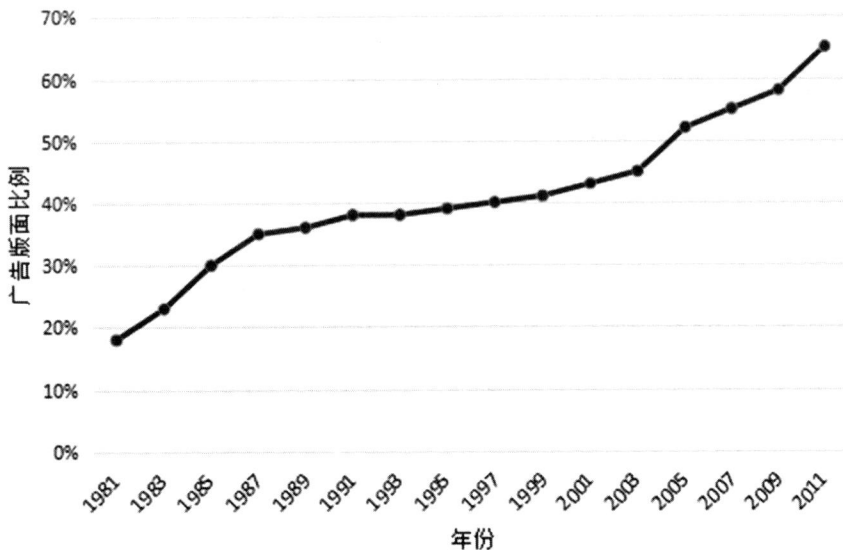

图 15　1981—2011（奇数）年《世界日报》广告版面比例变化趋势

2000—2006 年的繁荣发展期，广告获得较大幅度的发展，广告赢利丰厚；2007 年至今的广告发展调整期，彩色套红广告数量有所减少，但广告总体数量仍保持较为稳定的增长态势。

《世界日报》的非商业广告的发展既与《世界日报》本身的发展息息相关，同时又与菲律宾华人社会的发展有关。《世界日报》创刊于 1981 年 6 月，此时正值马科斯政府宣布解除华人办报戒严令。创刊之初，菲律宾政府对华文报刊的管控仍很严格，且当时的华人社会控制在亲台势力手中，《世界日报》因立场偏"左"而鲜有人问津，所以当时的广告数量很少。世界日报社社长陈华岳先生在回忆这段经历时说："当时为了保持《世界日报》的客观性和独立性，即使经济遇到困难也不愿接受别人资助，以免'吃人嘴软、拿人手短'，而是通过向董事们借贷，渡过难关。"①1986 年 2 月，阿基诺夫人出任菲律宾总统，新闻言论自由渐渐恢复，菲律宾华文报纸迎来发展的春天。那时，随着华人经济实力的提高，华文媒体已日渐受到菲律宾主流社会的关注和重视。中菲两国来往日渐频繁，中国又正值改革开放之际，《世界日报》便顺势成为联结菲律宾华人和中国的纽带，满足菲律宾华人了解中国国情的愿望。② 随着华文媒体地位的提升和华人群体关注祖籍国消息需求的增加，《世界日报》的广告数量也水涨船高。

20 世纪 90 年代，《世界日报》的经营情形已明显好转。随着菲律宾当局军事管制的解除，菲华文学开始复苏并发展。《世界日报》及时抓住这一契机，开辟文艺副刊，唤醒了沉睡多年的菲华文坛，也在客观上促进了《世界日报》本身的发展。此时，《世界日报》首创华文报四版彩色印刷，同时与香港《大公报》合作创办《大公报》菲律宾版，并将其随报赠阅。另外，《世界日报》报纸版面和内容质量本身也有了很大的提高，报社与菲华社会的关系也进一步拓展。以与"商总"的关系为例，中菲建交

---

① 转引自朱东芹：《菲律宾华文报业的历史、现状与前景分析》，《世界民族》2011 年第 1 期。

② 赵振祥等：《菲律宾华文报史稿》，世界知识出版社 2006 年版，第 289—296 页。

后，菲律宾最大的华人社团"商总"与中国官方的互动越来越多。每逢"商总"代表大会召开，《世界日报》都会派记者前去采访报道，并在"看时局"栏目发表评论文章，激励"商总"的同时也使自身获得更多华社读者的肯定。① 诸多成规模的华人社团成为《世界日报》广告版的大客户。此外，菲华社会"亲台反共"理念向"亲中国大陆"观念的转变，使菲华社会逐渐认同了《世界日报》所传达的价值观，订阅量激增。这些因素使《世界日报》在菲华报业市场中率先抢占并长期占据了制高点。《世界日报》的发展直接带动了《世界日报》广告的发展。和前一个时期相比，《世界日报》这一时期的广告数量和广告收入大幅提升。

进入 21 世纪，与菲律宾华文报刊再创辉煌这一阶段相呼应，《世界日报》非商业广告的发展也进入了繁荣期，广告数量在这一时期有了新的飞跃式增长。但在 2007 年出现了拐点，即由于菲华社会网络媒体的快速发展，菲华社会的部分读者和广告被网络分流，菲华报业的发展包括广告的发展都进入了一个调整期。

就《世界日报》自身来说，其发展主要取决于以下三个因素。第一，办报理念始终如一。《世界日报》发展至今，仍秉持报道立场不偏不倚的办报理念，受到众多华人读者的好评。该报始终贯彻"立足菲律宾，放眼全世界，面对新移民，关心中国"的办报宗旨，坚持新闻专业主义的同时又十分注重承担社会责任。作为祖籍国与所在国的文化联系桥梁，《世界日报》将报道祖籍国的新闻、满足当地华人的需求、传承中华文化视为自己的使命。第二，紧跟国际形势。《世界日报》之所以在菲华社会迅速崛起并独占鳌头，是因为《世界日报》因时而起，并相时而动，适时抓住了发展机遇。如创刊之初以菲华文学复苏为契机而开辟文艺副刊并获得成功，奠定了其发展的基础；在中菲建交之际积极发挥舆论报道作用，传达当地政府政令，报道中国消息，成为在菲华人和祖籍国之间联系的桥梁，拓展了传播内容和华人受众数量；在稳定发展之时，《世界日报》又及时

---

① 赵振祥等：《菲律宾华文报史稿》，世界知识出版社 2006 年版，第 317—327 页。

主动吸纳新移民这一庞大受众群体，拓展报业市场。第三，对广告经营的重视。《世界日报》广告数量激增，一方面是因为读者群的拓展和发行量的上升，"第一次售卖"的成功拉动了"第二次售卖"，使有刊登广告需求的个人和社团、企业"趋之若鹜"；另一方面是因为《世界日报》主动为广告主提供各种便利和奖励——《世界日报》的广告版面和页数不受限定，甚至随时提供加版加印服务，且为了刺激广告主刊登广告，增加广告主对《世界日报》的黏度，《世界日报》实行一定的奖励机制，比如赠送广告主版面、特殊日期版面打折活动等。

《世界日报》非商业广告在四个阶段的发展时期呈现以下的变化特点：

首先是颜色的变化。《世界日报》在发展初期，资金和技术各方面都有限，除报头为红色外，整版文字均为黑色铅字，沿袭《东方日报》的特色；20世纪90年代末期，《世界日报》改版，首创华文报四版彩色印刷，并逐渐发展为现在的全部版面彩印。广告亦是如此，除讣告外，《世界日报》的非商业广告最喜欢用红色印刷，因此也被称为红版广告。以中国传统来看，红色是喜庆的象征，五行属火，直接代表着喜庆和红红火火。

其次是数量的变化。总体来看，《世界日报》不同类型广告的数量随着时代变迁呈现出一定的变化。例如，讣告、其他启事这两类广告在20世纪80年代《世界日报》创始初期占有相当大的比例，而后呈递减趋势。结合菲华社会变迁的背景，不难发现这一现象与菲华社会新老移民的人口结构、信息传播渠道等因素有关。20世纪80年代以前，由于新移民很少，通信尚未进入网络和手机时代，因此通过报纸刊登讣告和启事来寄托哀思或告知消息就成为主要的渠道。后来随着传播媒介途径的不断丰富和新移民的不断涌入，讣告与其他启事数量有所减少，而志庆类、婚庆类广告呈现逐年递增的趋势。

20世纪90年代末至2007年，《世界日报》的发展趋于稳定，所刊登的广告数量也稳步增多。从社会发展情况来看，受菲律宾政治局势转变的影响，华人社团迅速增加和发展。菲华社会各类宗亲会、校友会、同乡会不断涌现，活动更加频繁，华人华侨在身份认同和文化认同上不断增强。

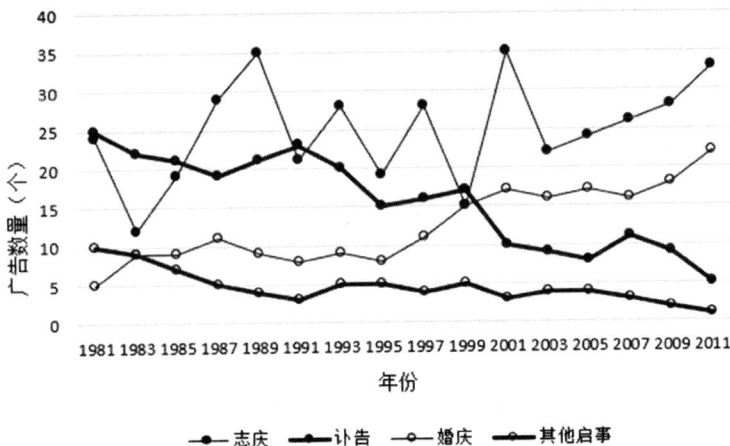

图16 1981—2011（奇数）年《世界日报》各类非商业广告数量变化趋势

这些因素使得在菲华人有了更多刊登广告的需求。《世界日报》非商业广告版已经发展成为菲华社会的社交场，华人们通过刊登各类社会广告来分享信息，维系社会关系，建构社会网络。

第四节 新移民对《世界日报》非商业广告发展的影响

20世纪70年代末期以来，随着中国和东南亚关系的改善，中国出现了新一轮的海外移民高潮，这个时期的移民被称为新移民。在菲律宾，"新侨"和"旧侨"被普遍用于区分20世纪70年代以后的新移民和20世纪70年代以前的早期移民。新侨被称为"Mainlanders in Hokkien"（在外省的福建人），而"Tsinoy"①或"Tsinoy community"指的是已经成为菲

---

① Tsinoy 是菲语，意指华裔菲人，在1990年初出现并流行起来，只是为了与新来的外侨区分开。

律宾公民的华人或已经在菲律宾扎根的人。①

　　截至 2016 年，菲律宾的中国大陆新移民人数约为 20 万。"新侨"移民潮流大致包括三个阶段：第一阶段为 20 世纪 70 年代末至 80 年代末，新移民到菲的主要目的是投靠他们在菲律宾的直系亲属，以家庭团聚为主。第一代新移民在中国成长，有深厚的民族感情，一直保持着故土的风俗习惯和宗教信仰，关心家乡的发展，对中国的感情比居住国更强烈，不会参与居住国的政治，而是把更多的精力放在菲律宾华人社会中，行事风格比较保守。第二阶段为 20 世纪 80 年代初到 90 年代中期，除受到世界移民大潮触动、到菲投靠非直系亲属的"新侨"外，第一代新移民的子女亦成为菲华社会的增殖人口。这些"移二代"大多在菲律宾土生土长，接受当地教育，一般都上过大学和华校，华语流利，能看懂中文。他们保留了一些上一辈人的生活方式、风俗习惯，但对中国的感情已比较淡薄。他们虽然也会参加同乡会、宗亲会等，但兴趣已不大。第三阶段为 20 世纪 90 年代中期直到现在，"新侨"主要来自福建省晋江一带，至菲投靠自己的朋友、邻居等，有亲属移民、投资移民、留学移民和非法移民四大类型。而菲华社会内部的"移三代"亦登上历史舞台，他们完全出生在菲律宾，在当地接受教育，成家立业，基本融入菲律宾社会，其语言能力、思维方式已与当地原住民并无二致。即使有部分人上过华校，但其华语能力很差，有些已看不懂中文，对祖籍国更无概念。这一代华人已经完全融入菲主流社会，可以算地道的菲律宾少数族裔。

　　从教育程度上看，新移民的受教育水平依然不高，学者代帆《菲律宾中国新移民研究——马尼拉中国城田野调查》中的调查数据显示，20 世纪 90 年代的"新侨"的受教育程度比例为小学 15.4％，初中 37.6％，高中或中专 38.8％，高等教育仅 8.2％。新移民的受教育水平高低与其来源

---

　　①　Teresita Ang See, *China, New Chinese Immigrants, and Transnational Crimes in the Philippines: Problems and Challenges*, proceedings of International conference on 30 years of Philippines-China relations: Charting new directions in a changing global environment, Manila, Philippines, Oct. 21－22, 2005.

有关。代帆《东南亚的中国新移民及其影响》中的调查数据显示，菲律宾中国新移民过半来自中国福建的农村地区，占比 55.9％，其次有 14.7％和 29.4％来自小乡镇和城市。① 从语言使用上看，"大部分中国新移民的工作语言仍然是他们的母语闽南语（88.2％）"，"通过电子计数器以及聘请菲律宾工人，他们能在很大程度上跨越语言上的障碍"。② 就新移民所涉足的行业来看，分别有零售批发业、贸易、生产加工、企业、社团或华文报社。

新移民这一群体对菲律宾华人社会的影响是多方面的，不仅使当地华人社会的组成结构发生改变，同时对中国政府的外交与侨务工作构成新的挑战。③ 本节重点关注这些新移民给菲华社会和《世界日报》非商业广告带来的影响。

经过 30 多年的发展，菲律宾中国新移民群体开始出现不同程度的分化。一部分事业成功、经济实力强的新移民开始加入菲律宾的华人社团，逐步与菲律宾主流社会建立联系。一部分移民时间较长的、有一定经济实力的新移民则将自己归入老华侨行列，逐步随老华侨广泛参与华人社会的生活。在菲华人在社团活动上十分活跃，菲律宾华人社团的组织者们也一直关注华人与菲律宾人的关系改善问题，致力于为华人群体争取应有权利。新移民初来菲国时面临的就业等困难，通常可以通过华人社团来解决。新移民除了能得到华人社团的直接援助外，还能通过华人社团的相关活动来建立新的社会关系，即通过社团活动结识更多的成功人士，为自己在菲律宾的发展铺平道路。美国学者约翰·奈斯比特（John Naisbitt）在论述华人经济与其宗族关系的重要性时说："华人经济实体，其实就是一个靠宗族和同乡组成的公司和企业网，各企业之间层层联结，规模不断扩

---

① 代帆：《东南亚的中国新移民及其影响》，《东南亚研究》2011 年第 2 期。
② 代帆：《菲律宾中国新移民研究——马尼拉中国城田野调查》，《太平洋学报》2009 年第 10 期。
③ 代帆：《东南亚的中国新移民及其影响》，《东南亚研究》2011 年第 2 期。

充，直至覆盖全球，就像当今的互联式电脑网络。"① 同时，新移民自身也为华人社团做出贡献。新移民的到来不仅使一些原来处于停顿或半停顿状态的社团重新焕发活力，新移民自己也通过组建社团来强化这种网络作用。在菲律宾首都马尼拉就出现了许多以新移民群体为主的社团，如菲华青年商人联合会、国际中华诗画展委员会、菲华泉州公会、旅菲永宁中学校友会等。② 借助这些社团，新移民渐渐融入菲华社会，成为菲华社会的新生力量。

菲律宾中国新移民的经济活动也十分活跃，逐渐成为带动菲律宾贸易与商业发展的一股活力。简单来说，大批新移民进入菲律宾后，需要大量的物质和精神的消费品，这直接扩大了菲律宾的市场消费量，刺激了菲律宾的经济发展。新移民与中国的经济交往也十分频繁，他们常往返于中菲两地，除了进行一些一般的商业来往，还举办各种联谊活动，包括在菲律宾当地接待家乡政府官员的参访、回到祖籍国参加恳亲活动等。

在这一背景下，《世界日报》中的非商业广告也与新移民之间产生了联系。一是广告为新移民融入菲律宾华人社会提供了交流平台。新移民广泛参与菲华社团的活动，他们开始对非商业广告有需求，广告成为他们了解菲律宾华人生活情况，进而参与菲华社交活动的最直接渠道。二是《世界日报》和广告成为新移民与祖籍国密切交流的纽带。在与祖籍国交流方面，旧移民的做法是虽然心系祖国，但大多喜欢通过文学、艺术等方式进行精神层面的沟通。而新移民则更多地表现在实际行动上，如经济实力雄厚的新移民会对国内家乡的市政建设、敬老院、学校、寺庙等社会公益事业进行捐赠。通常这类活动都会在报刊上有所反映，《世界日报》和非商业广告就成了信息发布的平台。这一行为大大加强了新侨和国内家乡的联系，从而促进了中菲两国的交流和发展。

---

① ［美］约翰·奈斯比特：《亚洲大趋势》，蔚文译，外文出版社、经济日报出版社、上海远东出版社 1996 年版，第 13 页。

② 刘伯孳：《泉州籍新移民在菲律宾若干问题初探》，海外华人专题国际学术研讨会会议论文，2002 年 12 月 6 日。

第五节 中华传统文化在《世界日报》非商业广告中的传播

中国传统文化的产生，离不开特定的自然条件（半封闭的大陆性地域）和社会历史条件（以农业经济为基础的宗法制度），在这些条件的影响下便会产生一个稳定的生存和文化体系。① 以中华传统的"礼"文化为例，"礼是中华传统文化的核心，它构成了中华民族独特的文化模式。"② "礼"起源于原始的宗教信仰、自然法则与人性管理。"礼"由自发到自觉，完成从祀仪到礼俗再到礼制的过渡，而礼制的形成，正是礼学得以产生的现实基础。③ 中国古代有"五礼"之说，分别为祭祀之事（吉礼）、冠婚之事（嘉礼）、宾客之事（宾礼）、军旅之事（军礼）、丧葬之事（凶礼）。这五礼包含的内容非常广泛，但它的核心诉求是"忠""孝"两个字，这也是中华传统文化的核心所在。

一、婚嫁广告与婚俗文化

中式婚姻讲究"天地人和谐"的哲学，反映人们祈福迎祥的心理，在中国传统意义上，婚姻不仅仅是两个人的事，更是两个家族以及社会关系的事。④ 这一点在菲律宾《世界日报》的订婚启事中有具体的体现。前引订婚启事中，"征得双方家长之同意"体现了"父母之命、媒妁之言"的传统婚俗观念。《世界日报》上订婚、结婚启事的发布人一般是在家庭中受尊崇或在社会上较有影响的家庭成员。以长者为幼者发布婚启最为常见，如父母为子女，兄长为弟妹。当然也有结婚者本人发布启事的情况，

---

① 金元浦：《中国文化概论》，中国人民大学出版社 2012 年版。
② 纪兴、张平：《试论礼与中华传统文化模式》，《燕山大学学报（哲学社会科学版）》2000年第 1 期。
③ 田君：《论"礼"的字源、起源、属性与结构》，《四川大学学报（哲学社会科学版）》2014 年第 5 期。
④ 席晓：《浅谈中西方婚礼文化异同》，《读与写（教育教学刊）》2008 年第 8 期。

在结婚前告知亲朋好友结婚的消息，但这类比较稀见。婚庆广告的内容包括发布人、婚礼举办的时间地点，常用"囍"字组成边框，中间写有红色"缘"字，人名用红色大字，所占版面有整版、1/2 版、1/4 版。有些家庭在刊登婚礼启事之前会先发布订婚启事，两者形式相似。另外还有亲朋好友在婚前发布祝贺启事的情况，表达对新人的良好祝愿。

二、贺寿启事与孝道文化

"百善孝为先"，正如《孝经》所言："夫孝，天之经也，地之义也，民之行也。"（《孝经·三才》）在中国古代社会中，忠孝是道德规范的核心。从历史实践来看，礼所规范的最重要的行为之一就是孝。

朱岚在《中国传统孝道思想发展史》中对孝的内涵做出概括，她认为中国传统孝的观念内涵丰富，从行孝对象及行孝的内容来看，有四层含义，分别为对在世或已故父母的孝敬；对先祖先公的追念祭祀；对君王天子的孝；继承先祖德业，以光宗耀祖、光前裕后。[①] 有学者认为中国孝文化是中国人的孝意识和孝行为的结合，作为一种道德意识，它属于狭义的精神文化或道德文化范畴；若从孝文化的历史性过程来看，其社会性延伸则属于广义文化的范畴。[②] 中国孝文化的历史演进过程，可分为三个阶段：第一个阶段是从殷周孝观念的形成到先秦儒家孝道的建立；第二个阶段是汉代封建孝道的理论构建，汉代统治者推行"以孝治天下"，这时的君主宣扬孝道，希望民众不仅要孝敬父母，更要效忠于君主；第三个阶段是封建社会后期孝道趋于绝对化、愚昧化。[③] 传统孝道在不同的历史时期呈现出的不同时代特征，进一步说明孝文化是中华民族独特的文明形式，融入到人民生活的各个方面中，如对长辈的尊重行为，对晚辈的抚养行为

---

①　朱岚：《中国传统孝道思想发展史》，国家行政学院出版社 2011 年版。
②　肖群忠：《中国孝文化研究》，台湾五南图书出版公司 2002 年版，第 121 页。
③　郑晶晶：《传统孝文化的当代价值探析》，硕士学位论文，大连海事大学，2014 年。

以及对他人的关爱行为。①

　　从《世界日报》非商业广告中常见的贺寿志庆广告，亦可见出中国孝文化在菲华社会的传承。在菲华社会里，贺寿并不只是一个小家庭的事，也是整个宗族的事。身份地位高的家庭，子孙后代都会在报纸上刊登贺寿启事，以此告知亲朋好友。作为恭贺，亲友们也会在报纸上发布贺词，公之于众。贺寿志庆采用竖排版，文本中间惯用一两个成语，如"福寿双全""寿比南山"等，表达祝贺之意。

　　在结婚启事的落款前，亦常有"奉严慈命"等语词，表示启事发布人父母双全，知会亲朋好友该婚事秉承了父母之命；若写上"奉严命"一词，表示的是只有父亲在世；写上"奉慈命"一词则表示只有母亲在世。这种对父母的尊敬称呼，亦是传统孝道的一种表现形式。

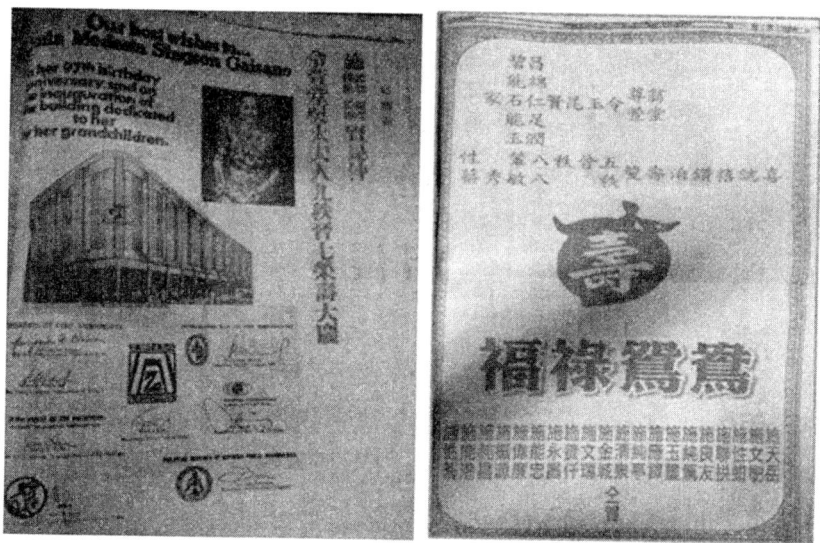

图 17　《世界日报》刊登的贺寿启事

---

① 郑晶晶：《传统孝文化的当代价值探析》，硕士学位论文，大连海事大学，2014 年。

三、讣告与丧葬文化

格奥尔格·黑格尔（Georg Hegel）在《历史哲学》中认为："中国纯粹建筑在这一种道德的结合上，国家的特性便是客观的家庭孝敬。"① 与此相联系，中国人往往怀有浓烈的"孝亲"情感，这种情感不仅表现为对活着的长辈的孝顺，还表现为对死去先祖的隆重祭奠。②

在中国传统社会，丧葬作为冠、婚、丧、祭、军五礼之一，是一种仪式化的制度。丧葬仪式作为意识形态的体现，与人类社会的发展紧密联系在一起。就丧葬仪式的社会作用而言，它主要体现在以下几个方面：第一，丧葬仪式联系与强化了血缘和宗族关系。中国古代的丧葬制度，如墓地制度中的族葬、丧服制度中的服丧等，都强调了族人与死者的亲疏远近关系。古人通过丧葬这种仪式进一步认同和强调了这种血缘或者家族关系，增强了家族内部的团结和凝聚力。在中国封建社会中，丧葬文化的这一功能对维护封建伦理道德、强化封建秩序起到了相当重要的作用。第二，丧葬仪式强调了丧葬的社会教化与文化积淀功能。历代统治者通过规制丧葬仪礼和陪葬物品的方式来区分等级，以此达到巩固统治的目的。第三，丧葬仪式是重视与推崇敬爱先人的孝道观念的重要载体。③《吕氏春秋·孟冬纪》解释道："孝子之重其亲也，慈亲之爱其子也，痛于肌骨，性也。所重所爱，死而弃之沟壑，人之情不忍为也，故有葬死之义。"正因为人类有对先人的敬爱、眷恋的真挚情感，才产生了丧葬礼仪。孔子在《论语·为政》中主张"生，事之以礼；死，葬之以礼，祭之以礼"，也是主张通过葬礼来体现子孙后代对祖先的孝敬。孝道是对历史上孝观念、孝习俗的伦理规范化。从孝的内容和对象看，孝道体现为两种形态：一种是对在世父母的孝，另一种是对去世父母、先祖的孝。讣告即属于后者。

---

① [德] 黑格尔：《历史哲学》，生活·读书·新知三联书店 1956 年版，第 65 页。
② 张岱年、方克力：《中国文化概论》，北京师范大学出版社 2004 年版，第 210 页。
③ 陈华文：《丧葬史》，上海文艺出版社 1999 年版。

图 18 《世界日报》刊登的讣告

讣告是丧葬文化的重要组成部分。有研究者认为，中国最早的讣闻出现在明代的邸报上。① 在古代，能在报纸上刊登讣闻的人一般为有身份地位的社会名流，普通百姓几乎不发讣闻；在近代中国，受西方报刊的影响，在报纸上刊发讣闻渐成风气，讣闻的刊登甚至被看作是革除旧习的一种手段。② 1905 年天津《大公报》刊载的《讣闻登报》一文中说："讣闻登报，外国习以为常，近日华报亦数数见之，可谓输入文明之现象也。③在西方，早在 1704 年的美国报纸《波士顿新闻信札》第一期上，就刊登了一则讣告新闻："纳撒尼尔四月十五日逝世，四月二十八日安葬，享年五十三岁。"④ 刊登讣告新闻在英美等西方国家非常流行，《纽约时报》原执行总编辑豪威尔·莱恩斯（Howell Raines）认为，讣闻是十分重要的新闻，可以展现很多人丰富多彩的一生，如果没有讣闻，这些经历会鲜有人知，甚至永远消失，这对死者本人和读者都是不公平的；当读者通过讣闻读到这些有趣的人生经历时，除了悲伤，他们也会为自己身边曾经有过如此动人的生命而感到欣慰。⑤ 但是西方的讣闻习俗传到中国，与中国的传

---

① 参贾晓静：《关于我国都市类报纸讣闻报告的探讨》，硕士学位论文，黑龙江大学，2011年。

② 张晓瑜：《我国报纸讣闻报道现状研究》，硕士学位论文，河南大学，2008 年。

③ 《讣闻登报》，《大公报》1905 年 10 月 13 日。

④ 转引自马海涛：《浅谈讣告新闻的改进》，《新闻与写作》2003 年第 8 期。

⑤ 马海涛：《浅谈讣告新闻的改进》，《新闻与写作》2003 年第 8 期。

统丧葬文化结合起来，亦发生重要变化，即只表敬意而不述生平，出于"为尊者讳""为长者讳""为逝者讳"的孝敬观念，更不会对逝者进行褒贬评价。这一点在今天的菲华报刊刊发的大量讣闻上体现尤为明显。

四、社团广告与中国传统的宗法文化和西方的同业公会文化

"以婚育为前提所形成的血缘或血亲关系是人类社会中最基本、最原始的关系。这种自然形成的血缘关系，在中国传统社会中被强化、延伸后，演变成血缘宗法制度，从而成为了中国传统社会的一大基本特征。"① 血缘宗法制度成为整合中国社会、建构社会秩序的强有力的纽带。关于"宗族"，《尔雅·释亲》说："父之党为宗族。"《墨子·明鬼下》说："内者宗族，外者乡里。"分开来讲，对于"宗"字，《说文解字》解为："遵，祖庙也。"《白虎通义》解为："宗者，遵也。为先祖主者，宗人之所遵也。"《礼记·丧服小记》则说："尊祖故敬宗。"《辞源》解释为"祖庙或祖先"。关于"族"字，《说文解字》解为："族，假借为属"，"属，连也，从尾蜀声"。《中文大字典》亦同意《说文解字》"假借为属"的说法，并具体解释为直系亲属或同姓亲属。综合上述之意，"宗"与古代祭祀有关，有尊祖之义；"族"与血缘密切相关，可指家庭、家族、民族、种族。② 所谓宗法制度，是以血缘关系为基础、以父亲家长制为内核、以大宗小宗为准则、按尊卑长幼关系制定的体制。③ 这种体制把伦理道德融入血缘亲情关系中，并内化为人们为人处世的信念，不仅能凝聚同宗合力，而且能调解家族内部的关系和矛盾。

宗法制度是我国古代社会的基本政治制度，渗透在传统社会的方方面面。宗法社会正式建立于西周，宗法伦理也在这一时期萌芽。我国古代思

---

① 金元浦：《中国文化概论》，中国人民大学出版社 2007 年版，第 40 页。
② 王潜：《论柬埔寨华文广告对中华文化的传承》，硕士学位论文，暨南大学，2015 年。
③ 徐蒙、陈功：《宗法制度对中国古代尊老、恤老制度的影响》，《西北人口》2009 年第 2 期。

想家朱熹十分重视宗法伦理，他在《增损吕氏乡约》中认为重建宗法社会可以将分散的民众整合起来，并把所有人都纳入血缘家族之中，从而加深了人们的血缘宗法伦理观念。① 宗法观念帮助朱熹把他推崇的"以礼治天下"的观念世俗化，对维护社会稳定起到了重要作用。在历史的发展中，随着生产力变化导致的生产方式的变化，典型的宗法制度开始瓦解，转而以另外的形态存在，但宗法的核心精神，即以血缘关系为纽带的在家族内部体现的尊卑、维护尊长等观念，却有持久的渗透力，在实现血缘国家向地缘国家的过渡中，宗法制仍发挥其政治功能。②

菲华社会的社团组织中相当一部分是以血缘宗亲为纽带组成的各类宗亲会团体，它以血缘判别亲疏，并逐步扩大衍变为同乡会、同学会等，由宗亲而至乡党，从而形成内外有别的"圈子"文化传统。这种"圈子"文化深深地植根于菲华社会，并构成菲华社会重要的内部交往结构。当然，源起于西方的同业公会、俱乐部文化也在菲律宾扎根，与华人的宗族乡党文化融合起来，遂形成了综合性社团、政治性社团、商业性社团、地缘性社团、血缘性社团、文化社团等类（还应包括宗教性社团），每一类又可细分为传统型（旧式）和现代型（新式）两种类型，这两种类型的根本区别在于：前者是中国封建社会时期的传统社会组织形式在海外的变种，后者则是中国近现代社会与海外近现代社会密切联系的产物。③ 这些社团组织非常活跃，社团活动会经常在菲华报刊上刊布，以《世界日报》为例，该报刊发的非商业广告中有70％都是由菲华社团贡献的。

五、志庆广告与中国的节庆文化

中国许多传统节日已有数千年的历史，这些传统节日是对几千年中华民族生活状态的一种反映，它们所蕴含的文化元素已经成为中华传统文化

---

① 周茶仙：《朱熹理学宗法伦理思想述论》，《朱子学刊》2010年第00期。
② 徐迎花：《宗法制功能探析》，《继续教育研究》2002年第3期。
③ 宋平：《承继与嬗变——当代菲律宾华人社团比较研究》，厦门大学出版社1995年版。

图 19　菲律宾中国道教总会丹辖省甘味冷社蓬盟坛分会第五届董事会职员表

中的特殊符号，烙印在整个中华民族的记忆中，也传承到海外，成为海外
华人族群的标志符号。《世界日报》刊登的志庆广告颇多。每逢春节、元
宵节、中秋节等中国传统节日，报纸上的志庆广告连篇累牍，广告语亦文
化味十足，祝福语多使用中国传统的对联、成语，形式上采用对仗或文言
文句式，带着浓郁的中国文化色彩。

　　除传统节日外，在菲华人也十分注重对喜庆事件的庆贺。从《世界日
报》广告版可以看出，大到国家重大活动，小到家庭乔迁婚娶，都会刊登
志庆广告，而且这类私人志庆广告占据了《世界日报》广告版的大部分版
面。如果对菲华报刊的志庆广告进行专门的观照，会发现菲华社会的庆贺
礼俗丰富而富有古典气息，它既展现了菲律宾华人当下的文化风貌和生活
习俗，也勾勒着菲华社会生活与文化习俗的历史传承。

第六节　非商业广告的文化意义

　　人就其本质而言是各种社会关系的综合体，而社会关系的维系离不开
信息交流。广告作为大众传播的一种方式，在人类社会形成之初便被应用

于各种社会关系信息的传播中。虽然当时还未有"广告"一词，但本质上，广告与人类的社会性是共生的。

广告与文化具有相辅相成的关系。广告本身既是一种文化，也是文化的载体。广告在传播商品信息和服务信息的同时，还形塑着人们的思想和价值观念。李勇、王军元在《论广告的文化意义》中将广告承载的文化意义划分为三个层次。第一，赋予产品以文化意义。广告通过四种方式完成意义建构，一是将广告信息与受众已经熟悉的意义链条相连接，实现意义扩展；二是为广告信息在不同的话语系统下赋予多重意义；三是为广告信息设定特定的情节，使它们与受众的生活直接相连；四是同类比较，通过差异赋予意义。第二，意识形态言说。当广告被赋予意义后，广告也就随之代表着一种利益关系。第三，文化规则的重构。广告的文化规则重构主要有三种方式，即对已有文化模式的效仿、重建内在格局和创造新的价值标准。[①]

非商业广告与广告文化的建构关系密切。第一，非商业广告与广告文化是资本的互为转化。皮埃尔·布尔迪厄（Pierre Bourdieu）认为，在商品时代，资本是一种力求获取生产利润和进行自身再生产的潜在能力，它包含了一种坚持其自身存在的意向，成为一种被铭写在事物客观性之中的力量，表现为三种基本形态，即经济资本、文化资本和社会资本，它们在一定的权力场中可以相互转换。[②] 当广告具有商业性质时，广告也就拥有了它的经济性，体现的是经济资本与文化资本的转化；当广告不具有经济性时，正如本章所说的非商业广告，这时广告表现的是自身的社会性特征，表现为社会资本与文化资本之间的转化。这一转化现象在《世界日报》中有两种表现形式。首先，从非商业广告向广告文化扩张，无论是志庆、讣告、婚庆启事还是其他启事，它们呈现的都是特定的广告文化形式。当然这种文化资本的使用需要用社会资本去换取，如社团广告的内容

---

① 李勇、王军元：《论广告的文化意义》，《中国广告》2006年第2期。
② 参见孙守安：《广告文化的本质》，《辽宁工学院学报》2006年第4期。

信息必须包含社团的信息以及具体的广告事宜。两种资本的交换并不以金钱为标准，却用各自的方式实现了资本的转换。其次，从广告文化对非商业广告的艺术性要求来看，优秀的非商业广告是广告文化艺术的浓缩产品。

第二，文化共享成为非商业广告的重要功能。中国现代著名报学家戈公振在《中国报学史》中认为，"广告不仅为工商界推销产品之一种手段，实质有宣传文化与教育之使命也"①。这也正是广告文化的作用。广告是时代与社会演进创造的一个文化环节。《世界日报》非商业广告表现的中华传统礼仪文化、婚俗文化、孝道文化、丧葬文化等就发挥着传播中华传统文化和教化的作用，它们的传播过程就是社会价值观念传送、教化的过程。

在文化视野下，我们对广告的认识不应局限在广告的经济功能上，还应该关注广告的文化传承与建构功能，如广告文化对人们思想价值观念和文化作品创作的影响。每个人都在特定的社会文化环境中生长和生活，个人的思想意识和价值观念都受到特定的文化的影响。广告传达的内容广泛，涉及政治、经济、伦理道德、历史和宗教信仰等领域，因此广告主和广告商又需要熟悉当地当时的社会文化特征与行为习惯，让广告所传达的信息能够尽量合拍地嵌入当地社会的价值系统，使广告真正发挥效用。从这个意义上说，广告又进一步强化着当地的文化。

中华传统文化有自身的特殊性。承载了中国几千年文明史的中华文化，虽然从古至今多次承受外来文化的冲击影响，但在吸纳异族文化的同时不断壮大自己，文化传统完整而持续，具有强大的生命力和影响力，并以强大的辐射力影响着世界文化的发展。随着时代变迁，中华传统文化虽在形式上有所发展和变化，但在强调人文精神、推崇伦理道德、倡导礼仪规范、追求理想人格等文化内核上没有改变，一直被世代传承并影响着中

---

① 戈公振：《中国报学史》，生活·读书·新知三联书店1955年版，第220页。

国人的价值取向、人生理想和思维方式。① 这种影响甚至延伸到海外华社包括菲律宾的华人华侨社会。从菲华报刊的非商业广告就可以看出这种明显的、延绵不绝的影响，这种影响涵盖菲华社会各个领域，贯穿于民众的日常生活中。它如同树立在海外的一面面镜子，反射出菲律宾华人社会生活所保留的中华传统文化的方方面面，记录着不同时期的社会风尚，并发挥着传承文化、凝聚人心、协调社会关系等重要的社会功能。以菲华报刊强化菲华社会的"圈子"文化为例，菲华社会的非商业广告的一个重要功能，就是建构、维系和强化菲华社会的"圈子文化"。圈子文化是华人社会的一种特殊的文化形态，以亲疏关系为标准形成的圈子是维系人际关系的重要介质，如宗亲圈、同学圈、战友圈、同乡圈等，圈子文化遍布在华人社会生活的各个领域。华人身在异国他乡，谋生不易，需依靠宗亲、社团抱团取暖、安身立命。这些特定的圈子给他们以特定的归属感。圈子关系从表面上看是一种无功利性的情感归属，从本质上看则是一种互利性的生活互助。因此，从菲律宾华人所处社会政治经济环境的特殊性方面来看，圈子关系尤为必要，而菲华报刊也成为维系社会关系、传播圈子文化、扩大圈子范围的途径之一，菲华报刊的非商业广告在这方面发挥着尤其重要的作用：华人们通过非商业广告维系着社团关系、族群关系等人际关系。"有的侨胞订报纸的一个重要因素除了看新闻外，还要注意礼仪广告，生怕遗漏，想记住别人的一份情谊；当别人有什么喜事时，也愿花钱登广告祝贺，礼尚往来，以此还情。"这种人情味十足的广告，既阐扬着菲律宾华人礼尚往来的社会风尚，亦为报社增添了可观的广告收入，成为报社一项重要的经济来源，可谓一举两得。② 菲律宾的华人把刊登广告的行为当作一种情谊，而接受了对方情谊的人，也会想办法回报。"礼尚往来""来而不往非礼也"，这构成了菲华社会独特的生活图景。

在谈到菲华报刊的任务时，《世界日报》总主笔侯培水先生认为，它们肩负着双重使命："一是作为祖籍国与所在国的友谊桥梁，报道祖籍国

---

① 陈月明：《文化广告学》，国际文化出版公司2002年版，第196页。
② 钱汉东：《中菲友谊的桥梁——访菲律宾〈世界日报〉》，《新闻记者》1997年第6期。

的新闻与消息，使本地的华人华侨了解到故国发生的事情；二是作为本地的一个新闻单位，为传达政府的政令，报道当地的消息与国际新闻，促进华人与当地人的关系，为建设一个美丽、富强的国家而尽一己的力量。"①此外，菲华报刊还承担着第三大功能，这就是中华文化在菲律宾社会的传播。笔者在菲律宾访谈多位旅菲几十年的老华侨时，也发现他们对华文报刊情有独钟。菲华报刊对华人华侨来说意义重大：首先，菲华报刊是他们与祖籍国联系的重要媒介，也是华人们自己经营、为自己争取权益的舆论场；其次，海外华人华侨念念不忘自己肩负的使命和责任，就是让中国文化在在异国他乡传承下去，为华人移民第二代、第三代保留华文的文化血脉，菲华报刊正给他们提供给了这样的平台。因此虽然历史上不少菲华报刊经历过很多次资金不足、被迫停刊的窘境，但危难之时总有华人华侨挺身相助，捐款或注资入股，支撑其运营。

民族文化的突出特征就在于它的继承性和稳定性，但是随着时代和科学技术的发展，民族文化的这种稳定性和继承性不断受到冲击。随着新媒体的兴起，菲律宾华人在媒体的使用上已经出现不同程度的改变。例如青年人更加青睐于使用新媒体平台，而减少使用和依赖传统报纸的非商业广告。在以往的新年团拜会前，在菲华人获知消息的渠道多源于华文报刊的非商业广告，但自从社交媒体微信兴起后，华人更多地倾向于从微信平台了解有关团拜的各项事宜。笔者通过访谈也发现，在菲律宾华人尤其是年轻人当中，存在着一天可以不看报纸不查邮件，但一定会看微信的现象。这对于传统报纸的非商业广告来说并不是一个好消息。菲律宾华文报纸及非商业广告如何既保留原有的中国传统文化特色，又能融合当下新媒体的传播技术，继续担纲文化传播的角色，这一问题成为菲华报刊编辑当下面临的最大挑战。如何让民族文化在更具开放性、融合性的同时保持其稳定性和继承性，让人们在迎接科技进步的同时依然能够获得特定文化背景下

---

① 侯培水：《菲律宾华文报的定位与任务》，见 http://www.chinaqw.com/node2/node116/node117/node163/node820/node827/userobject6ai46326.html。

的生活信息，感受特定文化情境下的变与不变，丰富自身的文化感知和审美趣味，这是包括菲华报刊在内的海外华文媒体人必须认真考虑和面对的问题。

第八章 从菲律宾英文媒体对华报道看中华文化传播

新闻媒体是最活跃的信息传播载体，也是文化传播最好、最具效能的载体。我们在研究菲律宾华文媒体时，也试图研究菲律宾华文媒体对菲律宾英文主流媒体的影响，但是很遗憾，根据我们访谈和问卷调查的结果，菲华报刊与菲英文主流媒体基本没什么来往，菲华报刊从业人员懂英文并能在英文媒体上发表文章者寥若晨星，菲华报刊对菲律宾英文主流媒体的影响亦可推知一二。那么，菲律宾英文主流媒体在对华报道方面，在信息源的采用上是怎样一个状况？对来自中国的信息源，包括对菲华报刊这一信息源的引用，是一个什么样的情况？通过对这些问题的研究，我们可管窥菲律宾英文主流媒体所建构的中国文化图景和中国国家形象。

徐小鸽早在1996年就曾将媒体报道中的"国家形象"定义为"指一个国家在国际新闻流动中所形成的形象，或者说是指一国在他国新闻媒介的新闻和言论报道中所呈现的形象"①，这一定义明确了国际新闻层面上的国家形象是通过国际新闻报道呈现出来的。刘晓燕则在2002年的研究中从哲学层面对媒体报道中的"国家形象"进行了更宏观的定义，即"指国家的客观状态在舆论中的投影，也就是社会公众对国家的印象、看法、态度、评价的综合反映，是公众对国家所具有的情感和意志的总和。国家形象是存在于国际传播中社会公众对国家的认识和把握，是公众作为主体感受国家客体而形成的复合体，也即国家行为表现、性状特征、精神面貌等在公众心目中的抽象反映和公众对国家的总体评价和解读"②。这一定

---

① 徐小鸽：《国际新闻传播中的国家形象问题》，《新闻与传播研究》1996年第2期。
② 刘小燕：《关于传媒塑造国家形象的思考》，《国际新闻界》2002年第2期。

义阐明了媒体报道中的国家形象是主观的，它是对客观的国家行为的主观反映。王海则在 2009 年出版的《西方媒体对外报道策略》中指出，传媒塑造国家形象具体表现为大众传媒的对外报道通过新闻文本及素材的取舍，反映出该国在政治、经济、文化和环境等方面的立场和态度。① 严宇在 2014 年发表的研究成果中指出："一个国家的国家形象塑造，可以说主要是通过媒体来完成的。中国国际形象的塑造同样需要通过媒体的塑造。"② 强调了媒体对国家形象的塑造作用。无论"国家形象"是"国家的客观状态"在报道中的"投影"，还是被报道所"塑造"出的形象，它与媒体报道的倾向都密不可分。媒体报道的倾向直接影响着报道中所呈现出的某个国家的形象。

第一节 菲律宾英文报纸与中菲关系概述

英语是菲律宾的官方语言之一，菲律宾的英文报纸数量占全国所有报纸数量的三分之一还多。据统计，截至 2011 年，菲律宾总共有 65 家报纸，总发行量约 470 万份，其中 24 家面向全国发行，41 家是地方性报纸。③ 全国性报纸都采用英语作为报道语言，地方性报纸则兼有英文报纸、菲律宾语报纸和华语报纸。也有报道显示，截至 2014 年 11 月，菲律宾的私营报纸已达到 500 家左右。④ 菲律宾的报纸大致可分为两种形式：宽幅大报（broadsheets）和小报（tabloids）。由于报纸价格低廉且容易获得，从而成为深受菲律宾大众欢迎的获取信息的渠道。

英文报纸在菲律宾至今已拥有一百多年的历史，最早可以追溯到 1898 年由英国人托马斯·高恩（Thomas Gowan）创立的《马尼拉时报》

---

① 王海：《西方传媒对外报道策略》，中国传媒大学出版社 2009 年版，第 63 页。

② 严宇：《西方媒体报道中的中国形象塑造》，《西部广播电视》2014 年第 3 期。

③ Charmy G. Sabigan, *An Overview of the Philippine Media*, 2011-06-24, http://vid-1.rian.ru/ig/fmf/ss/Future_Media_Forum_2011_CharmySabigan.pdf.

④ *Philippines profile - Media*, 2014-11-24, http://www.bbc.com/news/world-asia-15527446.

（*The Manila Times*），这是菲律宾的第一份英文报纸。此后，菲律宾国内又陆续出现了许多英文报纸，其中，创办于 20 世纪初期的《马尼拉每日公报》（*Manila Daily Bulletin*）、《先驱报》（*Herald*）和《论坛报》（*Tribune*）三家最具影响力。[①] 英文报纸在菲律宾真正盛行起来是在二战结束后，日本人从菲律宾撤军，大批由美国人创办的报纸出现。1972 年，时任菲律宾总统马科斯颁布了戒严令，政府开始严格控制言论，菲律宾英文报纸的发展受到了严重的阻碍。直至 1985 年，《菲律宾每日问询者报》（*Philippine Daily Inquirer*）和《菲律宾星报》（*Philippine Star*）这两家非官方英文报纸的出现，才打破了这一局面，成为反对马科斯独裁统治的舆论利器。直至今日，这两家报纸仍是菲律宾全国发行量最大的英文报纸。

现如今，菲律宾媒体更多地受到强大的商业利益影响，私营报纸生机盎然。大多数的菲律宾媒体都为大企业所有，通过广告和销售营利。但同时，菲律宾媒体又以强烈的激进主义(activism)和民族主义(nationalism)色彩而闻名，尤其是当国家传播政策需要时，这一特点表现得尤为明显。[②] 媒体在菲律宾社会中扮演着重要的政治角色，主要表现在传播信息、引发和反映公众意见以及充当政府监察者（watchdog）时。[③] 除此之外，菲律宾媒体在社会中还扮演另外两重角色，即经济角色和社会角色。而英文报纸作为菲律宾主要的媒体形式之一，大多面向全国发行，因此起着更广泛的政治作用，也同样拥有经济和社会功能。

菲律宾现有人口超过 1 亿。从报纸的读者群来看，根据尼尔森调查研究机构（Nielson Media）在 2010 年发布的报告，2000 年，菲律宾约有 50％的人口阅读报纸，由于受到互联网和新兴媒体发展的巨大冲击，这一

① D. T. Dayag，"The English‐language media in the Philippines"，*World Englishes*，Vol. 23，No. 1（2004）.

② *Wikipilipinas*，*Philippine Media and Entertainment*，2015-03-20，http：/en. wikipilipinas.org/index. php/Philippine _ Media _ and _ Entertainment.

③ B.Medija，*Dissecting The Philippine Mass Media Today*，2007-09-14，http：//www.geocities.com/SoHo/Study/6779/A _ Phmassmedia. htm.

数据在 2009 年下跌至 30％左右。① 但值得注意的是，菲律宾首都马尼拉阅读报纸的人口比例在这十年间一直保持在该城市人口的 46％左右。可见，虽然菲律宾国内阅读报纸的人口数量大幅下降，但首都人口对于报纸的阅读需求一直很稳定。而全国发行量最大的两家英文报纸——《菲律宾每日问询者报》和《菲律宾星报》——的总社都设在马尼拉，由此可推测这两份报纸在菲律宾首都马尼拉拥有广泛的读者群。

从全国人口分布来看，菲律宾人口呈现出年轻化、受教育程度普遍较低、大多数人口处于社会经济底层的特征。菲律宾全国总人口按社会经济情况可划分为 A、B、C、D、E 五个阶层。A 阶层为最富有人群，E 阶层为社会底层人群，B、C、D 则从较富有到较底层依次排序，介于 A 和 E 阶层之间。其中处于较底层和底层的 D、E 人群占总人口的 84％，这一比例从 2001 至 2010 年间从未改变过。从年龄分布来看，菲律宾人口的50％为 10—29 岁的年轻人群；从受教育程度来看，50％左右的人口只接受过中等教育，少于一半的人口接受过大学教育。

而报纸读者群的分布和全国人口分布形成了鲜明对比。前文提到菲律宾的报纸大致分为两类：宽幅大报和小报。就宽幅大报而言，64％的读者年龄在 30 岁以上，59％的读者属于底层的 D、E 阶层人群；就小报而言，62％的读者年龄在 30 岁以上，78％的读者属于底层的 D、E 阶层人群。由此可见，菲律宾阅读报纸的人口至少 40％是 30 岁以上且处于社会经济底层的人群，其中首都马尼拉阅读报纸的人口比例最大。英文报纸作为菲律宾报纸的重要部分，其读者群同样符合这一分布特征。

在上述背景下，本章选取《菲律宾每日问询者报》和《菲律宾星报》的对华报道作为研究对象，考察其对华报道的总体倾向性。

目前国内以菲律宾英文媒体对华报道为研究对象，并探究其报道倾向及中国形象的研究非常有限，其中包含暨南大学 2006 年方拥华的硕士论

---

① Nielson Media，*The Philippine Media Landscape*，2010-10-15，http：//www. slideshare. net/bingkimpo/one-nielsen-press-briefing-28-march-2011.

文《菲律宾媒体上的中国形象——以马尼拉公报为例》①,李德霞于 2013 年发表在《当代亚太》上的论文《菲律宾主流英文媒体对黄岩岛事件的报道分析——以〈菲律宾每日问询者报〉为例》②,以及广西大学 2014 年的两篇硕士论文《从框架理论看菲律宾主流媒体对中国形象的建构——以〈Daily Inquirer〉为例》③(叶青)、《菲律宾主流媒体对中国形象的建构研究》④(李苏苏)。这四种成果皆选择了菲律宾单一一家英文媒体作为研究对象,在研究方法上都采用了内容分析法。其中方拥华的硕士论文选取了 2004 年 9 月至 2005 年 8 月近一年间《马尼拉公报》关于"中国崛起"的报道内容,并侧重从国际关系理论的角度分析其对不同议题的报道数量和报道的倾向性。李德霞的研究以 2012 年黄岩岛事件作为切入点,深入分析了《菲律宾每日问询者报》在黄岩岛事件发生时的相关报道,主要从"形式特征""内容特征"和"报道倾向"三个方面进行了内容分析和文本分析,研究结论指出"从报道倾向上看,《问询者报》多以负面报道的形式来呈现中国"。广西大学的两篇硕士论文分别选取了两家不同的菲律宾英文报纸近三年的报道,虽研究侧重不同,但也都不谋而合地在结论中明确指出菲律宾英文媒体在报道和中国相关的新闻时,倾向于塑造负面的中国形象。上述研究皆对报道的倾向性做出了分析,并一致得出菲律宾英文媒体中的中国形象偏负面的结论。

H. 诺塞克(H. Nossek)的研究表明,媒体在进行对外新闻报道(foreign news)时一定持有偏见,而且这种偏见同记者和编辑对自己的国家身份认同(national identity)相关。所谓国家身份认同,就是指记者和编辑在进行对外新闻报道时,会首先判断是"我们国家的新闻"(our

---

① 方拥华:《菲律宾媒体上的中国形象——以马尼拉公报为例》,硕士学位论文,暨南大学,2006 年。

② 李德霞:《菲律宾主流英文媒体对黄岩岛事件的报道分析——以〈菲律宾每日问询者报〉为例》,《当代亚太》2013 年第 4 期。

③ 叶青:《从框架理论看菲律宾主流媒体对中国形象的建构——以〈Daily Inquirer〉为例》,硕士学位论文,广西大学,2014 年。

④ 李苏苏:《菲律宾主流媒体对中国形象的建构研究》,硕士学位论文,广西大学,2014 年。

news）还是"他们国家的新闻"（their news），这一判断甚至优先于包含客观性在内的新闻专业标准。记者和编辑对于自身的国家身份认同越强烈，他们在报道时的专业程度就越低，换句话说，报道中呈现出来的偏见就越大。特别是在对政治冲突事件的报道中，媒体对外新闻报道的这一特点尤为明显。媒体在进行对外新闻报道时所持的偏见，通常与该媒体所属国家的外交政策保持一致。①

对于菲律宾英文报纸来说，关于中国的报道在他们的记者和编辑看来属于"他们国家的新闻"，其报道内容与倾向性在理论上与菲律宾对华外交政策一致。而一个国家的外交政策又决定着国家之间的关系，因此，菲律宾英文报纸对华报道中所呈现出的报道倾向与中菲双边关系密切相关。

自 1975 年中菲两国正式建交以来，如今已超过了四十年。在过去的四十余年间，中菲双边关系不断发生着戏剧性的变化。自两国建交至 2001 年阿罗约就职总统期间，中菲两国仍处于互相不了解不信任的状态。直至阿罗约 2001 年 11 月访华，中菲关系才趋于缓和。2004 年 9 月，阿罗约再次访华。胡锦涛随后对马尼拉进行了为期三天的国事访问，并带去了数十亿美元的财政援助，两国关系进入黄金时期，这样的状态一直持续到 2008 年。之后，中国在菲律宾的投资项目曝出腐败丑闻，两国关系开始疏远。2010 年，贝尼尼奥·阿基诺三世（Benigno Aquino III）当选菲律宾总统，并于 2011 年对中国进行了国事访问，双方签订了多项协议。但在 2012 年，黄岩岛事件爆发，两国关系跌至冰点。直至 2014 年 11 月的亚太经合组织（APEC）峰会，中菲两国领导人才进行了短暂的会面。②

回顾这 40 年间中菲两国关系的发展，明显取决于三大因素的变化：第一个是菲律宾总统的更替导致不同时期迥然不同的对华外交政策，第二个是南海领土争端，第三个是菲律宾与美国之间的同盟关系。

---

① H. Nossek，"Our News and Their News：The Role of National Identity in the Coverage of Foreign News"，*Journalism*，Vol. 5，No. 3（2004）.

② 中国国际问题研究基金会海洋研究中心：《菲律宾视角下的中国外交政策：从阿罗约到阿基诺》，2014 年 5 月 29 日，见 http：//comment. cfisnet. com/2014/0529/1299177 _ 1. html。

　　从 1975 年至 2015 年，菲律宾一共经历了六任总统执政，其中马科斯、阿罗约和阿基诺三世不同的对华政策直接导致了中菲两国关系的戏剧性的变化。1975 年马科斯与周恩来签署了两国关系正常化协议，成为两国外交史上标志性的事件，但这一举动被看作是马科斯用来对抗美国对他的人权纪录的指责的一种手段。中菲正式建交后，两国之间交流并不多，也没有广泛开展双边活动。直到 2001 年阿罗约上任，菲律宾才开始了对华友好政策。但由于"9·11"事件后美国开始了反恐战争，菲律宾作为同盟国在军事上与美国合作不断，间接影响了中菲两国间友好关系的发展进程。直至 2004 年，菲律宾政府决定从伊拉克撤军，与美国的同盟开始降温，才开始增强与中国的友好往来。2005 年，中菲签署海上合作协议，中国向菲律宾提供了多项财政援助计划；2007 年，温家宝和阿罗约在东盟峰会和东亚峰会上签署了多达 15 个经济和文化协议，价值数十亿美元。但好景不长，阿罗约因腐败丑闻受到国内极大的争议，因此被迫疏远中国。2010 年，阿基诺三世继任菲律宾总统，在其上任之初曾试图平衡菲律宾与中国、美国之间的关系，但随着 2012 年黄岩岛事件爆发以及随后愈演愈烈的南海争端，阿基诺三世选择了加强与美国之间的同盟，对华外交政策反而越发强硬，甚至号召国内公众反华。①

　　中国与菲律宾之间的南海领土争端由来已久，在 21 世纪初就已摩擦不断，自 2012 年黄岩岛事件之后更是愈演愈烈，成为了中菲双边关系发展中的最大阻碍。2013 年 1 月，菲律宾在国际仲裁法庭对中国提起诉讼。前菲律宾驻华大使卫和世先生曾在讲演中这样评价南海问题："南中国海争端是最复杂最难解决的地区问题之一，主要原因有：一是牵涉方较多；二是影响到把此海域作为贸易和商业关键海路的其他国家；三是影响地区安全环境。"② 可见南海领土争端的复杂性和严重性。中国在此问题上态

---

　　① 《菲总统号召国民共抗中国 砸数百亿整军备战》，2013 年 6 月 13 日，见 http://newsxinhuanet. com/overseas/2013-06/13/c _ 124851773. htm。

　　② 卫和世、王会平：《菲律宾的外交政策及其与中国和东盟的关系》，《当代亚太》2002 年第 5 期。

度坚定，而阿基诺三世政府在此问题上的立场也毫不退让。领土问题属于国家核心利益问题，因此中菲两国关系在当时很难有进一步的发展。

　　有趣的是，即便当时政治上中菲两国关系降至冰点，但自2012年至2015年，两国贸易额不降反升。① 截至2012年，中国是菲律宾除美国和日本外第三大贸易伙伴②，但截至2014年上半年，中国已超过日本成为菲律宾第二大贸易伙伴。"菲律宾国家统计办公室数据显示，该国2011年进出口总额为1081.86亿美元，中菲双边贸易额占其外贸总额近30%，占中国外贸总额的0.89%。""截至2013年12月底，菲累计对华实际投资额为30.8亿美元，我累计对菲直接投资额为3.8亿美元。其中2013年，我对菲直接投资额为4383万美元，菲对华投资6726万美元。"③ 菲律宾经济在很大程度上依赖海外投资，再加上中国经济的迅猛发展，经贸合作对于中菲两国来说，其吸引力都是政治因素所无法阻挡的。2014年9月，在中国南宁举办的中国-东盟博览会上，"许多菲律宾政府官员和企业家纷纷表示，不希望中菲经贸被政治因素所干扰。菲律宾企业家纷纷表示，他们坚持在商言商，加速对中国贸易引资才是不变的主题"。事实上，当时"菲律宾是唯一一个没有把中国当成首要贸易伙伴的东亚国家"，这一方面说明中菲两国的经贸关系还有很大的拓展空间，另一方面也可以看出政治因素阻碍双方经济发展的严重程度。除贸易外，中国游客为菲律宾的旅游业也带去了不少收入。官方数据显示，2013年去菲律宾旅游的中国游客数量较2012年增加了70%。④ 但由于2014年下半年"菲律宾发生数起涉及中国公民的安全案件"，中国外交部甚至发出了旅游警示，"提醒

　　① 《中国与菲律宾贸易近年来不降反升 菲律宾官员看好中菲贸易发展》，2014年11月4日，http://gb.cri.cn/44571/2014/11/04/7851s4753417.htm。

　　② 《中国为菲第3大贸易伙伴 贸易战将使菲损失惨重》，2012年5月12日，http://business.sohu.com/20120512/n343011506.shtml。

　　③ 《中国同菲律宾的关系》，更新时间：2015年3月，http://wcm.fmprc.gov.cn/pub/chn/gxh/cgb/zcgmzysx/yz/1206_9/1206x1/t5581.htm。

　　④ South China Sea Dispute Tests Philippines' Ties With China，2014-09-17，http://www.voanews.com/content/south-china-sea-dispute-tests-philippines-ties-with-china/2452426.html。

在菲律宾中国公民加强安全防范，拟赴菲律宾中国公民近期暂勿前往"[①]。这些针对中国人的恶性安全事件让人不免联想到其与阿基诺三世挑动国内民众反华情绪之间的关联。可见，政治因素对于菲律宾的旅游业发展也起到了不小的阻碍作用。

而菲律宾和美国的同盟关系则使得中菲两国关系变得更加微妙。2013年，菲律宾与美国就南海海域的军事部署问题进行了正式谈判，"内容涉及增加美国士兵和舰艇在菲律宾军事基地的轮换部署"，直接面对南中国海，这种军事上的同盟直接威胁到中国的国家安全。更重要的是，美菲长期以来的同盟关系不仅与美国有关，还牵动着包括日本、澳大利亚在内的美国同盟国以及邻近中国的东盟国家与中国的多边关系。而这些国家都给中国和菲律宾的双边关系带来了许多不确定的因素。美国和日本分别是菲律宾第一大和第三大贸易伙伴以及直接投资来源，日本同时还是菲律宾最大的发展援助来源；澳大利亚也是菲律宾重要的经济和国家安全合作伙伴；新加坡则与美国有着紧密的经贸和政治关系，且与菲律宾一同加入和美国的共同军事训练行动中。[②] 作为东盟成员国中活跃的国家之一，菲律宾与同为成员国的印度尼西亚和马来西亚在地区反恐活动中又有着紧密的合作，但同时菲律宾和马来西亚也在岛屿所属问题上存在争议。

综上所述，中国与菲律宾之间的最大的隔阂在于南海领土争端，而菲律宾政府对此问题的不同态度直接导致了其对华政策的友好与否。结合诺赛克的研究，中菲两国之间的关系以及菲律宾的对华政策，也会通过菲律宾媒体在报道中国相关新闻时反映出来。

第二节　菲律宾英文媒体对华报道中的四类变量

笔者选取了菲律宾两家发行量最大的全国性英文报纸的官方网站，即

---

① 《外交部提醒近期暂勿往菲律宾旅行》，2014 年 9 月 16 日，见 http://news.163.com/14/0916/06/A689OVR100014AED.html。

② Library of Congress-Federal Research Division，Country Profile：Philippines，2006-03，Library of Congress.

《菲律宾每日问询者报》的官方网站"问询者网"（Inquirer. net）和《菲律宾星报》的官方网站"菲律宾星报网"（Philstar. com），两家报纸官方网站中的新闻内容包含报纸上所刊登的内容，也有网站另行报道的内容，其报道立场与印刷版报纸一致。

2014 年，中菲关系经历了政治上的冲突、经贸上的增长，同时也经历了 11 月 APEC 会议上两国领导人短暂会面这一打破两国关系冰点的重要事件，因此报道内容可以较为全面地反映出菲律宾英文媒体对华报道倾向。所以笔者选取 2014 年 1 月 1 日至 2014 年 12 月 31 日两家菲律宾英文媒体的网站关于中国的报道文章作为研究对象。

"通过大众媒介形成的国家形象与一个国家的政治形象有着密切的联系。政治形象，布尔丁说，在两国之间的相互理解中非常重要。""在国际报道中，政府的外交政策常常左右媒体的新闻选择和报道倾向。西方媒体对中国的报道也是如此，报道中不能完全摆脱政治因素的影响。"具体而言，影响媒体中国家形象塑造的政治因素核心是国家利益，"媒体塑造国家形象是为一定的利益和目标服务的。在国际竞争中最大限度地谋求国家利益，是过激行为的主要目标"，"同时还取决于媒体与（报道对象）国家关系的亲疏程度"。而经济因素则在一定程度上制约着媒体的报道倾向，"较为客观、平衡地报道中国"是由于要"在中国发展业务、争取中国支持的需要"。鉴于此，对于报道议题，笔者将政治议题与经济议题分开对待，并试图探究不同类别议题的报道中所呈现出的中国形象之间的共同与差异之处。

笔者选择 2014 年 1 月 1 日至 2014 年 12 月 31 日这一时间跨度，采用构造周抽样方法对两家网站各抽取两个构造周，即在所有的周一中随机抽取一天作为构造周的周一，在所有的周二中随机抽取一天作为构造周的周二，接下来按照同样的方法构造周三、周四、周五、周六、周日，以获得一个构造周。如此重复三次，从而获得研究所需的四个构造周，所抽取的日期如下表所示：

表 5   四个构造周的时间分布

媒体名称	构造周编号	周一	周二	周三	周四	周五	周六	周日
问询者网	构造周 1	6 月 23 日	12 月 9 日	5 月 14 日	3 月 13 日	7 月 4 日	5 月 3 日	9 月 21 日
	构造周 2	2 月 24 日	6 月 10 日	12 月 3 日	1 月 2 日	4 月 11 日	4 月 19 日	4 月 13 日
菲律宾星报网	构造周 3	8 月 11 日	4 月 22 日	5 月 21 日	4 月 3 日	7 月 18 日	2 月 1 日	3 月 16 日
	构造周 4	5 月 5 日	7 月 1 日	4 月 9 日	12 月 4 日	8 月 1 日	6 月 14 日	11 月 16 日

在此基础上，笔者利用搜索引擎的筛选工具，按照日期分别搜索两个网站中包含关键词"China""Chinese"，以及包含中国城市地名（含香港、澳门和台湾）、包含中国人名（如李娜）在内的报道，构成样本总体。

笔者在菲律宾两家英文报纸官方网站上抽取的报道是本研究的抽样单位，本研究的分析单位是用于分析每篇报道的编码类目，每个类目都是一个分析单位，笔者沿用了李德霞采用的三大类目进行编码，即新闻报道的报道形式、报道的内容特征和报道的倾向性。再将这三大类目细分为 12 个小类别进行统计：

（1）报道的形式特征。报道的形式特征指的是不需要阅读文章内容就可以进行编码的类目，包含报道日期、新闻标题、新闻所属板块、新闻来源、文章长度。

"报道日期"，指的是每篇新闻报道标题下记录的发布日期；

"新闻标题"，即位于每篇新闻报道顶部的加粗大字体标题；

"新闻所属板块"，指的是每篇新闻在网站上所归属的栏目板块；

"新闻来源"，指的是新闻稿件的供稿方，位于作者名字旁或标题下面一行；

"文章长度"，指的是每篇新闻报道的段落数。

（2）报道的内容特征。报道的内容特征指的是需要阅读文章内容，但不需要对其进行主观判断的编码类目，包含新闻议题、报道标题中的关键词是否是主语、事实报道还是评论性报道、消息来源（分为中方和非中方）、中方消息来源内容描述的方式。

"新闻议题"，指的是新闻内容主要讨论的话题；

"报道标题中的关键词是否是主语",指新闻标题中所含搜索关键词("China""Chinese"、中国城市地名、中国人名)是否处在主语的位置上;

"事实报道还是评论性报道",以报道中是否有未标明出处的分析或评论性话语进行衡量;

"消息来源",指的是新闻报道中所引述的除新闻来源外的其他来源,如发言人、抗议者、专家等。可细分为"非中方消息来源"与"中方消息来源"两个类目。"非中方消息来源",指的是新闻报道中除中国在外的海外消息来源,在报道港澳台地区的抗议事件时,特指除中国大陆在外的海外消息来源。"中方消息来源",指的是新闻报道内容所含中国的消息来源,但在报道港澳台地区的抗议事件时,特指中国大陆的消息来源。

"中方消息来源内容描述的方式",指的是新闻报道在引用中方消息时,采用的是直接引用还是间接引用的方式。

(3)报道的倾向性。报道的倾向性指的是需要阅读文章内容并在此基础上进行主观判断的编码类目,包含报道的总体倾向性,即新闻报道的用词和内容呈现出的对中国的总体报道立场,是正面、中性还是负面。

在笔者抽取的所有日期中,除7月18日、2月1日、3月16日、11月16日这四天没有搜索到关于中国的新闻,其余24天共搜索到78篇包含关键词的报道,其中问询者网有46篇,菲律宾星报网有32篇。在12个编码类目中,"报道日期"和"报道标题"只起记录作用,不对其进行进一步分析。为了方便对统计结果进行归纳和解释,本研究将其余的10个编码类目归纳为四类进行分析:(1)所属板块与新闻议题;(2)新闻来源与消息来源;(3)文章长度、主语与否、事实/评论;(4)报道总体倾向性。具体统计分析结果如下:

1. 所属板块与新闻议题

两家英文报纸的官方网站在板块划分上有差异,如下表所示,笔者所抽取的78篇报道分别属于问询者网上的"商业"(Business)、"国际"(Global Nation)、"生活方式"(Lifestyle)、"新闻"(News)、"观点"(O-pinion)、"体育"(Sports)、"技术"(Technology)板块,以及菲律宾星报

网上的"商业"（Business）、"头条"（Headlines）、"生活方式"（Lifestyle）、
"新闻特写"（News-Feature）、"观点"（Opinion）、"争议海域"（The Dis-
puted Seas）、"世界"（World），两家网站都设立了"商业"（Business）、
"生活方式"（Lifestyle）和"观点"（Opinion）三个板块。

表6　两家网站包含样本新闻的板块名称及样本个数

网站名称	板块名称	样本个数
问询者网	Global Nation	20
	News	15
	Business	3
	Opinion	2
	Sports	2
	Technology	2
	Lifestyle	1
菲律宾星报网	Headlines	17
	World	7
	Business	3
	Lifestyle	2
	News-Feature	1
	The Disputed Seas	1
	Opinion	1

　　问询者网站上关于中国的报道有20篇在"国际"板块，15篇在"新
闻"板块，二者一共占据了46篇报道中的35篇；而菲律宾星报网则将中
国相关报道大部分划分在了"头条"和"世界"两个板块。这四个板块的
内容多以时效性较强且内容较为严肃的时事新闻报道为主，由此可以看出
两家网站对于中国的报道较多注重具有时效性以及严肃的新闻内容。

　　"所属板块"可以看作是网站编辑按照新闻内容划分的类别，而"新
闻议题"也是根据新闻内容所围绕的话题将报道进行分类，后者可以看作
是在前者基础上的进一步细分。

笔者将两家网站关于中国的 78 篇报道的议题归纳总结为 14 个议题：南中国海（South China Sea），经济和商业（Economy/Business），马航飞机失踪（Malaysian Missing Flight），中国与美国、日本的关系（Relations with the U. S. and Japan），技术（Technology），海军（Naval），意外事件（Accident），环境（Environment），体育（Sports），旅行（Travel），香港抗议事件（H. K. Protest），能源（Energy），言论自由（Press Freedom），其他议题（Others）。

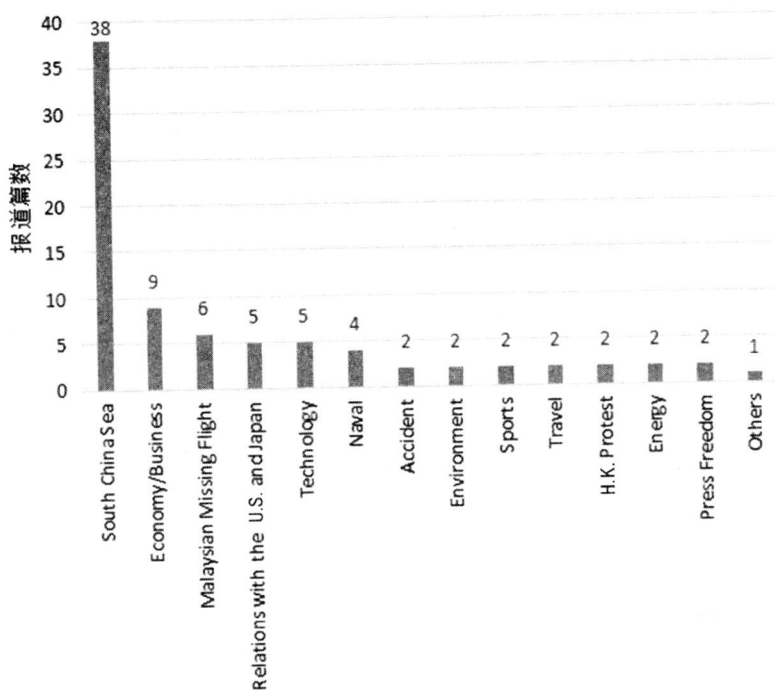

图 20　两家网站针对各新闻议题的对华报道篇数

如图 20 所示，所有报道中，涉及南中国海议题的新闻报道数量最多，有 38 篇，占所有 78 篇报道中的 49%；此外其他议题的报道数量与南海议题的报道数量差距很大，篇数最多的经济和商业议题的报道也只有 9

篇，占12%。由此可见，南中国海议题是两家网站关注度最高的新闻议题，且这种关注度要远远高于对其他新闻议题的关注。关于马航飞机失踪和香港抗议两个事件的报道属于突发性新闻报道，是特定时间内的集中报道，一共11篇，占14%。另外，中国与美国、日本之间的关系，海军，能源这三个议题与中菲关系密切相关，一共有11篇。科技、环境、体育、旅行以及其他议题的软新闻报道共有13篇，占17%。需要说明的是，有些文章涵盖了不止一个议题，在统计中存在重复计算的情况，例如《中国警告菲律宾和日本：我们不会在领土问题上妥协》[1] 这一报道，议题涵盖了南中国海、中国与日本关系，那么在统计时便算作南中国海议题一篇，同时算作中国与美国、日本关系议题一篇。因此，图20中统计的篇数总和会多于78。在计算百分比时，将以相应议题的报道篇数除以总量78，因此所有议题篇数的百分比相加之和会大于百分之百。

2. 新闻来源与消息来源

就新闻来源而言，独立的来源有问询者网站、《菲律宾每日问询者报》印刷版、法新社、美联社、菲律宾星报网站、《菲律宾星报》印刷版，以及一篇民间组织负责人的特稿。有3篇报道中菲律宾星报网、问询者网分别与美联社作为共同新闻来源。我们将《菲律宾每日问询者报》及问询者网、《菲律宾星报》及菲律宾星报网算作"原创新闻来源"，而美联社和法新社则算作"非原创新闻来源"。如图21所示，采用"原创新闻来源"的报道共40篇（不算共同新闻来源的三篇），约占所有报道的51%；而采用"非原创新闻来源"的报道共34篇（不算共同新闻来源的三篇），约占所有报道的44%，因此原创报道是主要的新闻来源，不过其与非原创报道的比例约为5：4，差异不大。两家菲律宾英文媒体之间，互不采用对方的原创新闻来源，共同之处是都采用了多篇美联社的新闻来源——问询者网有10篇来自美联社的新闻稿件，菲律宾星报网采用了8篇。问询者

---

① Jose Katigbak, *China Warns Phl, Japan: 'We won't Compromise on Territory'*, 2014-04-10, http://www.philstar.com/headlines/2014/04/10/1310882/china-warns-phl-japan-we-wont-compromise-territory.

网的报道中有 16 篇来自法新社，但菲律宾星报网则没有援引自法新社的报道。就问询者网上的对华报道而言，44 篇对华报道中有 17 篇原创，约占该媒体对华报道的 39%；就菲律宾星报网而言，34 篇对华报道中有 24 篇原创，约占该媒体对华报道的 71%。由此可见，两家菲律宾英文媒体中，问询者网对华报道的新闻来源大部分来自美联社和法新社，而菲律宾星报网上的报道则很大部分来自原创新闻来源。

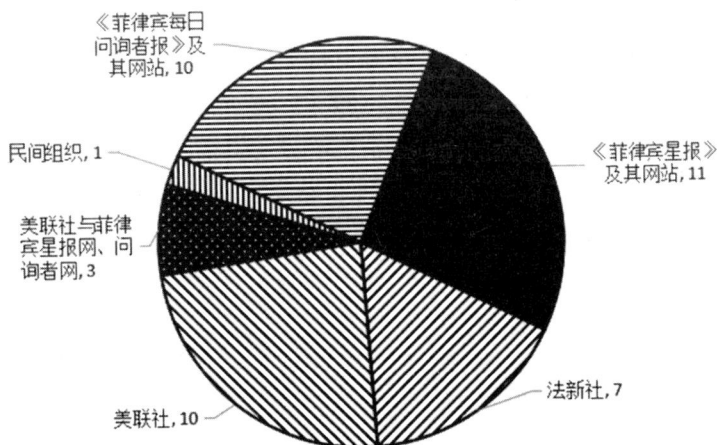

图 21 两家网站的新闻来源分布情况（单位：篇数）

两家网站一共采用美联社和法新社的稿件 26 篇，占研究样本总数的 1/3，作为仅有的两种外媒新闻来源，美联社与法新社是这两家网站对华报道的重要来源。在问询者网的对华报道中，17 篇为原创报道，约占该网站所有对华报道的 40%；在菲律宾星报网的对华报道中，24 篇为原创报道，占该网站所有对华报道的 75%。可见，这两家网站的对华报道中，原创新闻占据较大的比例。

就消息来源而言，可细分为两个类目，即"非中方消息来源""中方消息来源"，另外设立"中方消息来源内容描述的方式"这一类目以记录对华报道中使用中方消息来源的方式，即是直接引用还是间接引用。"非中方消息来源"可分为六类：各国政府及官方人员、各国专家、军方、媒体、商业公司、民间组织或民众。在78篇报道中，有5篇没有引用任何消息来源，14篇报道只引用了"中方消息来源"但没有引用任何"非中方消息来源"。其余报道如下图所示，问询者网和菲律宾星报网在对华报道中引用得最多的消息来源是"各国政府及官方人员"，也就是代表各国国家利益的官方群体；其次是各国专家，专家国籍涵盖菲律宾、美国、日本、澳大利亚、马来西亚等，消息来源较多元但同时也很分散。其他非官方群体的消息引用次数总和只相当于"各国政府及官方人员"的一半左右。这样引用消息来源的方式能够增强报道的权威性和可信度，但是由于受到不同国家的利益和国家间关系的影响，官方消息的权威与可信度并不意味着对华报道总体倾向会呈现中立，反而有可能由于只陈述了某一方的态度和立场，导致报道有失平衡。

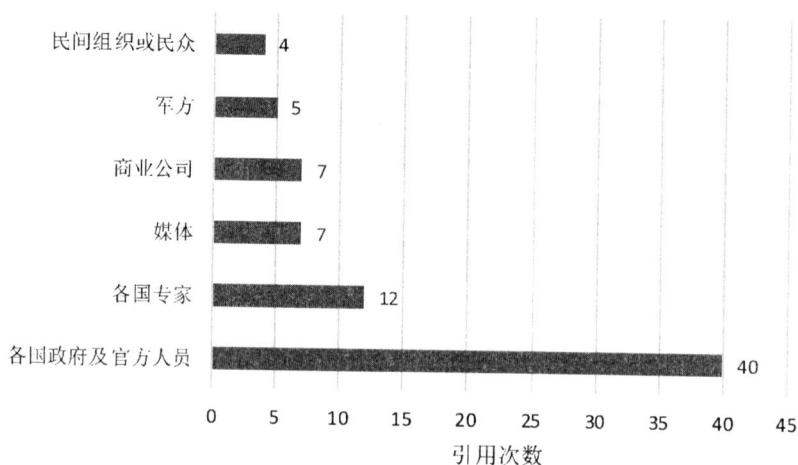

图 22　两家网站对华报道中引用"非中方消息来源"的情况

以报道数量最多的南中国海议题为例，两家网站的38篇报道所引用消息来源分别来自不同的牵涉利益的国家，包括菲律宾、中国、美国、日本、马来西亚、印度尼西亚、越南。其中来自菲律宾官方的消息被引用了23次，中国14次，美国11次，日本2次，马来西亚1次，印度尼西亚1

次，越南 6 次。有 3 篇文章只引用了中方的消息来源而没有引用除中方以外的消息来源，2 篇文章没有引用任何消息来源。这 38 篇报道有时会引用多个消息来源，也存在只引用一个消息来源的情况。由此可见，问询者网和菲律宾星报网的对华报道，其消息来源主要是菲律宾、中国、美国三方，其他利益牵涉方的消息来源也有少量引用。值得注意的是，对中方消息来源的引用同对美国消息来源的引用，其频率相近，可见两家网站在南中国海议题的报道上，非常重视菲律宾的同盟国美国方面的消息。菲律宾媒体虽然不属于西方媒体的范畴，但由于菲律宾与美国之间紧密的同盟关系，两国存在一致的政治和经济利益，因此两国媒体对中国的报道立场一致。

在所有选取的对华报道中，有 31 篇引用了中方消息来源，可以归纳为以下几类：中国政府及官方人员、军方、专家、媒体、银行和商业公司、民众。引用中国政府及官方人员消息来源 24 次，引用军方消息 1 次，专家消息 3 次，中国媒体消息 4 次，银行和商业公司消息 2 次，民众消息 3 次。可见，中国政府及官方人员的消息是两家网站对华报道时中方的主要消息来源，其余的消息来源被引用次数极少。具体就南中国海议题的报道而言，38 篇报道中的 25 篇完全没有引用中方的消息，约占所有报道的 67%。明显地，菲律宾这两家英文媒体针对南中国海议题的对华报道，中国方面消息来源的引用频率远远不足以保持其报道立场的客观性，其立场并不中立。

"中方消息来源内容描述的方式"编码类目，指的是新闻报道在引用中方消息时，采用的是直接引用还是间接引用的方式。在 31 篇引用了中方消息来源的对华报道中，有 24 篇采用了直接引用的方式，占 77% 左右；其余 7 篇采用了间接引用的方式，占 23% 左右。通过对中方消息来源内容描述方式的统计分析，可以看出菲律宾两家网站的对华报道在引述中方消息时，多采用直接引用的形式，其报道形式较为客观。

3. 文章长度、主语与否、事实/评论

笔者以文章的段落数为衡量新闻报道的文章长度的标准，并以文章长度反映新闻重要性为前提进行分析。在所选取的所有新闻报道中，最短的文章仅有 2 个段落，最长的文章则有 55 个段落。其中，2—10 个段落的文章有 28 篇，11—20 个段落的文章有 37 篇，21—30 个段落的文章有 7 篇，31—40 个段落的文章有 5 篇，另有一篇 55 个段落的文章。也就是说，两家网站对华报道的文章长度主要为 2—20 个段落，即中短篇文章。

"主语与否"是指新闻标题中所含搜索关键词（"China""Chinese"、中国城市地名、中国人名）是否处在主语的位置上，以此来判断报道中中方是处于主动地位还是被动地位。在所有的 78 篇报道中，中方在 33 篇报道中处于主动地位，例如《中国开始在争议海域钻石油井》①、《中国银行的银行保险股价将攀升》②、《中国航母结束首航》③ 等报道。中方在 39 篇报道中处于被动地位，例如《菲律宾释放 18 艘寻求避难的中国渔船》④、《美国在菲律宾船只问题上打击了"积极的"中国》⑤、《菲律宾希望中国与东盟一同讨论海洋公约》⑥ 等报道。因此，中方处于被动地位的报道略多于处于主动地位的报道，但二者差异并不大。

"事实/评论"即"事实报道还是评论性报道"这一编码类目，衡量标准是报道中是否有未标明出处的分析或评论性话语，如果没有则算作事实报道，如果有则算作评论性报道。在所有的抽取的对华报道中，有 56 篇是事实报道，约占 72%，其余 21 篇是评论性报道。可见这两家网站主要

①　Associated Press, *China Begins Drilling for Oil in Disputed Sea*, 2014-05-05, http://www. philstar. com/world/2014/05/05/1319624/china-begins-drilling-oil-disputed-sea.

②　Philippine Daily Inquirer, *China Bank to Hike Bancassurance Stake*, 2014-07-04, http://business. inquirer. net/174069/china-bank-to-hike-bancassurance-stake.

③　Associated Press, *China's 1st Aircraft Carrier Ends Maiden Voyage*, 2014-01-02, http://globalnation. inquirer. net/95579/chinas-1st-aircraft-carrier-ends-maiden-voyage/.

④　Philippine Daily Inquirer, *PH Lets Go of 18 Chinese Fishing Boats that Sought Refuge in Basilan Due to Ruby*, 2014-12-09, http://globalnation. inquirer. net/115324/ph-lets-go-of-18-chinese-fishing-boats-that-sought-refuge-in-basilan-due-to-ruby/.

⑤　Agence France-Presse, *US Hits 'Provocative' China Move On Philippine Ships*, 2014-03-13, http://globalnation. inquirer. net/100247/us-hits-provocative-china-move-on-philippine-ships/.

⑥　Philstar. com., *Phl Hopes China to Discuss Sea Code with ASEAN*, 2014-05-21, http://www. philstar. com/headlines/2014/05/21/1325678/phl-hopes-china-discuss-sea-code-asean.

以事实报道的形式进行对华报道，但这并不意味着大部分的对华报道都呈现出中立的总体报道倾向，换句话说，一篇对华报道即便从形式上遵守了新闻专业的原则，记者并未直接写出评论性的话语，但由于消息来源本身的原因或者对事实的片面截取，最终可能导致总体报道倾向并非中立。后文将对此进行进一步的阐述。

4. 报道总体倾向性

报道总体倾向性，指的是新闻报道的用词和内容呈现出的对中国的总体报道立场，是正面、中性还是负面。如图 23 所示，菲律宾两家网站的对华报道，其总体倾向性以负面为主，在所抽取的 78 篇报道中占 38 篇，约占所有报道的一半；中性报道其次，有 31 篇，约占所有报道的 40%；正面报道很少，仅有 9 篇，约占所有报道的 12%。由于两家菲律宾英文媒体对华报道中有一半是负面报道，中性报道虽然所占比例不小，但因正面报道所占比例太小，所呈现出的中国的整体形象是负面的。

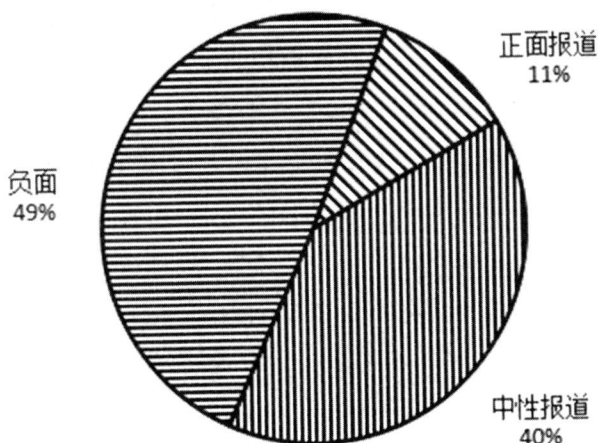

图 23 两家网站对话报道总体倾向性占比

就报道数量最多的南中国海议题而言，38 篇报道中报道倾向呈中性的有 11 篇，约占 29%；呈负面的有 27 篇，约占 71%，无正面报道。换言之，在南中国海议题上，两家网站的对华报道倾向以负面为主，中性报道其次，后者数量不及前者的 1/2，没有正面报道。

第三节 对华报道总体倾向性和五种变量的关系

基于上述统计分析结果，问询者网与菲律宾星报网上的对华报道主要倾向于负面的报道立场，中立立场次之，正面报道极少。那么这样的报道倾向是否受到上述变量（即编码类目）的影响？是如何影响的？笔者通过分析报道总体倾向性与其他编码类目之间的关系，来回答这两个问题。

1. 报道总体倾向性和新闻来源的关系

在所有的 9 篇正面报道中，6 篇来自美联社与法新社两家国外通讯社，3 篇为《菲律宾每日问询者报》及其网站、《菲律宾星报》及其网站这两家媒体的原创稿件。在所有负面报道中，21 篇"原创新闻来源"的稿件占所有负面报道的 55%，其余稿件来自美联社、法新社、共同合作稿件以及 1 篇特约稿件。换言之，"原创新闻来源"与"非原创新闻来源"的负面报道比例大约为 1:1。在所有的中性报道中，16 篇"原创新闻来源"的稿件约占所有中性报道的 52%，略多于"非原创新闻来源"的中性报道。因此，从总体上看，无论是中性报道还是负面报道，其"原创新闻来源"与"非原创新闻来源"的比例接近 1:1；而正面报道由于数量过少，又较为分散地分布在各报道倾向类别中，因此两家网站对华报道新闻来源是原创还是非原创，对其报道的总体倾向影响并不大。

如图 24 所示，来自《菲律宾每日问询者报》及其网站的原创对华报道集中呈现出负面报道倾向，仅有 1 篇正面报道；来自《菲律宾星报》及其网站的原创对华报道则较为平均地呈现出负面和中性报道倾向，且数量最多，仅有 1 篇正面报道；问询者网所采用的法新社新闻稿件中，负面报道和中性报道数量相同；两家网站所采用的美联社新闻稿件中，集中在负面报道上，其次是中性报道。由此可看出，来自《菲律宾每日问询者报》及其网站的原创新闻倾向于使报道整体呈现负面倾向；而来自《菲律宾星

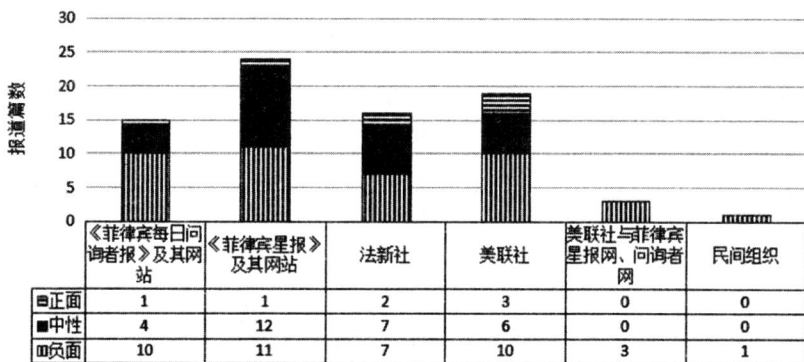

	《菲律宾每日问询者报》及其网站	《菲律宾星报》及其网站	法新社	美联社	美联社与菲律宾星报网、问询者网	民间组织
正面	1	1	2	3	0	0
中性	4	12	7	6	0	0
负面	10	11	7	10	3	1

图 24　报道总体倾向性与新闻来源

报》及其网站的新闻对报道整体倾向的影响较为平均地呈现在负面和中性报道中；来自法新社的新闻对报道整体倾向的影响较也为平均地呈现在负面和中性报道中；美联社的新闻则使报道过半呈现负面倾向。因此，《菲律宾每日问询者报》及其网站、《菲律宾星报》及其网站、美联社这三种新闻来源对整体报道倾向呈现负面的影响较大。另一方面，《菲律宾星报》及其网站这一新闻来源拥有大量的中性报道，且较其他新闻来源更多；同时法新社和美联社也对中性报道的影响较大。所以，在中性报道中，《菲律宾星报》及其网站、法新社和美联社对报道倾向的影响较为明显。

对不同新闻来源进行对比，就原创新闻来源而言，《菲律宾星报》及其网站的对华报道较之于《菲律宾每日问询者报》及其网站的对华报道，更多地倾向于中性报道，而后者较之于前者则更多地倾向于负面报道。就美联社和法新社两家海外新闻来源来说，美联社的正、负面对华报道较多地被采用，法新社的中性对华报道较多地被采用。

美联社和法新社两家具有代表性的西方媒体是问询者网和菲律宾星报网仅有的两家海外新闻来源，且其立场同菲律宾主流媒体在总体上基本一致。另外，菲律宾两家英文媒体的原创报道占所有报道的 1/2 还多，由此基本已经确立了两家媒体的报道倾向。两家媒体对华报道的新闻来源太过单一，且没有中国媒体作为新闻来源，其报道立场明显偏向于菲律宾和西方媒体。

综上，菲律宾两家英文媒体对华报道总体倾向与新闻来源之间存在较为紧密的联系。《菲律宾每日问询者报》及其网站、《菲律宾星报》及其网站、美联社三种新闻来源对整体报道倾向呈现负面的影响较大；而在中性报道中，《菲律宾星报》及其网站、法新社和美联社对报道倾向的影响较为明显。原创新闻来源中，《菲律宾星报》及其网站的对华报道较多地呈现出中性的报道倾向，而《菲律宾每日问询者报》及其网站则较多地呈现出负面的报道倾向。非原创新闻来源中，美联社的负面对华报道较多地被两家网站采用，法新社的负面和中性报道非常平均地被问询者网采用。但由于新闻来源总体上太过单一，且其报道立场太过一致，因此会影响到两家网站对华报道的总体倾向。

2. 报道总体倾向性和新闻议题的关系

报道倾向不同，报道的议题分布也有差异。如图 25 所示，负面和中性报道都集中在对南中国海议题的报道，28 篇负面报道在所有负面报道中约占 74%，远远高于对其他议题的报道。关于南中国海议题的 11 篇中性报道占所有中性报道的 35%；除南中国海议题外，中性报道主要分布在"经济与商业"（7 篇）和"马航飞机失踪"（6 篇）两个议题。正面报道中则没有关于南中国海议题的报道，仅有的 8 篇正面报道分布在"旅行""技术""马航飞机失踪""军事"四个议题中，各有 1—2 篇报道不等。

可以明显看出，关于南中国海议题的对华报道主要集中于负面报道，其次是中性报道，完全没有正面的对华报道；而经济与商业议题的对华报道则集中于中性报道，负面和正面报道极少；对马航飞机失踪议题的对华报道有 6 篇是中性报道，1 篇正面报道，无负面报道，其原因在于关于该议题的对华报道内容主要是中方对马航失踪飞机搜救工作的最新进展。其他的议题在正面、负面和中性倾向的类别中各有 1—3 篇报道，没有特别集中于某一倾向，因此对报道倾向性的影响并不大。

综上，新闻议题对报道倾向性的影响主要体现在南中国海和经济与商

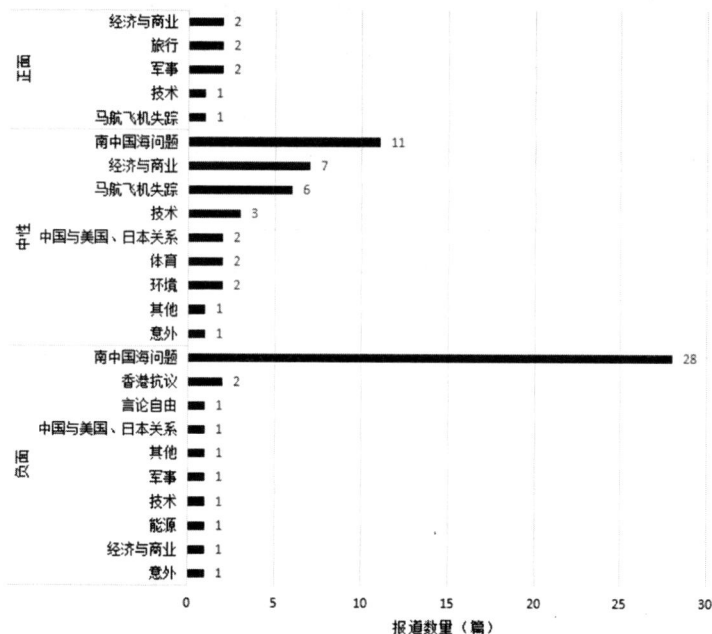

图 25 报道倾向性与各议题篇数

业这两个议题上，前者主要呈现出负面的报道倾向，后者主要呈现出中性的报道倾向。马航飞机失踪作为特殊新闻事件，对对华报道倾向并不具备长期的影响作用。其余新闻议题则篇数极少，且较为平均地呈现出正面、负面、中性的报道倾向。

　　3. 报道总体倾向性和主语与否的关系

　　两家菲律宾英文媒体的负面倾向的报道中，当中方处于非主语位置上时（即当中方关键词作为标题中的被动者或仅作为地点提出时）较之于中方处于主语位置上时（即中方关键词作为动作的主动者时），前者比后者的负面报道要多10篇，约占后者的2/3，差异很大。由此可推测，当中方关键词处于报道标题的非主语位置上时，报道的总体倾向较易呈现为负面。就中性倾向的对华报道而言，中方关键词处于主语位置和处于非主语位置上时，报道篇数差异不大。而所有正面倾向的对华报道，中方关键词都处于标题的主语位置上。由此可推测，当对华报道标题中的中方关键词处于主语位置上时，该报道有可能呈现正面的报道倾向；但当中方关键词处于标题中的非主语位置时，该报道不可能呈现正面的报道倾向。

表 7　报道总体倾向性与中方关键词主语与否的关系

（单位：篇）

	正面倾向	中性倾向	负面倾向
处于主语位置	8	16	14
不处于主语位置	0	15	25

综上，报道总体倾向性与中方关键词在对华报道的标题中是否处于主语位置存在一定关联。当中方关键词处于主语位置时，对华报道最可能呈现负面的报道倾向，其次是中性倾向，也可能呈现正面报道倾向；当处于非主语位置时，其报道最可能呈现负面倾向，其次是中性倾向，但不可能呈现正面倾向。

4. 报道总体倾向性和事实/评论性报道的关系

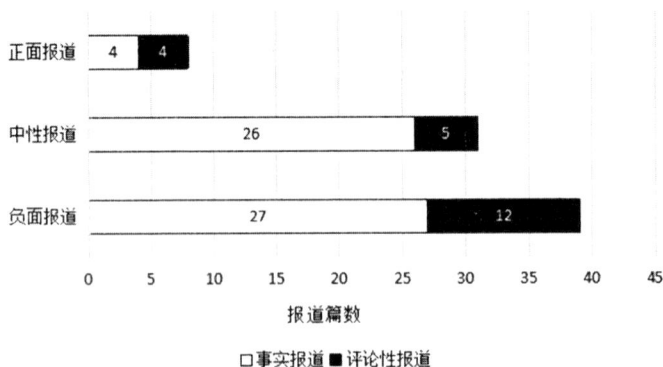

图 26　报道总体倾向性和事实/评论性报道的关系

如图 26 所示，在负面和中性报道中，事实报道都比评论性报道多很多，在正面报道中，两类报道数量相同且很少。就事实报道而言，呈负面倾向的报道与呈中性倾向的报道数量差异不大；但对评论性报道来说，负面报道则是中性报道的两倍多。由此可推测，评论性报道较易呈现出负面的报道倾向，而事实报道呈现负面倾向与中性倾向的频率基本相同。简言之，两家菲律宾英文媒体的对华报道是事实报道还是评论性报道，影响着报道的总体倾向性，主要表现为评论性报道相对较多地呈现出负面报道倾向，而事实报道则较平均地分布在中性倾向和负面倾向的报道中。

5. 报道总体倾向性和消息来源的关系

消息来源包括三个编码类目，即"非中方消息来源""中方消息来源"以及"中方消息来源内容描述的方式"。下文将分别分析对华报道总体倾向性与三者之间的关联。

（1）报道总体倾向性和非中方消息来源的关系

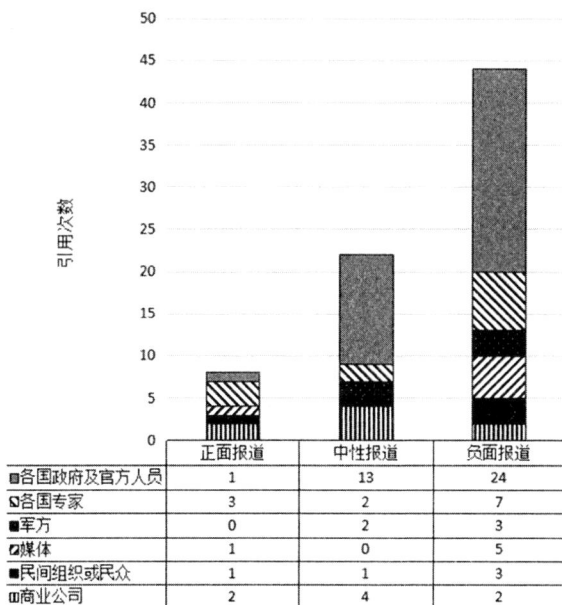

	正面报道	中性报道	负面报道
各国政府及官方人员	1	13	24
各国专家	3	2	7
军方	0	2	3
媒体	1	0	5
民间组织或民众	1	1	3
商业公司	2	4	2

图 27　报道倾向性和非中方消息来源的引用次数的关系

如图 27 所示，柱状图由下至上分别为各国政府及官方人员、各国专家、军方、媒体、民间组织或民众、商业公司的消息被引用的次数。从图中可以看出，对华负面报道和中性报道引用各国政府及官方人员的消息次数最多，正面报道中则极少引用；负面报道对于各国专家和各国媒体的消息引用也远多于中性报道和正面报道；对商业公司消息来源的引用则集中于中性报道。另外，没有引用任何非中方消息来源的报道中，中性报道的数量（10篇）远高于正面报道（4篇）和负面报道（5篇）。

（2）报道总体倾向性和中方消息来源的关系

图28显示的是两家菲律宾英文媒体各类倾向的对华报道中对各种中方消息来源的引用次数。柱状图由下至上的变量分别是中国政府及官方人员、中国专家、中国军方、中国媒体、中国民间组织或民众、中国的银行和商业公司。可以明显看到，大量的对华负面报道和中性报道中没有引用中方消息来源，其数量远远大于引用了中方消息来源的报道数量。在所有的中方消息来源中，对华报道较多地引用了中国政府及官方人员的消息，其中对华的中性报道又引用最多；而其他方面的中方消息来源被引用的次数极少，且各类报道倾向中引用次数为0—3次不等。

由此可以看出报道总体倾向性与中方消息来源之间的关联，大部分的对华中性和负面报道没有引用中方消息来源，其中负面报道数量较中性报道数量更多；在引用了中方消息来源的报道中，又集中在对中国政府及官方人员的消息来源的引用，且多为中性报道所引用，负面报道其次。剩下的五个变量由于引用次数极少，因此暂不能判断其与对华报道总体倾向性之间是否存在关联。

除此之外，在所有对华报道中，没有引用非中方消息来源而只引用了中方消息来源的报道有14篇，主要集中在9篇中性报道中，负面报道有3篇，正面报道有2篇，由此可推测，只引用中方消息来源的对华报道多数情况下呈现中性的报道倾向。

对比图27和图28可以发现，负面报道中没有引用非中方消息来源的报道仅有5篇，而没有引用中方消息来源的报道则有27篇，即负面的对华报道很多情况下只引用非中方消息来源，而不引用中方消息来源，这很可能是导致对华报道呈现负面倾向的原因之一。而中性报道中，不引用中

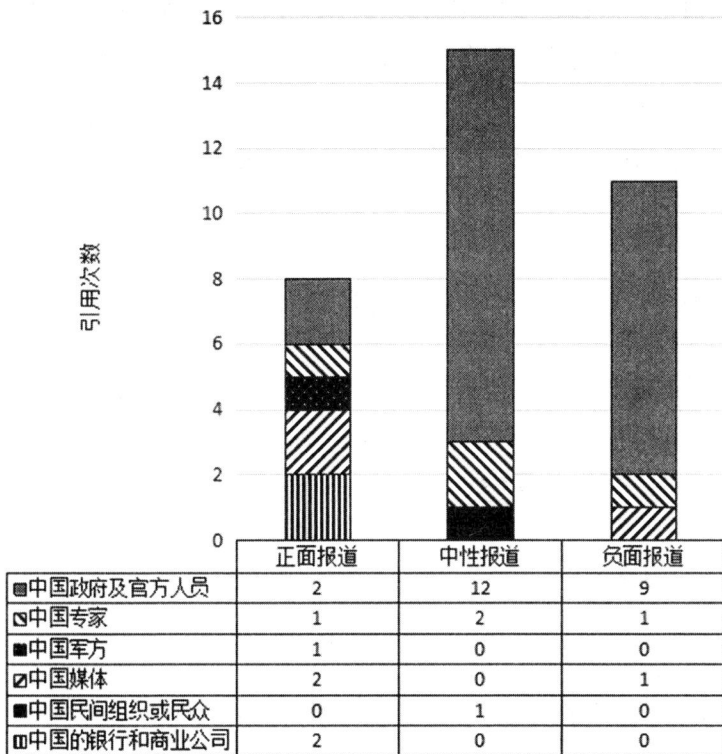

	正面报道	中性报道	负面报道
▥中国政府及官方人员	2	12	9
◨中国专家	1	2	1
■中国军方	1	0	0
▨中国媒体	2	0	1
▤中国民间组织或民众	0	1	0
▦中国的银行和商业公司	2	0	0

图 28 报道倾向性和中方消息来源的引用次数的关系

方消息来源的报道数量也比不引用非中方消息来源的报道数量多，这说明不引用中方消息来源也可能导致对华报道呈现中性倾向，但其差异不如负面报道悬殊，因此不引用中方消息来源更大程度上可能会导致对华报道呈现负面倾向，在较大程度上可能会导致对华报道倾向呈中性。

（3）报道总体倾向性和中方消息来源内容的描述方式的关系

如图 29 所示，在引用了中方消息来源的 31 篇对华报道中，中性报道最多，有 16 篇，超过了一半；负面报道 10 篇，位居其次；正面报道 5 篇。在上文的分析中已经提到，其中直接引用中方消息来源的报道有 24 篇，约占 77%，7 篇采用了间接引用的方式，约占 23%。从图中可以明显看出，中性报道中直接引用中方消息来源的次数是间接引用次数的 7

倍，负面报道中直接引用中方消息来源的次数约是间接引用次数的 2 倍，正面报道中两种描述方式的使用次数差异很小。因此，对中方消息来源采用直接引用的对华报道较多呈现出中性报道倾向，其次是负面报道倾向；而间接引用的描述方式则较为平均地分布在正面、中性和负面倾向的报道中。

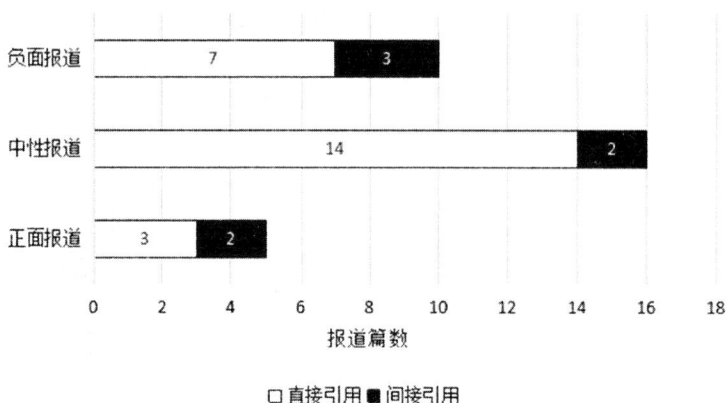

图 29　报道总体倾向性和中方消息来源内容的描述方式的关系（单位：篇）

　　根据上述分析可以发现，对华报道总体倾向与引用中方消息来源时的描述方式存在一定的联系，即直接引用中方消息来源的报道较多呈现出中性的报道倾向，其次呈现出负面报道倾向，呈现正面倾向的报道很少；间接引用中方消息来源的报道总体数量不多，且较平均地分布在不同倾向的报道中。由此也可以看出，菲律宾两家英文媒体在报道中引用中方消息来源时，较多使用形式上较为客观的直接引用描述形式，没有对消息内容进行主观的修改，这符合专业新闻的报道规范。

第四节　做好新闻报道，传播中国文化

　　南中国海议题是中国与菲律宾两国间最敏感的问题，且牵涉以政治利益为主的多方国家利益。在 38 篇关于南中国海议题的报道中，有 27 篇呈

现出负面报道倾向，约占 71%；11 篇呈现中性报道倾向，占 29%；无正面报道。可见，菲律宾两家英文媒体关于南中国海议题的对华报道以负面报道为主，因此其整体的报道倾向呈现为负面，中国在南海议题的相关报道中呈现出的整体形象也就趋于负面。由于南海议题的对华报道数量占所有报道数量的 49%，接近一半，因此该议题的对华报道在很大程度上影响了菲律宾英文媒体对华报道的整体倾向，以及报道中所呈现出的中国形象。

在 12 个变量中，报道日期与报道标题只作记录使用，其余变量中的新闻议题、新闻来源、消息来源（包括非中方消息来源、中方消息来源、中方消息来源内容的描述方式）、主语与否、事实/评论性报道都与报道总体倾向性存在一定关联，而所属板块和文章长度两个变量并未发现同报道总体倾向性之间的关联。

就新闻议题而言，除了上面提到的南中国海议题之外，经济与商业是菲律宾两家英文媒体对华报道最多涵盖的议题，约占所有对华报道的 13%，其报道倾向集中呈现为中性。其余新闻议题篇数极少且较为平均地呈现为正面、负面、中性，所以未对整体报道倾向形成明显的影响。因此，除南中国海议题的报道影响两家菲律宾英文媒体对华报道整体倾向于负面外，经济与商业议题的对华报道也对整体的报道倾向有所影响，但由于二者的篇数和所占比例差异太大，因此前者对两家菲律宾英文媒体对华报道的整体倾向的负面影响更大。

就新闻来源而言，其与报道总体倾向关系紧密，不同的新闻来源对报道总体倾向的影响不同。来自《菲律宾每日问询者报》及其网站、《菲律宾星报》及其网站、美联社的新闻对整体报道倾向呈现负面的影响较大；而在中性报道中，《菲律宾星报》及其网站、法新社、美联社对报道倾向的影响较为明显。除法新社、美联社这两家海外媒体之外，菲律宾两家英文媒体没有其他的非原创新闻来源，因此新闻来源总体上并不多元。

就消息来源而言，在所有报道中，对非中方消息来源中的各国政府及官方人员的消息引用次数最多；在对南中国海议题的报道中，消息来源主要来自菲律宾、中国、美国三方。各国政府及官方人员这一消息来源在对华负面报道和中性报道中引用的次数最多，正面报道中极少引用；各国专家和各国媒体的消息也多被引用于负面报道中；商业公司的消息则集中引用于中性报道；没有任何非中方消息来源的报道中，中性报道远多于正面和负面报道。在所有78篇对华报道中，大部分的中性和负面报道都没有引用中方消息来源，其中负面报道数量更多，因此缺少或不采用中方消息来源很可能对报道呈现负面和中性态度有较大的推动作用。在余下的一部分引用了中方消息来源的报道中，对中国政府及官方人员消息来源的集中引用，使报道多呈现出中性倾向，其次是负面倾向。其余变量由于引用次数极少，因此暂不能判断其与对华报道总体倾向性之间是否存在关联。关于南中国海议题的报道中，约67％的报道都没有采用中方消息来源，这可能是影响该议题报道整体呈现负面的原因之一。

关于中方消息来源内容的描述方式中，菲律宾两家英文媒体直接引用的描述方式大部分用于中性报道中，其次用于负面报道中，用于正面报道的很少；间接引用的描述方式数量不多，且较为平均地分布在正面、负面、中性报道中。由此可以看出菲律宾两家英文媒体在引用中方消息来源时，较多使用直接描述方式，没有对消息内容进行主观修改。但由于在所有对华报道中，仍有相当数量的报道没有引用中方消息来源，依据诺赛克对"平衡性"的衡量标准，可以判断出，虽然两家菲律宾英文媒体对引用的消息内容没有进行主观修改，但是不引用中方消息本身已经导致了报道的不平衡。从报道立场上看，不平衡意味着带有偏见，并且最终造成了其对华报道中整体上负面的中国形象。

就主语与否这一变量而言，当中方关键词处于主语位置时，较之处于非主语位置时，前者的对华报道有可能是正面报道，后者则不可能；而后者较易出现负面的报道倾向。

就事实/评论性报道而言，评论性报道较多地呈现出负面报道倾向，而事实报道则较平均地分布在中性倾向和负面倾向的报道中。

一言以蔽之，两家菲律宾英文媒体的对华报道整体上呈现出负面的报道倾向，中国的整体形象呈负面，这一最终呈现出的结果受到新闻议题、新闻来源、消息来源（包括非中方消息来源、中方消息来源、中方消息来源内容的描述方式）、主语与否、事实/评论性报道的影响。

这一结论对我国对外文化传播尤其是对菲律宾的文化传播具有一定的借鉴意义。新闻是最活跃的信息，新闻媒体也是文化传播的最富活力的载体。新闻媒体传播的是新闻信息，但载荷的却是文化，充分利用新闻媒体，通过做好新闻传播来达到文化传播之目的，是推动中华文化在菲律宾传播的重要路径。

在抽取的样本中，两家菲律宾英文媒体没有转引过菲华报刊的新闻报道，也就是说菲华报刊对菲律宾英文主流媒体的新闻报道没有影响。在访谈菲律宾华文媒体从业人员时，他们也坦承菲华报刊难以影响菲主流英文媒体，两者鲜有往来，也难发生信息共享。这也从另一个角度说明，菲律宾华文媒体难以影响菲律宾主流社会。对菲律宾的传播亦不能主要依靠菲律宾华文媒体，而必须考虑如何影响菲律宾的主流媒体。

语言是文化的媒介，媒体是文化的载体，要做好中国文化在菲律宾的传播，就要做好对菲律宾的新闻传播，就必须首先打通语言上的壁垒。目前华文信息源难以成为菲律宾主流英文媒体的信息源，这客观上阻碍了中国海量的信息进入菲律宾英文媒体的可能。而中国现有的英文报刊、广播电视和网站还相对较少，专门面向菲律宾的英文媒体更是少见，而且传播形式和内容都相对单一刻板。从我国对外传播的角度来说，可以通过英文媒体报道对菲律宾英文媒体的新闻议题、新闻来源、消息来源、事实/评论性报道这几个变量加以正向影响，从而缓和其以负面报道居多的报道倾向。从新闻议题上看，我国在进行对外传播时，可以推动与菲律宾相关新闻议题的多元化，例如增加商业贸易和旅游等中菲关系中发展良好的新闻内容。从新闻来源上看，我国媒体对外报道的稿件需要增加被外媒引用的频率，这就需要更多地采纳西方英语新闻的撰写方式，并建立有效的传播平台，使得相关稿件在国际社会中拥有一定的曝光率，增强其说服力，从而更多地被菲律宾读者看到，得到菲律宾媒体的采用。从消息来源上看，我国的对外报道需要引用更多元的消息来源，以便外媒在引用消息来源时，除了政府官员等官方消息来源，也能够找到民间组织或第三方的消息来源加以佐证，从而降低外媒对华报道的偏见程度。从事实/评论性报道这一变量上看，我国媒体需要在增加事实性报道的基础上，增加可信度较高的评论性报道，以增强传播效果，从而平衡外媒报道中偏于负面的报道倾向。

第九章 "海上丝绸之路"建设背景下菲华报刊的文化传播角色与未来发展

为了了解菲律宾华文报刊的历史发展脉络和现实发展状况，笔者带领的课题研究小组近年来多次赴菲律宾调研访谈，对菲华社会的媒体和华校在中华文化传播中的角色作用进行分析，在掌握大量一手资料的前提下，对菲华报刊和菲华教育的未来发展提出了一系列建议。

第一节 菲华报刊在"海上丝绸之路"建设中的重要地位

中华文化在长期的发展演变过程中形成了各具特色的区域文化，这些区域文化共同组合形成了"多元一体"的中华文化。闽南文化就是这样一种区域文化。闽南从狭义的地域上说是指地处闽南（福建南部）地区的泉州、漳州、厦门三地。而闽南文化区则覆盖广泛，从方言语系的角度上说，闽南文化是指以操闽南地方方言"闽南话"所组成的，包括泉州、漳州、厦门以及浙南、粤东（潮汕）、台湾地区乃至海外（主要是东南亚）闽南移民（华侨、华人）的闽南人群体的文化。2007年6月9日，文化部批准设立首个汉族区域性文化生态保护实验区——闽南文化生态保护实验区，这一实验区主要包括厦、漳、泉在内的我国相关的行政区域，这里是台胞的祖籍地，也是历史上闽南文化的原生地。而菲律宾等东南亚国家的闽南文化则是随着闽南人的迁徙而在海外落地生根的散落的闽南文化。

菲律宾这个千岛之国是距离中国福建和中国台湾最近的一片岛屿。历史上，从海上丝绸之路的延伸路线看，菲律宾乃是海上丝绸之路经台湾走出国门后的第一站。关于菲律宾华人华侨的移民过程，依《明史·吕宋传》所言，"先是，闽人以其地近，且饶富商，贩者至数万人，往往久居不返，至长子孙"。菲律宾因其独特的地理原因，成为历史上华人华侨尤其是福建闽南人旅居最集中的国家。菲律宾华人社区主要由来自福建和广东的华人华侨组成，其中90％以上的华人华侨祖籍在福建，80％祖籍在闽南地区。

如果把闽南文化的播散路径比喻成一把扇子，那么在这把"闽南文化冲击扇"上，中国的闽南地区和台湾地区就好比扇根，菲律宾则为扇中，印尼、马来西亚、新加坡则为扇顶。走在马尼拉的华人区，恍如置身于闽南。这里，闽南话是通用的方言。历史上，菲律宾华人华侨在政治、经济、文化、社会生活各个方面与中国大陆尤其是福建有着异常紧密的联系。尤其在近一百年的时间里，中国国内政治形势历经巨变，从辛亥革命到"五四"运动，从抗日战争到解放战争，菲律宾华人社会也与中国国内政治文化一脉而动，演绎出了一幅幅壮美感人的历史画卷。

菲律宾是"海上丝绸之路"的海外第一站，菲律宾华人社会亦成为海上丝绸之路上的第一大文化站点。历史上，在东南亚国家曾经长期存在一个"闽南人办报"现象，即大批的报人来自闽南地区，而这一现象在菲律宾体现得更为明显，不但历史上诸多华文报是由闽南人创办，现在的菲律宾五家华文报仍然全部是由闽南人在经营。

菲律宾第一份华文报纸《华报》创刊于1888年西班牙殖民统治后期，迄今已有120余年历史。百余年间，菲律宾出现过40多种华报，今天的菲律宾华文报界主要由《世界日报》《商报》《菲华日报》《联合日报》《菲律宾华报》等五大报刊组成。作为菲律宾华人社团、华侨社会的三大支柱力量之一，菲律宾的华文媒体在华人的生活方式、经济活动、文化艺术活动中扮演着重要的角色。海外华文报刊被称为华社"三宝"之一，华文报刊曾经发挥过两方面的作用：

一是菲华报刊在中国文化的对外传播中发挥了重要作用。文化的传播需要载体。从传播力方面来考察，新闻媒体是最富活力的文化传播载体，或者说，自从人类进入到以印刷术为技术支撑、以新闻纸为标志的大众传播时代，人类文化的传播也进入了快车道。如同19世纪初，随着资本主义的向外扩张，西方一些传教士开始来中国办报、传播西方思想文化一样，19世纪，随着中国人移民菲律宾的增加，菲华报业也逐渐起步，并担负起向菲律宾传播中国文化的重任，强有力地维系着菲华社会联系中国的文化血脉。

二是菲华报刊对维系菲华社会关系、推动菲华社区发展方面贡献至伟。美国哲学家、社会学家杜威在谈到社区与传播两者之间的关系时指出："'公共'、'社区'和'传播'这几个词之间不仅只是一种字面上的联系。人们凭借他们共享的东西在社区中生活；传播是他们得以拥有共享的东西的方式。"传播学者施拉姆亦言："传播是社区得以形成的工具。传播（communication）一词与社区（community）一词有共同的词根，这决非偶然。没有传播，就不会有社区；同样，没有社区，也不会有传播。"菲华报刊推动了华社资讯的共享、资讯的一体化，强有力地推动着社区的形成和发展，强化着社区凝聚力。

正如海上丝绸之路运出的不仅仅是丝绸、瓷器、茶叶这些"硬实力"，同时还有华文教育、华文音乐、华夏文化等"软实力"。而在"软实力"的传播中，华文报刊居功至伟。在中国倡导海上丝绸之路建设的今天，菲律宾华文报发展现状如何，如何推动华文报转型、使之继续担纲起在海上丝绸之路建设中传播中国文化的重任，是很值得研究的问题。

第二节　菲华报刊现状

笔者带领的课题研究小组近年来多次赴马尼拉进行菲华报刊调研，与菲华报界进行过多次合作与互动，并于2006年着手从事菲华报刊发展史研究，历经八年时间，对菲华报刊的发展史料进行了系统的梳理，并与菲华报业现状进行历史的对比研究，获得了菲华报刊较为全面的历史发展脉络。在此基础上，课题组于 2015 年 2 月再次赴菲，展开了一系列的调研，① 所了解到的菲律宾华文报刊的现状如下。

1. 发行量严重萎缩

现有五家报社对外公开宣称的发行总量为十多万份，但据笔者调查，实际发行总量约 2 万—2.5 万份左右。这与华人社区近两百多万的人口不成比例。其中发行量最大的为《世界日报》，约 1 万份；《商报》3 千—5

① 课题组于 2015 年 2 月 5—9 日在马尼拉随机抽取菲律宾五家华文报的编辑记者，分别就菲华报社编辑记者的年龄、最高学历和所学专业、中文写作水平、获取中国资讯的渠道、英文水平、专兼职情况等进行了问卷调查。

2015 年 2 月 5—9 日，课题组赴马尼拉世界日报社、商报社、联合日报社、菲律宾华报社四家报社，召开了四场座谈会，并对世界日报社、商报社的总编辑、部分资深记者进行了深度访谈。课题组同时赴菲律宾华文教育中心、中西学院、侨中学院三家单位，召开了三场座谈会，对菲律宾华文报与华校的互动情况、读者培养情况、报纸参与教育情况进行了深度访谈。

2 月 5 日下午 4：00 至晚上 7：00，课题组就此行的调研目的、菲律宾华文报办报情况等问题与世界日报社相关人员进行了座谈，菲律宾方面参加人员有菲律宾世界日报社社长陈华岳、主编侯培水、副董事长吴胜利、经理王明媛、记者王利民等。

2 月 6 日，课题组对菲律宾华文教育发展情况以及菲律宾华校与华文媒体的互动情况、校办媒体情况、报纸参与教育情况进行调研。课题组首先与菲律宾华教中心工作人员进行了座谈。华教中心参加人员有华教中心常务主席黄端铭、副主席杨美美、办公室主任洪湄玲等。课题组随后赴菲律宾中西学院进行座谈。菲方参加人员有中西学院校长陈蕊眷、校友会理事长施纯永、华教中心副主席杨美美以及中国国侨办派驻中西学院的部分援教人员。课题组进入侨中学院的中文课堂进行了课堂观摩。

2 月 7 日，课题组对菲律宾另外三家华文报社——商报社、联合日报社、菲律宾华报社进行了访问、座谈。详细了解了三家报社的人员素质情况，薪酬情况，报社广告、发行等经营情况，获得了大量一手资料。

2 月 7 日晚，菲律宾华文作家协会新春联欢会及第四场文学面对面座谈会在马尼拉举行。近四十位菲华作家协会理事出席会议，课题组赵振祥教授、助理教授毛章清、硕士研究生赵楠参加了座谈会。课题组在现场与菲华作家协会举行了深入的互动交流，了解了菲华作家与华报互动情况，以及菲华作家的创作情况。课题组成员、厦门大学新闻传播学院教授赵振祥还在现场为菲华作家做了一场题为"中国古代文学创作漫谈"的学术讲座。课题组借讲座互动之机，观察了菲华作家对中国古代传统文化的理解程度，以及对古代诗文的熟练程度。

2 月 8 日，课题组召集菲华报刊资深编辑记者进行了座谈，对菲华报刊办报情况进行更深度的了解，并向座谈人员进行了问卷调查。菲华报界出席人员有菲律宾《世界日报》主编侯培水、《商报》总编辑庄铭灯、《联合日报》社务委员庄金永等。

2 月 8 日晚上，课题组与菲华专栏作家协会进行了座谈。专栏作家协会理事长庄金耀等 11 位专栏作家出席了座谈会。

2 月 9 日，课题组与世界日报社编辑部主任、资深记者王利民等进行座谈，对菲华报刊发展情况进行深度访谈。

千份；《联合日报》3 千—5 千份；《菲华日报》3 千—4 千份；《菲律宾华报》于 2007 年创刊，是菲律宾五大华文报中报龄最短的报纸，发行量也最少，约 1 千份左右。

2．办报条件艰难

办报条件方面，五家华报中，《世界日报》一家独大，拥有有独立产权的报业大楼和较为宽敞的编辑部空间，拥有独立的排版和印刷系统，并为其他几家华文报纸提供印刷服务；《联合日报》办报条件次之，一直借原国民党驻菲支部所在大楼"自由大厦"部分空间作为办报场所；其他三家报社办公条件非常简陋，整个报社均处在几十平方米的狭小空间中，没有独立的印刷系统。

3．采编人员薪资低廉

编辑记者薪资低廉。广告营收最好的《世界日报》，总编辑月薪约 5 万比索（1 菲律宾比索≈0.13 元人民币），加上稿酬共约 8 万比索，折合人民币 1 万元左右。《商报》总编辑月薪三四万比索。其他三家报社更加惨淡，以《联合日报》为例，该报一位工作了 54 年的陈姓资深报人，现为中层部门主管，月薪仅为 14000 比索，她谈到此几乎落泪。其他采编人员月薪更低，仅为 7000—10000 比索。

由于薪资过低，五家华报中，专职编辑记者不超过五位。各报社人员包括一些主编和资深编辑记者当中，广泛存在兼职现象——白天兼职做其他工作，晚上到报社上班编报。

由于薪资过低，报社采编人员文化素质整体偏低：

一是年龄偏大。如《联合日报》有采编人员 20 人左右，50 岁以上的人占到三分之二以上。调研小组随机抽取 9 份回收的问卷，有 8 位问卷调查对象年龄均为 45 岁以上，其中有两位已达 65 岁以上。

二是学历偏低。9 份问卷的调查对象中，有四位是大学毕业，一位大学肄业，一位职业中专毕业，三位高中毕业。其中五位上过大学的，所学专业全部为非新闻学专业。

近些年由于中国国力上升、经济发达，出国热降温，来菲律宾的新侨尤其是高素质的新侨得不到补充，直接影响到华报采编力量的补充。前些年尚有中国国内大学新闻院系毕业生到菲华报社工作，近些年由于国内薪资水平提高，菲华报社已招不到来自中国的毕业生。办报人员整体素质下降。由此带来菲华报业整体现状的不容乐观。以状况最好的《世界日报》为例，从事外文稿编译的人员亦严重不足，见报的稿件错误频出。

4. 出资人不尊重报业规律，唯利是图

除《世界日报》之外，其他几家华文报的"老板"少有办报经历，有的完全不熟悉报业情况，亦不尊重办报规律，对办报吝于投入，又横加干涉，采编人员多有怨言。无论是赚钱的报社还是赔本赚吆喝的报社，投入不足是一个普遍现象。

5. 菲华记者协会组织松散，缺乏活力，也缺乏与报社老板对话的能力

以前菲华报业编辑记者们曾经成立过"菲华记者会""菲华青年记者会"等协会，这些记者协会组织松散，与主流的菲律宾国家记者会没什么互动，报社老板亦不支持其活动，所以基本不能发挥为采编人员维权的作用。

6. 菲华作家创作水平下降，对菲华报业支持力度下降

菲华作家创作队伍和创作水平已不能与昔日相比，有些虽然高产，但谈不上高质量。从 20 世纪 50 年代开始，菲政府针对华人开展"菲化运动"，设法降低菲律宾华人的民族认同感，以菲律宾本土文化教育新一代华人子弟；到 1973 年，菲律宾更进一步颁布了外侨学校全面菲化的法令，菲律宾华校的所有权、管理权与课程设置权由菲律宾政府控制，从学校名称到课程设置都要求要去中国化。菲政府长年对华文教育的打压，导致菲华社会的华语阅听和写作能力全面下降。这也是导致菲华作家创作队伍萎缩的重要原因。

菲华作家群曾经是支持菲华报刊发展的重要力量，而今天由于发表渠道增多，菲华报业盈收和影响力下降，菲华作家对菲华报刊的依赖程度大不如前。目前只有《世界日报》一家报纸仍然坚持为专栏作家的投稿付酬。菲华报业的不景气又反过来加剧了菲华作家群的萎缩。

第三节 菲华报刊发展面临的困境

1. 菲华报纸资讯质量下降

由于菲华报社采编力量严重不足，自采新闻占比很低，对其他通讯社和媒体资讯的综合加工能力亦有限，更主要的是依靠网络下载，所以网络翻版现象和内容同质化现象严重，资讯质量不高。资讯质量的下降将直接影响到报刊的接触率和转载率，导致报刊影响力下降，并进入恶性循环状态。目前菲华报纸中已有报纸呈现勉强维持的状态。

2. 市场开拓和报业营销能力严重不足

中国媒体行业开展的花样繁多的媒体活动策划、广告营销策划等活动，在菲华报业中几乎看不到。菲华报业市场缺乏竞争活力，报业广告形式单一，盈收方式单一。

3. 读者群退化严重

近些年来，整个菲华报业在年轻读者的培育方面乏力，报业营销方法和路径都非常欠缺，读者数量萎缩，质量退化，"老人办报，老人看报"现象明显。

4. 对菲律宾主流社会影响下降

接受调查问卷的采编人员，仅有个别表示可以进行简单英文写作，能在英文报刊上发表文章的更是凤毛麟角。菲华报刊与菲律宾主流英文报刊基本上没有交集。

5. "触网"不足

五家报社中只有《世界日报》和《商报》设有网站，其中世界日报网站比较活跃，商报网站每周只更新很少的内容。两家报社的网站都不提供互动平台，亦不能提供数据库化的阅读。《世界日报》和《华报》设有微信公众号，但活跃程度有限。

6. 对外影响力下降，缺乏媒体张力

以与华校的关系为例，历史上菲华报刊与华校合作办刊、华报进校开展 NIE 教育等方面有过比较好的互动，但现实情况不容乐观。由于采编人员短缺，华报只是被动地接受华校提供的少量新闻稿件，主动采访很少。菲华报刊与华校缺乏互动。华报对华校的发行数量很小，在培育新生代读者方面缺乏建树。

第四节 关于菲华报刊未来发展的思考

菲华报刊为中华文化在菲律宾的传播做出过不可磨灭的历史贡献，但是当下的菲华报刊发展却遇到了重大问题，主要是人才不足、资金短缺、资讯供给不足。菲华报业急需"输血"，国内相关部门应抓住机遇，顺势介入。

1. 人才"输血"

菲华报业急需补充办报人才，尤其需要补充具有国际传播视野、较强外语能力和数字媒体应用能力的采编人才，以及具有较强市场开拓和报业营销能力的新闻传播人才。在中国国内新闻院系毕业生供过于求的当下，有针对性地向菲华报界输送新闻传播人才如同雪中送炭，同时也是落实中国海上丝绸之路建设的必要举措。

菲律宾《世界日报》曾于 2007 年与厦门大学新闻传播学院合作，招选毕业生去报社工作。但因报社工作条件比较艰苦，薪资不高，两位毕业生工作两年多，先后离开了报社，回国就业。后来厦门大学新闻传播学院采取选派硕士生赴菲华报社实习的方式，选派几名硕士研究生赴报社工作六个月，报社月付每个学生 400 美元作为报酬。但这种方式对报社来说得不偿失：学生经过几个月的实习培养，可以上手编译稿件了，也就到了快离开的时候。报社不想做高校的实习基地，他们要的是能留下来工作的办报人才。所以这种合作模式也未能继续下去。

政府部门可以考虑确立几个国内较好的新闻传播院系和英语院系，以补贴培养的方式，为菲华报业长期、定向培养输送采编人才、新媒体人才、媒体经营管理人才，全面提升菲华报业的人员素质，并推动菲华报业拓展市场，开展多媒体经营。

2. 财务 "输血"

除了《世界日报》，其他四家报纸盈收有限，有的甚至入不敷出，财务上均捉襟见肘。五家报纸虽然全部采用股份制，但投资量有限，仅可维持报社的简单运转。可以考虑由国内报业集团或传媒集团采取股权收购的方式介入菲华报业，推动菲华报业的扩大再生产。

3. 信息 "输血"

随着中国政治、经济、文化和社会的全面发展，国内各行业包括媒体在资讯的搜集、仓储、加工、传播方面的优势越来越明显，资讯的机构化程度也越来越高，在信息传播中占据越来越主导的地位。在菲华报业采编和翻译人才严重不足、资讯严重依赖互联网的当下，国内的媒体及各类信息中心可以有针对性地对菲华报业进行资讯 "帮扶"，为菲华报刊有偿或免费提供资讯，这既有助于提升菲华报业的资讯质量，同时也有助于在海上丝绸之路建设中扩大对外传播和对外影响。

4. 推动菲华报业转型，开展多媒体经营

菲华报业走到今天，转型或开展多媒体经营已经势在必然。菲华社会一直以来没有自己办的社区华语电视台和华文网站。前几年世界日报社社长陈华岳即产生过 "办一家菲华电视台" 的想法，但限于人才和技术原因至今未能落实。可以考虑动员国内有雄厚人才储备的广播电视集团和网络媒体集团向菲华社会 "延伸"，帮助菲华报业 "触网" "触电"，开展多媒体经营。

5. 加强菲律宾华文教育，为华文媒体培育新生代阅听人

（1）资助菲华报业开展 NIE 教育

NIE 教育就是商业企业出资赞助出版专版报纸，赠送给学校作为教辅资料供师生阅读。这种专版报纸在内容上针对学校师生进行设计编排，走进学校与师生互动，很强调实用性，深得师生喜欢。NIE 教育对于培养未来读者能够发挥重要作用。

今天的新媒体手段日益丰富，NIE 已经转为 MIE（Multimedia In Education），媒体应该应用多媒体手段，推动传统的"报纸参与教育"向"多媒体参与教育"转变，有针对性地为学校提供多媒体华文辅助教学资料，这方面，菲华报业要走的路还很远。

（2）使用多媒体手段开展华文音乐教育

现在在菲律宾华校，由于缺乏音乐教师和音乐教材，华校教师多从网络上下载华文音乐作品的音视频资料，在课堂上播放教学。而华文音乐教师更是极度缺乏，华校求贤若渴。中国数字音像出版机构应该有针对性地出版一些适合海外华人阅听的音像作品提供给海外华校，同时中国国内应该加大海外音乐师资的培养力度，助力海外华文音乐教育的发展。福建有关部门预计在未来五年内为海外培养2000名师资，这其中应该拿出一部分指标来为海外华校培养华文音乐师资，这对于培养海外新生代的华语阅听能力、传播中华文化具有事半功倍的效果。

参考文献

陈华文：《丧葬史》，上海文艺出版社 1999 年版。

陈培爱：《现代广告学概论》，首都经济贸易大学出版社 2004 年版。

陈月明：《文化广告学》，国际文化出版公司 2002 年版。

程曼丽：《海外华文传媒研究》，新华出版社 2001 年版。

程裕祯：《中国文化要略》，外语教学与研究出版社 1998 年版。

崔贵强：《新加坡华文报刊与报人》，新加坡海天文化企业私人有限公司 1993 年版。

方积根：《海外华文报刊的历史与现状》，新华出版社 1989 年版。

风笑天：《社会学研究方法》，中国人民大学出版社 2009 年版。

戈公振：《中国报学史》，生活·读书·新知三联书店 1955 年版。

黄光国、胡先缙：《面子——中国人的权力游戏》，中国人民大学出版社 2004 年版。

黄合水：《广告调研技巧》，厦门大学出版社 2009 年版。

黄滋生：《菲律宾华侨史》，广东高等教育出版社 2009 年版。

金元浦：《中国文化概论》，中国人民大学出版社 2012 年版。

李建立：《广告文化学》，北京广播学院出版社 1998 年版。

林语堂：《中国人》，学林出版社 1994 年版。

刘操南：《古代天文历法释证》，浙江大学出版社 2009 年版。

潘翎主编：《海外华人百科全书（中文版）》，崔贵强编译，三联书店（香港）有限公司 1998 年版。

彭伟步：《海外华文传媒概论》，暨南大学出版社 2007 年版。

世界华文传媒年鉴编辑委员会编：《世界华文传媒年鉴 2003》，世界华文传媒年鉴社 2003 年版。

世界华文传媒年鉴编辑委员会编：《世界华文传媒年鉴 2007》，世界华文传媒年鉴社 2007 年版。

宋平：《承继与嬗变——当代菲律宾华人社团比较研究》，厦门大学出版社 1995 年版。

孙会：《〈大公报〉广告与近代社会》，中国传媒大学出版社 2011 年版。

王春泉：《广告文化论》，西安出版社 1998 年版。

王慷鼎：《新加坡华文报刊史论集》，吉隆坡新加坡新社 1987 年版。

王梦鸥：《礼记今注今译》，天津古籍出版社 1987 年版。

王士谷：《海外华文新闻史研究》，新华出版社 1998 年版。

王汀：《华文广告语点评》，广东人民出版社 2002 年版。

香港中国新闻出版社编：《世界变局与华文媒体的新使命——第七届世界华文传媒论坛论文集》，香港中国新闻出版社 2013 年版。

肖群忠：《中国孝文化研究》，台湾五南图书出版公司 2002 年版。

徐吉军：《中国丧葬史》江西高校出版社 1998 年版。

杨荣刚：《现代广告概论》，西安出版社 2000 年版。

杨荣刚：《现代广告学概论》，西安：西安出版社 2000 年版。

张岱年、方克力：《中国文化概论》，北京师范大学出版社 2004 年版。

赵振祥：《东南亚华文传媒研究》，世界知识出版社 2007 年版。

赵振祥等：《菲律宾华文报史稿》，世界知识出版社 2006 年版。

朱岚：《中国传统孝道思想发展史》，国家行政学院出版社 2011 年版。

［美］邓肯·J. 瓦茨：《小小世界——有序与无序之间的网络动力学》，陈禹等译，中国人民大学出版社 2006 年版。

［美］哈罗德·拉斯韦尔：《社会传播的结构与功能》，何道宽译，中国传媒大学出版社 2012 年版。

［美］李大玖：《海外华文网络媒体——跨文化语境》，清华大学出版社 2009 年版。

［美］罗杰·D. 维曼、约瑟夫·R. 多米尼克：《大众媒介研究导论》，金兼斌等译，清华大学出版社 2005 年版。

［美］玛里琳·约翰逊：《先上讣告后上天堂》，李克勤译，新星出版社 2011 年版。

［美］约翰·奈斯比特：《亚洲大趋势》，蔚文译，北京：外文出版社、经济日报出版社、上海远东出版社 1996 年版。

常苗苗：《从菲律宾〈世界日报〉国际版看中国的海外形象传播》，硕士学位论文，厦门大学，2009 年。

陈旺：《东南亚华文报纸涉华社论研究》，硕士学位论文，厦门大学，2009 年。

贾晓静：《关于我国都市类报纸讣闻报告的探讨》，硕士学位论文，黑龙江大学，2011 年。

李进敏：《菲律宾多元文化背景下的华文教育研究》，硕士学位论文，暨南大学，2011 年。

马琼：《东南亚华文传媒与中国国家形象研究》，硕士学位论文，厦门大学，2014 年。

王潜：《论柬埔寨华文广告对中华文化的传承》，硕士学位论文，暨南大学，2015 年。

杨颖靓：《菲律宾〈世界日报〉的历史与现状研究》，硕士学位论文，厦门大学，2009 年。

张晓瑜：《我国报纸讣闻报道现状研究》，硕士学位论文，河南大学，2008 年。

郑晶晶：《传统孝文化的当代价值探析》，硕士学位论文，大连海事大学，2014 年。

朱东芹：《菲华商联总会（商总）发展史研究》，博士学位论文，厦门大学，2003 年。

曹云华：《菲律宾华人的婚姻与家庭》，《社会》1999 年第 8 期。

曾少聪：《菲律宾华人社会组织的建构及其功能》，《世界民族》2004 年第 4 期。

陈东霞：《菲律宾〈世界日报〉读者的媒介使用行为调查》，《文化与传播》2012 年第 5 期。

陈东霞：《菲律宾〈世界日报〉对其读者的意义》，《今传媒》2012 年第 2 期。

陈秋萍：《民族文化与广告创作》，《广西社会科学》2004 年第 6 期。

陈衍德：《菲华道教与文化传播》，《中国文化研究》1995 年第 1 期。

代帆：《东南亚的中国新移民及其影响》，《东南亚研究》2011 年第 2 期。

代帆：《菲律宾中国新移民研究——马尼拉中国城田野调查》，《太平洋学报》2009 年第 10 期。

方积根、胡文英：《菲律宾华文报刊的历史与现状》，《华侨华人历史研究》1987 年第 1 期。

葛在波、陈培爱：《论广告学的文化研究路径》，《文化研究》2015 年第 3 期。

顾冠华：《中华传统文化论略》，《扬州大学学报（人文社会科学版）》1999 年第 6 期。

何懿：《菲律宾华文媒体的文化寻根色彩》，《新闻爱好者》2010 年第 9 期。

纪兴、张平：《试论礼与中华传统文化模式》，《燕山大学学报（哲学社会科学版）》2000 年第 1 期。

姜彩芬：《面子文化产生根源及社会功能》，《广西社会科学》2009 年第 3 期。

姜兴山：《试析菲律宾"甲必丹制"对华侨社会的影响》，《东南亚研究》2014 年第 3 期。

李仕生：《菲律宾华文报纸论析》，《东南亚纵横》2010 年第 10 期。

　　李勇、王军元：《论广告的文化意义》，《中国广告》2006年第2期。

　　刘伯孳：《泉州籍新移民在菲律宾若干问题初探》，海外华人专题国际学术研讨会会议论文，2002年12月6日。

　　罗奕：《泰国华文报纸广告探微——以〈星暹日报〉为例》，《新闻知识》2014年第8期。

　　罗莹、曾长秋：《近20年中国传统文化研究综述》，《船山学刊》2003年第2期。

　　罗莹、曾长秋：《近20年中华传统文化研究综述》，《船山学刊》2003年第2期。

　　马海涛：《浅谈讣告新闻的改进》，《新闻与写作》2003年第8期。

　　彭伟步：《东南亚华文报刊的文化传播与编辑特色》，《国际新闻界》2001年第5期。

　　彭伟步：《东南亚华文传媒的媒介功能与前瞻》，《东南亚研究》2002年第3期。

　　钱汉东：《中菲友谊的桥梁——访菲律宾〈世界日报〉》，《新闻记者》1997年第6期。

　　邱凌：《辩证解析海外华文媒体在我国对外传播中的作用》，《对外传播》2015年第10期。

　　任继愈：《文化遗产的寿命》，《群言》1991年第11期。

　　任继愈：《中国传统文化的继承与发展》，《齐鲁学刊》1994年第6期。

　　任学宾：《信息传播中内容分析的三种抽样方法》，《图书情报知识》1999年第3期。

　　沈红芳：《菲律宾的华侨华人研究现状及其思考》，《东南亚研究》2009年第6期。

　　孙会、宋维山：《近代报纸广告的社会价值——以〈申报〉、〈大公报〉为例》，《河北学刊》2008年第4期。

　　孙会、张润泽：《〈大公报〉中的医药广告与近代社会》，《廊坊师范学院学报（社会科学版）》2008 年第 3 期。

孙会、张文洲：《〈大公报〉的教育广告与近代中国社会》，《社科纵横》2008 年第 3 期。

孙会：《〈大公报〉的征婚广告与近代社会变迁》，《社会科学论坛（学术研究卷）》2008 年第 8 期。

孙会：《〈大公报〉广告语境中的传统文化解读（1902—1936 年）》，《河北经贸大学学报（综合版）》2010 年第 4 期。

孙会：《〈大公报〉中的另类社会广告与近代中国社会》，《河北经贸大学学报（综合版）》2008 年第 2 期。

孙会：《传播中的折射——从晚清〈大公报〉广告透视天津社会生活》，《石家庄铁道大学学报（社会科学版）》2007 年第 2 期。

孙守安：《广告文化的本质》，《辽宁工学院学报》2006 年第 4 期。

田君：《论"礼"的字源、起源、属性与结构》，《四川大学学报（哲学社会科学版）》2014 年第 5 期。

王国炎、汤忠钢：《论中国传统文化的基本特征》，《江西社会科学》2003 年第 4 期。

王克西：《中华传统文化的求共性精神》，《渭南师专学报（社会科学版）》1995 年第 2 期。

王铭、赵建华：《浅析孝、孝道、孝文化》，《和田师范学校学报》2007 年第 3 期。

王如鹏：《简论圈子文化》，《学术交流》2010 年第 11 期。

席晓：《浅谈中西方婚礼文化异同》，《读与写（教育教学刊）》2008 年第 8 期。

徐蒙、陈功：《宗法制度对中国古代尊老、恤老制度的影响》，《西北人口》2009 年第 2 期。

徐迎花：《宗法制功能探析》，《继续教育研究》2002 年第 3 期。

于铭松：《论中国传统伦理道德》，《广东省社会主义学院学报》2006 年第 4 期。

周茶仙：《朱熹理学宗法伦理思想述论》，《朱子学刊》2010年第00期。

周丰峨、陈雷：《东南亚华文传媒的历史与现状》，《东南亚纵横》2004年第6期。

周中坚：《东南亚华文报刊的世纪历程》，《东南亚南亚研究》2004年第2期。

朱东芹：《菲律宾华侨华人社团现状》，《华侨大学学报（哲学社会科学版）》2010年第2期。

朱东芹：《菲律宾华文报业的历史、现状与前景分析》，《世界民族》2011年第1期。

朱东芹：《闽南文化在菲华社会的传播》，《八桂侨刊》2009年第2期。

朱月昌：《广告传播中的民族特色与文化互跨》，《中国广告》1995年第1期。

Go Bon Juan，"Old and New Migrants from China：Comparative Dimensions"，in Pal Naira and Igor Sava lie（ed.），*Globalizing Chinese Migration：Trends in Europe and in Asia*，England：Ash gate，2000.

后 记

从 2005 年厦门大学新闻传播学院与菲律宾《世界日报》建立合作关系开始，我们对菲华报刊的研究持续并渐趋深入。2006 年出版的《菲律宾华文报史稿》是我们合作产生的第一部成果。2011 年中国新闻史学会台湾与东南亚华文新闻传播史研究委员会在马尼拉成立，聚拢了一批热衷研究海外华文传媒的学者，进一步拓展了对包括菲律宾华文媒体在内的东南亚乃至海外华文媒体的研究，出版了《东南亚华文传媒研究》等著作。本书即是在此前研究成果的基础上，从文化传播的宏观视角对菲华报刊展开的全新研究，并希望通过菲华报刊的个案解剖来分析和展望海外华文媒体与中国文化传播之关系。

本书的写作分工如下：

《绪论》，由赵振祥、郭志菊、党蒙执笔；

第一章《华社"三宝"：中华文化在菲华社会传播的三股力量》，由赵振祥、郭志菊执笔；

第二章《菲华报刊的笔战：近现代中国的论战文化向菲华社会的延伸》，由赵振祥执笔；

第三章《华报携手华校：搭建"海上音乐之路"》，由赵振祥、李啸、侯培水执笔；

第四章《菲华报刊对菲华社区的利益守护与社区文化建构》，由赵振祥执笔；

第五章《菲华报刊与菲华社会"路向之争"的策动及文化反思》，由赵振祥、姬金凤执笔；

第六章《菲华报刊与菲华文学：在共存共生中传播中华文化》，由侯培水执笔；

第七章《菲华报刊的非商业广告与中华文化传播——以〈世界日报〉为例》，由赵楠执笔；

第八章《从菲律宾英文报纸对华报道看中华文化传播》，由陆宇婷执笔；

第九章《菲华报刊在"海上丝绸之路"建设中的文化传播作用与未来发展建议》，由赵振祥、余霖执笔。

全书由赵振祥、郭志菊进行统稿校订。在这里对各位作者的辛勤付出表示衷心的感谢。感谢尹韵公老师对课题研究和书稿写作给予的指导。由于客观条件的限制，课题组对菲华报刊的调研尚有力所不逮之处，书中所引资料及评述亦难免有浅陋错讹之处，我们热切希望各方面多提批评意见，以期匡正悖谬，做进一步的改进。

笔者

二〇一七年九月